शूद्रों का इतिहास

शूद्र कौन थे?

डॉ॰ भीमराव आंबेडकर

प्रभाकर प्रकाशन

HB ISBN: 978-93-67938-77-5
ISBN: 978-93-67934-31-9
eISBN: 978-93-67934-59-3

प्रकाशक: प्रभाकर प्रकाशन
प्लॉट नं.-63, प्रथम तल, मेन मदर डेयरी रोड
पांडव नगर, ईस्ट दिल्ली-110092
फोन: 011-40395855
व्हाट्स ऐप: +91 9319228272
ई-मेल: sales@pharosbooks.in
वेबसाइट: www.prabhakarprakashan.com

संस्करण: 2025

शूद्रों का इतिहास
डॉ. भीमराव आंबेडकर

विषय-सूची

प्राक्कथन

इस विषय पर उपलब्ध वर्तमान साहित्य में शूद्रों के संबंध में कोई रचना अनावश्यक नहीं मानी जा सकती। न यह कहा जा सकता है कि यह एक साधारण समस्या का सिर्फ वर्णन है। यह आम धारणा है कि भारतीय आर्यों का सामाजिक संगठन चातुर्वर्ण्य के सिद्धांत पर आधारित था और चातुर्वर्ण्य का अर्थ है चार वर्गों—ब्राह्मण (पुरोहित), क्षत्रिय (सैनिक), वैश्य (व्यवसायी) और शूद्र (दास) में समाज का विभाजन। इससे न तो शूद्रों की समस्या की वास्तविक स्थिति और न ही इसकी गंभीरता के किसी विचार का पता चलता है। यदि समाज का मात्र चार वर्णों में विभाजन करना इसका उद्देश्य होता तो चातुर्वर्ण्य बहुत साधारण-सा सिद्धांत होता। दुर्भाग्यवश चातुर्वर्ण्य के सिद्धांत में इससे अधिक कुछ निहित है। समाज को चार भागों में विभाजित करने के साथ-साथ, इस सिद्धांत ने आगे बढ़ कर वर्गीकृत असमानता के विचार को चारों वर्णों के बीच संयुक्त जीवन के निर्धारण का आधार बना दिया। पुनः वर्गीकृत असमानता की प्रणाली मात्र वैचारिक नहीं है। यह वैज्ञानिक और दंडात्मक है। चातुर्वर्ण्य व्यवस्था में शूद्र को वर्गीकरण में न केवल निम्नतम स्थान पर रखा गया है वरन् अनगिनत घृणित कर्मों और अक्षमताओं के अधीन कर दिया गया है ताकि वह निर्धारित नियमों के ऊपर सिर न उठा सके। वास्तव में जब तक अछूतों में पंचम वर्ण अस्तित्व में नहीं आया था, हिंदुओं की दृष्टि में शूद्र निम्नों में निम्नतर थे। इससे उस स्थिति का आभास होता है जिसे शूद्रों की समस्या कहा जा सकता है। यदि लोगों को इस समस्या की गंभीरता का ज्ञान नहीं है तो इसका कारण है कि वे शूद्रों की जनसंख्या के

बारे में अनभिज्ञ हैं। दुर्भाग्यवश जनगणना में इनकी जनसंख्या अलग से नहीं दिखाई गई। लेकिन इसमें कोई संदेह नहीं कि अछूतों को छोड़ कर हिंदुओं की 75 से 80 प्रतिशत तक जनसंख्या शूद्र है। इतनी विशाल जनसंख्या के विषय में इस शोध-ग्रंथ की किताब को एक सतही समस्या का वर्णन कहना न्यायोचित नहीं होगा।

इस किताब में भारतीय आर्य समुदाय में शूद्रों की स्थिति दर्शायी गई है। एक यह भी विचार है कि आज के युग में यह स्थिति मौजूद नहीं है। यहाँ तक कि श्री शेरिंग जैसे विद्वान् ने अपने ग्रंथ 'हिंदू टाइम्स एँड कास्ट्स' में लिखा है—

'शूद्र आर्य हैं' या भारत की मूल जातियाँ हैं, या दूसरी जातियों का मिश्रण हैं—यह प्रश्न आजकल खास व्यावहारिक नहीं है। प्राचीन काल में इनका खुद वर्ग था और समाज में उनका चौथा दर्जा या और उन्हें अंतिम श्रेणी में रखा गया था, फिर भी वे तीन श्रेष्ठ जातियों से काफी दूर थे। यदि यह मान भी लिया जाए कि आरंभ में वे आर्य नहीं थे तो भी तीन आर्य जातियों के साथ व्यापक स्तर पर अंतर्जातीय विवाहों के चलते थे—आर्य समुदाय में घुल मिल गए थे। कुछ मामलों में जैसा कि ऊपर वर्णित है उन्हें हानि के बजाए लाभ अधिक हुआ और अब शूद्र कही जाने वाली बहुत-सी जन जातियाँ वास्तव में और कुछ न होकर ब्राह्मण और क्षत्रियों के अधिक निकट हैं। संक्षेप में वे अन्य प्रजातियों में काफी घुल मिल गई जैसे कि इंग्लैंड के कैल्टिक कबीले आंग्ल सेक्शन जाति में विलीन हो गए और उनकी जो भी अलग पहचान थी उसका पूरी तरह अस्तित्व मिट गया।

इस धारणा में दो त्रुटियाँ हैं। पहली तो यह कि आज का शूद्र उन विजातीय वर्णों का समूह है जो भारतीय आर्य समुदाय के मूल शूद्रों से वास्तव में प्रजातीय आधार पर अलग है। शूद्रों के विषय में दूसरा तथ्य यह है कि हमारा चिंतन केवल व्यक्ति के रूप में शूद्रों तक नहीं है बल्कि उनकी वैधानिक व्यथा और प्रताड़नाओं की प्रथा तक जाता है, जिसके वे शिकार थे। निःसंदेह भारतीय आर्य समुदाय के शूद्रों के प्रति मूलतः ब्राह्मणों ने आरंभ में ही ऐसे व्यथा और प्रताड़नाओं के विधान रच दिए कि शूद्र अलग और अभिज्ञेय समुदाय के रूप में अस्तित्व खो बैठे। परंतु आश्चर्य है कि उनके लिए निर्धारित विधि-विधान आज भी प्रचलित है और आज भी उन निम्न जातियों पर लागू है, जिनका मूल शूद्रों से कोई संबंध मालूम नहीं होता। यह सब कैसे हुआ इसकी जिज्ञासा सभी को है। मेरी व्याख्या यह है कि भारतीय आर्य समुदाय के शूद्रों को कालांतर में ब्राह्मणवाद व्यवस्थाओं की कठोरताओं ने इतना हेय बना डाला कि समाज में उनका स्थान वास्तव में निम्नतर हो गया। इसके दो परिणाम हुए—एक परिणति यह हुई कि शूद्र शब्द के गुणार्थ ही बदल गए। एक वर्ग विशेष के रूप में शूद्र शब्द के मूल अर्थ में परिवर्तन हो गया और यह निम्न जातियों का सामान्य नाम बन कर रह गया जिसकी कोई सभ्यता नहीं, संस्कृति नहीं, कोई मान-सम्मान और हैसियत नहीं। दूसरा परिणाम यह हुआ कि शूद्र शब्द की परिधि बढ़ जाने से विधि-विधानों का दायरा भी बढ़ गया। यही कारण है

कि आज के तथाकथित शूद्र इस व्यवस्था के शिकार हो गए, हालाँकि वे शूद्र शब्द की मूल परिभाषा में नहीं आते। कुछ भी हो वास्तविकता यह है कि जो विधि-विधान मूल अपराधियों के लिए बने थे, उन्हें बेकसूर लोगों पर भी थोप दिया गया। यदि हिंदू विधि वेत्ताओं को पर्याप्त ऐतिहासिक ज्ञान होता और वे मूल शूद्र शब्द को समझते, जो आज के शूद्रों से नितांत अलग है तो यह त्रासदी—मासूमों का यह नरसंहार टल जाता। यह तथ्य बहुत दुर्भाग्यपूर्ण है कि विधि संग्रह ही वही कठोरता आधुनिक शूद्रों के प्रति बरती जाती है जो कभी मूल शूद्रों के साथ बरती जाती थी। आज के शूद्रों के लिए यह मात्र पुरातन की जिज्ञासा ही नहीं है कि यह विधि-विधान कैसे अस्तित्व में आए।

यह स्वीकार्य और स्वागत योग्य बात है कि शूद्रों के उद्भव का अध्ययन किया जाए फिर भी कोई व्यक्ति सवाल उठा सकता है कि इस विषय पर मेरा कितना अधिकार है।

मुझे पहले ही यह चेतावनी दी गई है कि मैं भारतीय राजनीति, धर्म और भारतीय धर्म के इतिहास पर तो कुछ बोल सकता हूँ परंतु इस विषय में मेरी क्षमता नहीं हैं—मुझे यह बात समझ नहीं आती कि मेरे आलोचक मुझे यह चेतावनी कैसे दे सकते हैं। यदि एक विचारक और लेखक के रूप में मेरे किन्हीं अभूतपूर्व दावों पर यह कोई प्रतिरोध है तो यह अनावश्यक है। तब मैं यह भी स्वीकार करता हूँ कि मुझे भारतीय राजनीति पर भी कुछ कहने का अधिकार नहीं है। यदि यह चेतावनी इस आशय से दी गई है कि मैं संस्कृत भाषा का पारंगत नहीं हूँ तो अपनी इस कमजोरी को मैं स्वीकार करता हूँ। परंतु मेरी समझ में यह नहीं आता कि इस कारण मुझे इस विषय पर बोलने के लिए अयोग्य कैसे माना जा सकता है। संस्कृत में ऐसा कौन-सा साहित्य है जो अंग्रेजी भाषा में उपलब्ध नहीं है। तब संस्कृत भाषा के ज्ञान का अभाव मुझे इस विषय पर विवेचन करने से कैसे रोक सकता है। मैं यह कहने का साहस कर सकता हूँ कि अंग्रेजी अनुवाद के रूप में उपलब्ध प्रासंगिक साहित्य के पंद्रह वर्ष के अध्ययन से मेरे जैसा कोई भी व्यक्ति औसत दर्जे का ज्ञान अर्जित कर सकता है जिसको कोई कार्य संपन्न करने की क्षमता प्राप्त हो सकती है। इस प्रकार इस विषय पर मेरी मान्यता है कि मेरा यह प्रयास कुछ इस प्रकार का है कि इस विषय को छूने में देवदूत तक घबरा जाते हैं उसके बारे में मैं कुछ लिखूँ। मैं यह मान कर संतोष करता हूँ कि अनाधिकारी का भी परम कर्तव्य है कि जब देवदूत सो जाएँ या सही की उद्घोषणा से बचें तो वह अपनी कोशिश जारी रखें। इस निषेध क्षेत्र में मेरे प्रवेश का यही औचित्य है।

क्या यही बात इस ग्रंथ के विषय में भी उल्लेखनीय है? निःसंदेह मैं जो इस निष्कर्ष पर पहुँचा हूँ वह मेरी जिज्ञासाओं और खोज का प्रतिफल है। इस किताब में दो प्रश्नों का उत्तर पाने का प्रयास किया गया है—

(1) शूद्र कौन थे?

(2) उन्हें भारतीय आर्य समुदाय का चतुर्थ वर्ण कैसे बनाया गया?

संक्षेप में मेरा उत्तर इस प्रकार है—

(1) शूद्र आर्यों के सूर्यवंशी समुदाय में से ही थे।

(2) एक समय था जब आर्य समुदाय ने केवल तीन वर्णों—ब्राह्मण, क्षत्रिय और वैश्य को ही मान्यता दी।

(3) शूद्रों का अलग से कोई वर्ण नहीं था वे भारतीय आर्य समुदाय के क्षत्रिय वर्ण में आते थे।

(4) शूद्र राजाओं और ब्राह्मणों के बीच अनवरत संघर्ष होते रहते थे और ब्राह्मणों को शूद्रों के हाथों अनेक कष्ट और अपमान सहने पड़े।

(5) शूद्रों द्वारा किए गए उत्पीड़न और पीड़ाओं से त्रस्त होकर ब्राह्मणों ने शूद्रों का उपनयन संस्कार संपन्न करना बंद कर दिया।

(6) उपनयन संस्कार से वंचित होने पर शूद्र जो क्षत्रिय थे उनका सामाजिक स्तर गिर गया। उनका दर्जा वैश्यों के नीचे हो गया और वे चौथे वर्ण में गिने गए।

अपने इन निष्कर्षों के आधार पर मुझे विद्वानों की प्रतिक्रिया की प्रतीक्षा है। ये निष्कर्ष न केवल मौलिक हैं वरन् उन मान्यताओं के उग्र विरोध में है जो आजकल मौजूद हैं। इन निष्कर्षों को स्वीकार किया जाता है या नहीं, यह उन लोगों की मनोवृत्ति पर निर्भर है जो इस मुद्दे पर अपने अधिकार का दावा करते हैं। वास्तव में यदि कोई व्यक्ति विशेष अवधारणा से जुड़ा है तो मेरे विचार को अस्वीकार करेगा। मैं उनकी प्रतिक्रियाओं की परवाह नहीं करता क्योंकि वे तो विरोध करेंगे ही, जिनसे विरोध के सिवाय कोई उम्मीद नहीं है। परंतु जो ईमानदार समालोचक हैं वे कितने ही फूँक-फूँक कर कदम धरने वाले क्यों न हों, चाहे वे रूढ़िवादी भी हों यदि उनकी नीयत साफ है और सच्चाई से नजर नहीं चुराना चाहते और वे भी मेरे विचार से यदि सहमत नहीं तो मैं इससे निराश नहीं होता। मेरी यह आकांक्षा ध्वस्त भी हो सकती है, पर मुझे विश्वास है कि मेरे आलोचकों को यह स्वीकार करना होगा कि इस ग्रंथ में बहुत कुछ नया है और इसने नई दिशा प्रदान की है।

विद्वानों के अलावा हिंदू समाज की प्रतिक्रिया का अंदाजा भी रोचक है। आज का हिंदू समाज पाँच निश्चित वर्णों में बँटा हुआ है। हिंदुओं का एक वर्ग है जो रूढ़िवाद के दलदल में फँसा पड़ा है और जो यह स्वीकार नहीं करते कि हिंदू समाज की व्यवस्था में कुछ विकार है भी। उनकी नजर में तो सुधार की बात करना तक ईश्वर की निंदा है। हिंदुओं का दूसरा वर्ग है जो आर्य समाज कहलाता है। उनकी दृष्टि में सिर्फ वेद ही परम सही है। वे रूढ़िवादियों से उतना ही विभेद मानते हैं जितना कि उन सब बातों को तिरस्कृत करने में जो वेदों में नहीं हैं। उनका मूल मंत्र वेदों की पुनःप्रतिष्ठा है।

एक तीसरा ऐसा वर्ग है जिसके विचार से पूरा हिंदू समाज ही गलत व्यवस्था पर आधारित है, परंतु वे सोचते हैं कि इस पर प्रहार करना जरूरी नहीं है। उनका तर्क है कि उसे कानूनी मान्यता

ही नही है आज यह व्यवस्था यदि भस्मीभूत भी नहीं है तो अंतिम साँसें जरूर गिन रही है। हिंदुओं का चतुर्थ वर्ग राजनीतिक मानसिकता में लिप्त है। वे ऐसे सवालों से कन्नी काटते हैं। उनकी दृष्टि में सामाजिक सुधार की अपेक्षा स्वराज का अधिक महत्त्व है। हिंदुओं का पाँचवाँ वर्ग बुद्धिजीवियों का है और जिनकी दृष्टि में समाज सुधार का सर्वोच्च स्थान है स्वराज से भी बढ़कर।

हिंदुओं का जो वर्ग दूसरी श्रेणी में गिना जाता है उनके लिए संभवतया ऐसी रचना अनावश्यक हो जिससे मैं सहमत नहीं। एक प्रकार से वे सही हैं जब यह कहते हैं कि ब्रिटिश भारत में प्रचलित कानून हिंदू समाज में व्याप्त व्यवस्था को स्वीकार नहीं करता। यह ठीक है कि सिविल प्रक्रिया संहिता की धारा 11 के अनुसार हिंदुओं के लिए किसी अदालत से यह आदेश प्राप्त कर लेना संभव नहीं है कि वह किसी खास वर्ण से संबंधित है। ब्रिटिश भारत की अदालतों में यदि किसी व्यक्ति के वर्ण के प्रश्न पर विचार किया गया तो यह सिर्फ विवाह, उत्तराधिकार और गोद लेने के मामलों तक सीमित था, जिसके नियम वर्ण के अनुसार जिससे पक्षकार का संबंध होता था—अलग-अलग होते थे। यह सही है कि ब्रिटिश भारत का कानून हिंदुओं के चार वर्णों को मान्यता प्रदान नहीं करता लेकिन इसका अर्थ समझने में सावधानी बरतनी होगी और इस संबंध में भ्रांति नहीं होनी चाहिए। साररूप में हम कह सकते हैं—

(1) इसका आशय यह नहीं कि वर्ण-व्यवस्था पर अमल करना कोई जुर्म है।
(2) इसका मतलब यह नहीं कि वर्ण-व्यवस्था विलुप्त हो चुकी है।
(3) इसका अर्थ यह नहीं कि जब किसी के वैयक्तिक अधिकारों की आवश्यकता का प्रश्न उठे तो वर्ण-व्यवस्था आड़े नहीं आए।
(4) इसका सिर्फ यह तात्पर्य है कि वर्ण-व्यवस्था के प्रति सामान्य प्रतिबंध समाप्त हो गए हैं। फिर कानून ही तो अकेली मान्यता नहीं है जो दूसरे सामाजिक संस्थानों को संतोषित कर सके।

संस्थाओं का परिपालन अन्य मान्यताओं के द्वारा भी होता है। इनमें धार्मिक मान्यता और सामाजिक मान्यता बहुत महत्त्वपूर्ण है। वर्ण-व्यवस्था को धार्मिक स्वीकृति मिली हुई है और चूँकि उसे धार्मिक मान्यता मिली हुई है तो वर्ण-व्यवस्था को हिंदू समाज की पूर्णतम सामाजिक मान्यता भी प्राप्त है। इस पर कोई कानूनी प्रतिबंध नहीं है। यह धार्मिक मान्यता वर्ण-व्यवस्था का प्रभुत्व बनाए रखने के लिए काफी है। किसी कानून के द्वारा लागू न होने के बावजूद वर्ण-व्यवस्था जीवित है। यह इस बात से सिद्ध होता है कि हिंदू समाज में अछूतों और शूद्रों का दर्जा ज्यों का त्यों मौजूद है। इसलिए यह नहीं कहा जा सकता कि इस प्रकार का अध्ययन निरर्थक है।

जहाँ तक राजनीतिक मानसिकता से ग्रस्त हिंदू का प्रश्न है उसको गंभीरता से नहीं लेना चाहिए। आमतौर पर उसकी दृष्टि तात्कालीन उपलब्धियों पर होती है न कि दूरगामी सोच विचार पर। वह कम-से-कम प्रतिरोध का विचार करता है और किसी भी मामले का जहाँ

कितना भी जरूरी हो यदि उसे अलोकप्रिय बनाता है तो स्थगित करने के लिए तत्पर रहता है। यदि राजनीतिक मानसिकता से ग्रस्त हिंदू इस ग्रंथ को निरर्थक मानते हैं तो यह स्वाभाविक है।

इस शोध-ग्रंथ में आर्य सामाजियों की भी सिर से पैर तक जम कर खबर ली है। दो अत्यंत महत्त्वपूर्ण बिंदुओं पर उनकी विचार-धारा से मेरे फैसलों का तीव्र मतभेद है। आर्य समाजी मानते हैं कि भारतीय आर्य समुदाय के चारों वर्ण आदिकाल से प्रचलित है। इस किताब का कथन है कि एक ऐसा समय था जब भारतीय आर्य समुदाय में मात्र तीन वर्ण थे। आर्य समाजी मानते हैं कि वेद शाश्वत और परम पवित्र है। इस किताब में कहा गया है कि वेदों के कुछ अंश विशेषतया 'पुरूष-सुक्त' जो आर्य समाजियों का प्रधान आधार है, ब्राह्मणों की कल्पना मात्र है जो उनके स्वार्थ की पूर्ति करती है। यह दोनों ही निष्कर्ष आर्य समाजियों के विचारों के लिए एटम बम का काम करेंगे।

आर्य समाजियों के साथ इस प्रकार के संघर्ष से मुझे कोई खेद नहीं है। वेदों को आर्य समाजियों ने शाश्वत, आनादि, अनंत और संदेहातीत प्रचारित करके हिंदू समाज को एक जड़ समाज बना कर बड़ा अहित किया है तथा हिंदुओं के सामाजिक संगठनों को वेद आधारित भी कहा है जो शाश्वत, अनादि, अनंत और संदेहातीत है इसलिए उसमें कोई भी परिवर्तन अनावश्यक है। एक समाज में इस प्रकार की धारणा का विस्तार अत्यंत बुरी बात है। मैं मानता हूँ कि आर्य समाजियों की यह विचार-धारा जब तक पूर्ण रूपेण खत्म नहीं कर दी जाती तब तक हिंदू समाज खुद को सुधारने की आवश्यकता अनुभव नहीं करेगा और अगर कुछ नहीं तो यह किताब इस उद्देश्य को जरूर पूरा करती है।

मैं कल्पना कर सकता हूँ कि इस किताब पर रूढ़िवादी हिंदुओं की क्या प्रतिक्रिया होगी। क्योंकि मैं अरसे से उनके साथ लोहा ले रहा हूँ। बस मैं केवल इतना नहीं समझ पाता कि एक विनम्र और अहिंसक दिखने वाला हिंदू उस समय कितना हिंसक हो उठता है जब कोई उनके पवित्र ग्रंथों की सच्चाई की परतें खोलता है। मुझे इसका कड़वा अनुभव पहली बार पिछले साल हो हुआ। जब मैंने मद्रास में इस विषय में एक अभिभाषण दिया तो मेरे पास ऐसे रूढ़िवादी क्रुद्ध हिंदुओं के पत्रों की झड़ी लग गई जिनसे पता चला कि हिंदुओं का कितना दिमागी संतुलन गड़बड़ाया हुआ है। उन पत्रों में गंदी गालियों की बौछार थी जिनका उल्लेख और प्रकाशन नहीं किया जा सकता जिनमें मुझे जान से मार डालने की धमकियाँ भी थी। पिछली बार मुझे अपना सबसे बड़ा शत्रु कह कर धमकियाँ देने के बाद वे ठंडे पड़ गए। पता नहीं इस बार वे क्या गुल खिलाएँगे। क्योंकि वे इस किताब का चौथा अध्याय और उसके उद्धरण देखेंगे जहाँ उनके राजनीतिक छल, कृतित्व में तरफदारी और उद्देश्य में प्रपंच की कलई खोली गई है तो उनका पारा सातवें आसमान पर ही चढ़ जाएगा। मैं उनकी निंदा और धमकियों में आने वाला नहीं। क्योंकि मैं जानता हूँ कि वे ही सत्यानाश की जड़ हैं जो अपने धर्म की रक्षा की दुहाई देंगे और जिन्होंने धर्म को कमाई का धंधा बनाया हुआ है। वे दुनियों भर से परले सिरे के स्वार्थी हैं और अपनी धूर्तता को अपने वर्ग के निहित स्वार्थों के लिए बाजार में भुनाते हैं।

यह कम आश्चर्यजनक बात नहीं है कि जब रूढ़िवादिता से पागल लोग किसी ऐसे व्यक्ति पर टूट पड़े जिसने हिंदुओं के तथाकथित पवित्र ग्रंथों की धज्जियाँ उड़ाने के लिए आवाज उठाई हो। ऊँचे आसनों पर विराजमान हिंदू जो खुद को उच्च शिक्षित बताने की ढोंग रचे बैठे हैं वे अपनी आँखें मूँद लेंगे, उनकी नियत डिग जाएगी और वे यह सिद्ध करेंगे कि वे तटस्थ हैं। फिर भी तरफदारी में उठ खड़े होंगे। यहाँ तक कि उच्च न्यायालयों के हिंदू न्यायाधीशों, रियासतों के हिंदू प्रधानमंत्रियों को उनका साथ देने में झिझक नहीं होगी। वे तो और भी आगे बढ़ेंगे। वे शिकार के लिए मात्र हाँका न देकर खुद शिकार के लिए तैयार हो जाएँगे। सबसे निर्लज्ज बात यह है कि वे ऐसा इसलिए करते हैं कि उन्हें यह पता है कि उनकी सामाजिक हैसियत से उन लोगों में डर पैदा होगा जो रूढ़िवादिता के विरोधी हैं। मैं उन भद्र पुरुषों को यह बताना चाहता हूँ कि वे मुझे अपने अभिशापों से विचलित नहीं कर पाएँगे। उन्हें शायद डॉ. जॉनसन के गंभीर और उदाहरण योग्य वचनों का ज्ञान नहीं है जब वे प्रतिकूल परिस्थितियों से जूझ रहे थे। उस समय उन्होंने कहा था कि 'मैं एक ठग को पकड़ने के लिए एक गुंडे की धमकियों से नहीं डरूँगा। मैं ऊँचे पदों पर विराजमान आलोचकों के प्रति कठोर नहीं होना चाहता, लेकिन उतना जरूर कहना चाहता हूँ कि उनकी भूमिका एक गुंडे की तरह है ताकि एक धोखेबाज पलायन कर जाएँ।' मैं उन्हें दो बातें बताना चाहता हूँ। प्रथमतः मैं डॉ. जॉनसन के दृढ़ निश्चय का अनुगमन करना चाहता है, जो उन्होंने धर्म ग्रंथों के विषय में इस ऐतिहासिक सत्य के उद्घाटन में किया ताकि हिंदू जान सकें कि इन धर्म ग्रंथों में निहित सिद्धांत ही देश और समाज के पतन के लिए उत्तरदायी है। दूसरे यह कि यदि इस पीढ़ी के हिंदू, जो मैंने कहा है, उन पर ध्यान नहीं देंगे तो भावी पीढ़ी जरूर ही उस पर ध्यान देगी। मुझे सफलता के प्रति तनिक भी निराशा नहीं। क्योंकि मुझे कवि भवभूति के कथन से यह सांत्वना मिलती है जिसमें उन्होंने कहा था, 'समय अनंत है, पृथ्वी विस्तृत है, एक दिन एक ऐसे पुरूष का जन्म होगा जो मेरे कथन की प्रशंसा करेगा। जो भी हो, यह ग्रंथ रूढ़िवादियों के लिए एक चुनौती है।'

हिंदुओं के केवल एक ही वर्ग द्वारा इस किताब का स्वागत किया जा सकता है। ये वे लोग हैं जो सामाजिक सुधार की आवश्यकता और महत्त्व का अनुभव करते हैं। उनके विचार में यह एक समस्या ऐसी है जिसे सुलझाने में लंबा समय लगेगा। इसके लिए कई भावी पीढ़ियों को जूझना पड़ सकता है परंतु इससे इस समस्या के अध्ययन में ढील देने का कोई औचित्य नहीं है। यहाँ तक कि कोई उत्साही हिंदू राजनेता, यदि वह ईमानदार है, वह भी स्वीकार करेगा कि सांप्रदायिकता के विष से उत्पन्न समस्याएँ जो हिंदुओं के सामाजिक संगठन को विरासत में मिली है और जिनकी ओर से हिंदू राजनेता शुतुमुर्ग की तरह रेत में गर्दन गड़ा लेते हैं। वे हर मोड़ पर इन राजनीतिज्ञों को घेर लेंगी। ये समस्याएँ क्षणिक संकट की नहीं हैं, ये हमारे लिए स्थायी मुसीबत है बल्कि यह कहा जाए कि यह कदम-कदम पर हमारी नाक में दम कर सकेंगी। मुझे प्रसन्नता है कि हिंदुओं में ऐसा वर्ग मौजूद है, बेशक वे मुट्ठी भर हों जिन्हें इसका अहसास है। वही मेरा मुख्य लक्ष्य है और मेरे तर्क उन्हीं के लिए हैं।

कोई कह सकता है कि हिंदुओं के पवित्र ग्रंथों का जो सम्मान और आदर किया जाना चाहिए वह मैं नहीं करता। अगर यह आरोप सही है तो अपने इस व्यवहार के समर्थन में मैं दो परिस्थितियों का जिक्र करना चाहूँगा। पहली बात यह है कि अपने अनुसंधान में मैंने इतिहासकार की उन श्रेष्ठ परंपराओं को निभाया है जो पूरे साहित्य को अश्लील मानते हैं—मैं इस शब्द का प्रयोग मूल भाव को लेकर जन भाषा में कर रहा हूँ जिसे मान्य नियमों और साक्ष्यों की कसौटी पर कसा जाना चाहिए, जिसके लिए मैंने पवित्र-अपवित्र के बीच कोई अंतर नहीं माना और जिसका एकमात्र उद्देश्य था। यदि इस परंपरा को निभाने के कारण यह पाया जाता है कि मेरे मन में पवित्र धार्मिक ग्रंथों के प्रति श्रद्धा भाव नहीं है तो एक लेखक के रूप में यही मेरा उत्तर है कि दूसरे पवित्र ग्रंथों के प्रति श्रद्धा जबरदस्ती नहीं जगाई जा सकती। उनका उदय सामाजिक कारकों से होता है जिनसे ऐसी भावना का स्वतः उदय हो जाता है और अन्य कोशिश तो कृत्रिम ही होती है। इन पवित्र ग्रंथों के प्रति ब्राह्मण लेखकों में अगाध श्रद्धा और सम्मान भाव का होना स्वाभाविक है। परंतु किसी गैर-ब्राह्मण हृदय में ऐसा भाव उत्पन्न होना आश्रेय है इस अलग मनोभाव के अंतर की यही सरल-सी व्याख्या है। कोई ब्राह्मण लेखक इस पवित्र साहित्य को सहज भाव से लेगा और उसके प्रति नतमस्तक भी होगा और उस व्यक्ति पर बरसेगा ही जो अनासक्त भाव से केवल एक बुद्धिवादी अध्येता के रूप में उसकी विवेचना करता है। उसके लिए पवित्र साहित्य क्या है। यह वह साहित्य है जिसकी रचना महज ब्राह्मणों ने की है। दूसरी बात है कि इसकी धुरी ही गैर-ब्राह्मणों की सत्ता स्थापित करना है। भला ब्राह्मण इस साहित्य की श्रेष्ठता की ढपली क्यों नहीं बजाएँगे? एक ही कारण से ब्राह्मण इसकी पुष्टि करेंगे और गैर-ब्राह्मण इसे ठुकराएँगे। इस तथ्य को पहचान कर कि जिसे पवित्र साहित्य कहा गया है वह जुगुप्सा से भरे सामाजिक दर्शन का पोखर है जिससे सामाजिक हीनता उपजी है तो गैर-ब्राह्मण उसके प्रति ब्राह्मणों के विपरीत ही रूख अपनाएगा। उस समय यह बात किसी को विचित्र नहीं लगेगी यदि कोई यह ध्यान रखेगा कि मैं गैर-ब्राह्मण ही नहीं अछूत भी हूँ तो इस पवित्र साहित्य के प्रति मेरे मन में श्रद्धा और सम्मान कहाँ से आएगा? स्वाभाविक है कि इस पवित्र साहित्य के प्रति मेरी वितृष्ठा किसी भी गैर-ब्राह्मण से कम नहीं हो सकती। जैसा कि प्रोफेसर थोर्नडाइक कहते हैं—'सोचना हमारा जैविक स्वभाव है किंतु जैसा सोचते हैं उस पर हमारे सामाजिक स्वभाव का प्रभाव होता है।'

मैं जानता हूँ कि धार्मिक ग्रंथों के प्रति ब्राह्मण और गैर-ब्राह्मण विद्वानों के रूझान में अंतर है। जो कि हिंदुओं के सामाजिक इतिहास की समस्याओं के अध्ययन का मुख्य स्रोत है। पहला वर्ग अंधभक्ति से उसका गुणगान करेगा और दूसरा वर्ग उसके हर पहलू को हेय मानेगा। ऐतिहासिक अनुसंधान के लिए यह हानिकारक बात है।

ब्राह्मण लेखकों ने इतिहास के साथ जो शरारत व साजिश की वह स्वाभाविक है। इस साहित्य की पवित्रता बनाए रखने में उनकी दोहरी चाल है। पहली बात तो यह कि उनके पूर्वजों ने जो लिखा उसका औचित्य बताना उनका पुत्रोचित कर्तव्य था जिसके लिए उन्होंने सही

का गला घोंटने के लिए रस्सी को कस कर थामा हुआ है। दूसरी बात यह है कि इससे ब्राह्मणों की श्रेष्ठता बरकरार रहे, यह ध्यान रखना उनका परम् धर्म है। कहीं सिंहासन डोल न जाए। उस प्रणाली को भी वह कायम रखना चाहता है, जिससे उसे हलवा-मांडा प्राप्त होता रहे। इस प्रथा के जनक अपने पूर्वजों को भी सही ठहराना चाहता है इसलिए वह चुपचाप उसे निष्पाप जताने के लिए प्रयासरत रहा है। यही बात ब्राह्मणों के मन में घर किए बैठी है। जो उसे सत्य की खोज और उस सत्य को प्रचारित करने से रोकती है। इसलिए यह पाया जाता है कि ब्राह्मणों ने ऐतिहासिक अनुसंधान के लिए तिथि निर्धारण और वंश वृक्ष तैयार करना छोड़ कर अत्यल्प कोशिश किए हैं। गैर-ब्राह्मण विद्वानों के सामने ऐसी कोई सीमा नहीं है इसलिए वे सही शोधन के भरसक प्रयत्न कर रहे हैं। अध्येताओं के दो वर्णों के बीच यह अंतर होना कोई अनहोनी बात नहीं है—यह किताब इस संबंध में एक उदाहरण है—शूद्रों के खिलाफ षड्यंत्र के असली चरित्र का इसमें पता चलता है। किसी भी ब्राह्मण विद्वान् को इसे प्रस्तुत करने का साहस नहीं हो सका।

यह भी सच है कि गैर-ब्राह्मण विद्वान् ब्राह्मण विद्वानों की मनोवृत्ति से अलग है और वे इस सीमा तक जा सकते हैं कि पूरे साहित्य को पौराणिक और काल्पनिक बता कर कहें कि इसमें गंभीरता नहीं है इसलिए इसे खत्ते में डाल दिया जाए। एक इतिहासकार की ऐसी भावना नहीं होनी चाहिए। एक कथन है—एक इतिहासकार को सटीक, ईमानदार, निष्पक्ष, द्वेष-रहित, रूचि, भय, क्षोभ और पूर्वाग्रह से मुक्त, सत्य-निष्ठ होना चाहिए जो इतिहास का मूल है, वह उन महान् घटनाओं का संरक्षक, उपेक्षा का शत्रु, अतीत का साक्षी और दुरदर्शी होना चाहिए। संक्षेप में वह मुक्त विचारों वाला हो, पर उसका खाली दिमाग न हो और हर साक्ष्य की निरख-परख करें चाहे वह अपमिश्रित भी क्यों न हो। गैर-ब्राह्मण इतिहासकार यह भूमिका निभाने में कठिनाई अनुभव करें। वे सत्यानुसंधान में गैर-ब्राह्मणवादी राजनीति का समावेश कर सकते हैं या प्राचीन साहित्य को इन्द्रजाल बना सकते है। यह न्याय संगत नहीं। मैं निश्चय के साथ कह सकता हूँ कि मैंने अपनी इस खोज में खुद को पूर्वाग्रह से मुक्त रखा है। शूद्रों के विषय में लिखते समय मैंने शूद्र इतिहास के अलावा अन्य बाकी बातों पर ध्यान नहीं दिया है। मुझे बखूबी पता है कि इस देश में गैर-ब्राह्मण आंदोलन चल रहा है जो शूद्रों का राजनीतिक आंदोलन भी है। यह भी सर्वविदित है कि मैं इससे संबद्ध हूँ, किंतु विश्वास है कि पाठकों को पता चलेगा कि मैंने इस किताब को गैर-ब्राह्मण राजनीति का स्वरूप नहीं दिया है।

मुझे आशंका है कि इस विषय की प्रस्तुति में मुझसे बहुत-सी त्रुटियाँ हुई होंगी। किताब में उद्धरणों की भरमार है उनमें से भी अनेक बहुत लंबे-लंबे हैं। यह किताब कोई कलाकृति नहीं है। हो सकता है कि पढ़ते-पढ़ते पाठक उकता भी जाएँ। परंतु यह दोष सिर्फ मेरा ही नहीं है। मेरे हाथ में होता तो मैं उन पर छँटाई के लिए खूब कतरब्योंत करता परंतु यह किताब सरल और अबोध शूद्रों के लिए लिखी गई है कि उनकी यह दशा कैसे हुई और वे हैं कौन? उन्हें पता नहीं कितने करीने से यह ग्रंथ लिखा गया है? उनसे अपेक्षा यह है कि वे इस परिश्रम का पूरा लाभ

उठाएँ जितना संभव है उतना अच्छा होगा। जिन्हें भी मैंने इसकी पांडुलिपि दिखाई उनका विचार उद्धरणों को बनाए रखने के पक्ष में था। दरअसल उनकी अपेक्षा इतनी अधिक थी कि उन्होंने किताब में उद्धरणों के अंग्रेजी अनुवाद देने के साथ-साथ परिशिष्ट में मूल संस्कृत उद्धरण देने की बात कही। उनका आग्रह मुझे भुलाना पड़ा क्योंकि यह सामग्री फिलहाल उपलब्ध नहीं है। हमें याद रखना है कि शूद्रों के कंधों पर बंदूक रख कर ही इस कुख्यात चातुर्वर्ण्य को जीवित रखा जा सकता है हालाँकि यह उनके उत्पीड़न का आधार है और वह भी शूद्र ही हैं जो इसको नेस्तनाबूद कर सकते है। इसलिए आसानी से समझा जा सकता है कि मैंने यह जरूरी समझा कि शूद्रों को अवगत कराया जाए और उन्हें इस पवित्र कार्य का बीड़ा सौंपा जाए। इसलिए मैंने यह उचित नहीं समझा कि उद्धरणों की भरमार से पिंड छुड़ाया जाए या उन्हें संक्षिप्त कर दिया जाए।

मैं तीन व्यक्तियों के प्रति आभार प्रकट करना चाहता हूँ। सबसे पहले तो महाभारत के शांतिपर्व के साठवें अध्याय के लेखकों का चाहे वह व्यास हो, वैशम्पायन हो, सूत हो, लोमहर्षण हो या भृगु। परंतु वह कोई भी रहा हो उसने पैजावन का पूर्ण विवरण देकर महान् सेवा की है। यदि उसने यह न बताया होता कि पैजावन शूद्र था तो शूद्र का कुल खोज पाना पूरी तरह असंभव था। मैं उस लेखक के प्रति आभार प्रकट करना चाहता हूँ कि उसने जानकारी का इतना महत्त्वपूर्ण अंश भावी पीढ़ियों के लिए संजोया। ऐसा न होता तो यह किताब लिखी भी न जाती। फिर से इस्माइल कॉलेज बम्बई के प्रोफेसर कांगले का आभारी हूँ। उन्होंने किताब में उल्लेखित संस्कृत श्लोकों के अनुवाद का अन्वेषण कर मुझ पर उपकार किया। क्योंकि मैं संस्कृत का विद्यार्थी नहीं रहा इसलिए मैं आश्वस्त हो गया कि मैंने संस्कृत सामग्री के साथ गड़बड़ घोटाला नहीं किया है। परंतु उसका अर्थ यह नहीं कि मैं वे गलतियाँ उनके मत्थे मढ़ दूँ जिन्हें मेरे आलोचक ढूँढ निकालें। मैं बम्बई के सिद्धार्थ कालेज के प्रोफेसर मनोहर चिटनिस को भी धन्यवाद देता हूँ जिन्होंने अनुक्रमणिका तैयार की।

मैं अपने न्यूयार्क के प्रकाशक मैसर्स चार्ल्स स्क्रिबनर्स संस पब्लिशर्ज का भी कृतज्ञ हूँ जिन्होंने श्री मेडीसन ग्रांट के 'पासिंग आफ द ग्रेट रेस' तीन पुनर्मुद्रण की अनुमति दी जो इस किताब के परिशिष्ट 2, 3 और 4 में समाविष्ट हैं।

अक्टूबर 10, 1946 **डॉ. बी.आर. आंबेडकर**
राजगृह
दादर, बम्बई-14

1. शूद्रों की गूढ़ समस्या

यह सभी जानते हैं कि शूद्र भारतीय आर्यों के समाज का चौथा वर्ण है किंतु यह जानने की कोशिश कुछ ने ही की कि शूद्र कौन थे और वे चौथा वर्ण कैसे बने? ऐसी महत्त्वपूर्ण जिज्ञासा अपरिमित है। इसलिए यह जानना अत्यंत महत्त्वपूर्ण है कि शूद्र चौथे वर्ण में कैसे आए? क्या ऐसा समाज के क्रमिक विकास के परिणाम-स्वरूप था या फिर वे चक्रावर्तन के कारण चौथे वर्ण में आए ?

यह जानने के लिए कि शूद्र कौन थे और वे चौथे वर्ण में कैसे आए? हमें सबसे पहले भारतीय आर्य समुदाय की चातुर्वर्ण्य व्यवस्था की व्युत्पत्ति की जानकारी करनी जरूरी है। चातुर्वर्ण्य व्यवस्था का अध्ययन ऋग्वेद के 10वें मंडल के 19वें मंत्र, जिसे पुरूष कहते हैं, से आरंभ करना होगा। इस मंत्र में कहा गया है—

सबसे पहले वेदों के विचारों को देखा जाए—

(1) पुरूष के एक सहस्त्र शीश है, एक सहस्त्र चक्षु, एक सहस्त्र चरण है। वह सर्वत्र परिपूर्ण है। व्यापक है और उसने दस अंगुल की परिधि में संपूर्ण ब्रह्मांड को ग्रहण कर रखा है।

(2) पुरूष खुद संपूर्ण (ब्रह्मांड) है जो वर्तमान भी है और भावी भी है। वह अमरत्व है। बीज (अन्न) से उसका विस्तार होता है।

(3) ऐसी है उसकी महान्ता और पुरूष इससे भी श्रेष्ठ है। सारी सृष्टि उसका चतुर्थांश है और उसका तीन चौथाई अविनाशी अंश अंतरिक्ष में है।

(4) अपने तीन चौथाई अंश से पुरूष ऊपर उठा और उसका एक चौथाई अंश यहाँ पुनः प्रादुर्भूत हुआ है, फिर वह सर्वत्र विलीन हो गया—उन सभी खाद्य और अखाद्य पदार्थों में।

(5) उससे विरज उत्पन्न हुआ और विरज से पुरूष जन्म लेते ही वह संपूर्ण धरती पर आच्छादित हो गया, आगे भी और पीछे भी।

(6) जब देवों ने पुरूष की आहुति से यज्ञ किया तो वसंत उसका घी, ग्रीष्म ईंधन और शरद समिधा हो गई।

(7) आरंभ में जन्म लेने वाले पुरूष को उन्होंने यज्ञ की दूर्वा पर बलि चढ़ा दिया। देवताओं, साध्यों और ऋषियों ने उससे यज्ञ किया।

(8) उस विश्वव्यापी यज्ञ की हवि से दही और घृत उपलब्ध हुए। इससे वे पक्षी और पशु, जंगली और पालतू, उत्पन्न हुए।

(9) उस विश्वव्यापी यज्ञ से ऋग्वेद और सामवेद की ऋचाएँ निकलीं और यजुर्वेद के मंत्र निकले।

(10) उससे अश्व निकले और दो जबड़ों वाले सभी पशु उत्पन्न हुए, गाय उत्पन्न हुई और उसी से भेड़-बकरी भी निकलीं।

(11) जब देवताओं ने पुरूष को विभाजित किया जो उसे कितने भागों में बाँटा? उसका मुख क्या था, उसकी भुजाएँ क्या थीं, उसकी जँघाएँ क्या थी और उसके चरण क्या थे?

(12) ब्राह्मण उसके मुख, राजन्य उसकी भुजाओं, वैश्य उसकी जँघाओं तथा शूद्र उसके पैरों से उत्पत्र हुए।

(13) उसकी आत्मा (मन) से चन्द्रमा, उसके चक्षुओं से सूर्य, उसके मुख से इन्द्र और अग्नि और उसके श्वास से वायु उत्पन्न हुई।

(14) उसकी नाभि से वायु निकली, उसके मस्तक से आकाश, उसके चरणों से धरती, उसके कानों से चार दिशाएँ बनीं। इस तरह देवताओं ने इस ब्रह्मांड की रचना की।

(15) जब देवताओं ने यज्ञ करते हुए पुरूष को यज्ञ की बलि के रूप में बाँधा तो उस यज्ञ की हवि के चारों ओर सात लकड़ियाँ बाँधी और तीन बार सात-सात लकड़ियों की अग्नि लगाई।

(16) इस प्रकार यज्ञ में देवताओ ने आहुतियाँ दीं। यह प्रथम अनुष्ठान था। इन शक्तियों ने आकाश से कहा कि पहले साद्य देव कहाँ हैं?

पुरूष सूक्त विश्व की उत्पत्ति का आगम सिद्धांत है। दूसरे शब्दों में यह विश्व की उत्पत्ति शास्त्र है। किसी भी विकसित सभ्य देश में विश्व की उत्पत्ति का वर्णन किसी-न-किसी प्रकार जरूर मिलता है। मिस्र वासियों का विश्व की उत्पत्ति शास्त्र लगभग 'पुरूष-सुक्त' के समान ही है। उसके अनुसार देवता रचनाकार खुनुमू ने विश्व की उसी प्रकार जिस प्रकार कुम्हार चाक

पर बर्तन बनाता है। विश्व की रचना की जो सब मौजूद है। वह पिताओं का पिता और माताओं की माता है।

उसने मानव और देवगण पैदा किए। वह स्वर्ग, पृथ्वी, पाताल, जल, पर्वत का निर्माता है उसी ने सभी पक्षियों, मछलियों, जंगली पशुओं और अन्य कीड़े-मकोड़ों का नर और मादा के रूप में सृजन किया।

बाइबिल के प्रथम अध्याय में भी लगभग इसी प्रकार की विश्व-रचना के सिद्धांत का उल्लेख है। विश्व की उत्पत्ति का विषय सिर्फ शैक्षिक रूचि के संदर्भ में विद्यार्थियों की जिज्ञासा शांत करने और बच्चों के मन बहलाव का साधन बनने से अधिक और कुछ नहीं हो सकता। यह बात पुरूष सूक्त पर तो नहीं परंतु उसके कुछ भागों पर जरूर लागू होती है। इसीलिए 'पुरूष-सुक्त' के सभी मंत्र न तो समान रूप से महत्त्वपूर्ण है और न ही उनकी एक समान महत्ता है। मंत्र 11 और 12 एक ही श्रेणी के हैं तथा बाकी मंत्र दूसरी श्रेणी के हैं। मंत्र 11 और 12 को छोड़कर बाकी मंत्रों को शास्त्रीय महत्त्व का माना जा सकता है। न तो कोई उन पर विश्वास करता है न ही हिंदू उन्हें याद करता है। लेकिन मंत्र 11 और 12 के विषय में ऐसा नहीं है। ये मंत्र सिवाय इसके कुछ नहीं बताते कि चातुर्वर्ण्य अर्थात् ब्राह्मण या पुजारी, क्षत्रिय या सिपाही, वैश्य या व्यापारी और शूद्र या नीच उत्पत्ति सृजनकर्ता के शरीर से किस प्रकार हुई, तथ्य तो यह है कि इन मंत्रों को ब्रह्मांड की अद्भुत घटना की व्याख्या के रूप में ही नहीं समझा जाता है। यह स्वीकार कर लेना भयंकर भूल होगी कि वे भारतीय आर्यों द्वारा केवल रचनात्मक की सहज काव्य कल्पना ही माने गए हैं। वे सृजनकर्ता के उस निर्देश के रूप में माने गए हैं जिसमें कि 'पुरूष-सुक्त' में वर्णित चातुर्वर्ण्य व्यवस्था को सामाजिक संरचना माना जाए। पुरूष का यही कथ्य है। इन मंत्रों की भाषा न्याय-संगत नहीं है। परंतु यह सही है कि परंपरा के अनुसार मंत्रों की ऐसी व्याख्या की जाती है। फिर भी यह कहना कठिन है कि पारंपरिक मंत्र रचना 'पुरूष-सुक्त' के सृजनकर्ता के आशय अर्थ के अनुरूप नहीं है। 'पुरूष-सुक्त' के मंत्र 11 और 12 विश्व की उत्पत्ति का वर्णन मात्र नहीं है। वे समाज के विशेष विधान (चातुर्वर्ण्य व्यवस्था) का ईश्वरीय आदेश है।

'पुरूष-सुक्त' द्वारा निर्धारित समाज के गठन को चातुर्वर्ण्य व्यवस्था कहा गया है। ईश्वरीय आदेश के रूप में ही यह भारतीय आर्यों के समाज का आदर्श बन गया। चातुर्वर्ण्य व्यवस्था का यह आदर्श भारतीय आर्य समुदाय का आरंभिक समाज इसी साँचे में ढल गया जिसमें भारतीय आर्य समुदाय का एक विचित्र और विशेष स्वरूप बना।

भारतीय आर्य समाज द्वारा शिरोधार्य चातुर्वर्ण्य की आदर्श व्यवस्था उनके लिए न केवल असंदिग्ध ही है बल्कि यह अवर्णनीय भी हैं। इसका भारतीय आर्य समाज पर गहरा और अकाट्य प्रभाव रहा है। 'पुरूष-सुक्त' द्वारा प्रतिपादित समाजिक व्यवस्था पर भगवान बुद्ध के अलावा किसी और ने सवाल तक नहीं उठाया है। वैसे भगवान बुद्ध भी उस व्यवस्था को हिला तक नहीं पाए थे क्योंकि बुद्ध के समय में और बौद्ध धर्म के पतन के बाद अनेक स्मृतिकारों ने

'पुरूष-सुक्त' के सिद्धांतों की रक्षा को न केवल अपना व्यवसाय बनाया बल्कि उन्होंने उसका जम कर प्रचार भी किया।

'पुरूष-सुक्त' के समर्थन में इस प्रकार का उदाहरण आपस्तम्ब धर्म-सूत्र और वशिष्ठ धर्म-सूत्र में मिलता है। आपस्तम्ब धर्म-सूत्र में कहा गया है—

जातियाँ चार हैं—

ब्राह्मण, क्षत्रिय, वैश्य और शूद्र।

इन चारों में हर पहली जाति क्रमशः दूसरी सभी जातियों से श्रेष्ठ हैं।

शूद्रों और निकृष्ट कार्य करने वालों को छोड़ कर सभी को (1) उपनयन (2) वेदाध्ययन करने तथा (3) यज्ञ (बलि) या पवित्र धागा यज्ञोपवीत (जनेऊ) धारण करने का अधिकार है।

वशिष्ट धर्म-सूत्र में इसे दोहराते हुए यह कहा गया है—

ब्राह्मण, क्षत्रिय, वैश्य और शूद्र चार जातियाँ (वर्ण) हैं। ब्राह्मण, क्षत्रिय और वैश्य ये तीनों जातियाँ द्विज हैं अर्थात् दो बार जन्मी हैं। उनका प्रथम जन्म माता की योनि से होता है और दूसरा उपनयन अर्थात् यज्ञोपवीत धारण करने से होता है। इस दूसरे जन्म में सावित्री को माता और गुरू को पिता माना गया है।

शिक्षक (गुरू) वेदों की शिक्षा देता है, इसलिए उसे पिता कहा जाता है। चारों जातियाँ जन्म और संस्कार से अलग-अलग हैं।

वेद का एक वाक्य यह भी है "ब्राह्मण मुख से, क्षत्रिय भुजा से, वैश्य जँघाओं से और शूद्र पैरों से पैदा हुए।" इस वाक्य में यह घोषणा की गई है कि "शूद्र यज्ञोपवीत संस्कार के अधिकारों को प्राप्त नहीं करेगा।" अन्य अनेक शास्त्रकारों ने भी 'पुरूष-सुक्त' का तोतारटंत पाठ दोहराया और उसकी पवित्रता को जारी रखा। उनकी पुनरोक्ति अनावश्यक है। जिन विद्वानों ने 'पुरूष-सुक्त' में निर्धारित चातुर्वर्ण्य व्यवस्था का विरोध किया, उन्हें हिंदू समाज के शिल्पी मनु ने सदा के लिए दबा दिया। मनु ने दो कार्य किए। सबसे पहले उसने 'पुरूष-सुक्त' के आदर्श को ईश्वरीय आज्ञा के रूप में नए सिरे से प्रतिपादित किया। उसने कहा कि संसार की समृद्धि के लिए ईश्वर ने ब्राह्मण को अपने मुख से, क्षत्रिय को भुजाओं से, वैश्य को जँघाओं से और शूद्र को पैरों से पैदा किया है। इस तरह ब्राह्मण, क्षत्रिय और वैश्य द्विज वर्ण हैं अर्थात् इनका जन्म दो बार होता है और शूद्र का केवल एक बार ही जन्म होता है।

इस प्रकार मनु ने अपने पूर्ववर्ती शास्त्रकारों का अनुसरण किया। यही नहीं उसने एक और व्यवस्था दे दी और कहा—वेद ही धर्म का एकमात्र और अंतिम आधार है।

इस बात को ध्यान में रखते हुए कि 'पुरूष-सुक्त' वेद का अंग है, यह चरितार्थ करना कठिन नहीं हो सकता कि मनु ने 'पुरुष-सुक्त' में प्रतिपादित चातुर्वर्ण्य के सामाजिक आदर्श को ईश्वरीय आदेश और विधान तथा असंदिग्धता की परिधि में आवेष्टित कर दिया जो पहले नहीं थी।

II

'पुरूष-सुक्त' का समीक्षात्मक विश्लेषण बहुत जरूरी है। सभी हिंदू यह मानते हैं कि 'पुरूष-सुक्त' अनुपम है। निःसंदेह यह दावा बहुत बढ़ा-चढ़ा कर किया गया है। यहाँ उस समय किया गया होगा जब मानव मस्तिष्क विकास की आदिम अवस्था में था और उसमें आधुनिक युग की तरह परिणामों पर विचार करने की क्षमता नहीं थी। परंतु यह दावा सरलता से स्वीकार किया जा सकता है बशर्ते कि यह समझा जाए कि 'पुरूष-सुक्त' को अनुपम क्यों कहा जाता है।

'पुरूष-सुक्त' को अनुपम मानने का प्रमुख आधार सामाजिक संगठन का आदर्श है अर्थात् चातुर्वर्ण्य का आदर्श अनुपमान है। क्या 'पुरूष-सुक्त' को अनुपम मानने का यह पर्याप्त आधार है? यदि वर्गहीन समाज की रचना का विधान होता तो निश्चय ही 'पुरूष-सुक्त' अनुपम माना जाता। 'पुरूष-सुक्त' में क्या है? इसमें वर्णभेद वाले समाज का उपदेश है। क्या इसे अनुपम माना जा सकता है? इसका स्वीकारात्मक उत्तर केवल कोई राष्ट्रवादी और देशभक्त ही दे सकता है।

वर्ण-व्यवस्था का अस्तित्व तो हर समाज की शर्त है अनिवार्यता जो आदिम युगीन है। यह स्थिति तो संसार भर में है वहाँ भी जहाँ का समाज अपेक्षाकृत आधुनिक है। इस दृष्टि से 'पुरूष-सुक्त' में क्या अपूर्वता या नवीनता हो सकती है जबकि यह भारतीय आर्य समाज में मौजूद वर्ग को स्वीकार करने के सिवाय और कुछ नहीं है।

इसके होते हुए भी अन्य कारणों से 'पुरूष-सुक्त' बेजोड़ माना जाता है। दुर्भाग्य की बात तो यह है कि आमतौर से अनेक लोग इसके अनुपम होने का सही कारण नहीं जानते। पर जब इसके अनुपम होने के सही कारण का पता चलेगा तो लोगों को इसमें संकोच नहीं होगा कि 'पुरूष-सुक्त' की विचित्रता और अनूठापन मानवता और मानव जाति के प्रति कितना बड़ा प्रपंच है।

'पुरूष-सुक्त' की सामाजिक आदर्श की विशेषताएँ क्या हैं, जो इसकी अनुपमता के प्रमाण हैं? हालाँकि वर्ण-व्यवस्था का अस्तित्व हर समाज की अनिवार्य शर्त है फिर भी किसी समाज ने भी वास्तविक स्वरूप को समाज के विधान के रूप में नहीं बदला। 'पुरूष-सुक्त' ही ऐसा उदाहरण है जिसमें वर्ण-भेद को समाज का आदर्श बताया गया है। 'पुरूष-सुक्त' में प्रतिपादित यह पहली अनुपम योजना है। दूसरे, किसी भी समुदाय ने समाज के आदर्श के व्यावहारिक भेदभाव को वैधानिक स्वरूप प्रदान नहीं किया। यूनान का उदाहरण सामने है। अफलातून (प्लेटो) जैसे महान् विद्वान् ने वर्ण-व्यवस्था को आदर्श सामाजिक ढाँचा माना। किंतु वहाँ के लोगों ने वर्ण-व्यवस्था को एक वास्तविक वैधानिक सामाजिक संरचना नहीं माना। 'पुरूष-सुक्त' ही एक ऐसा उदाहरण है जिसने वर्ण-व्यवस्था को कानूनी जामा पहना कर उसे वास्तविक बनाने की कोशिश की और उसे प्राकृतिक माना।

तीसरे, किसी भी समाज ने वर्ण-व्यवस्था को सामाजिक विधान न मान कर प्राकृतिक विकास ही माना है। इससे भी आगे 'पुरूष-सुक्त' ने वर्ण भेद को समाज का विधान और

प्राकृतिक तो माना ही है उसे पवित्र और ईश्वरीय आदेश कह कर स्थापित्व भी प्रदान किया है। चौथे, इतिहास साक्षी है कि किसी समाज में जन श्रेणियों की संख्या निश्चित नहीं थी। रोम दो वर्णों में विभाजित था। मिस्र में तीन जन श्रेणियाँ थीं। भारतीय-ईरानी भी तीन जातियों (1) अथर्वस (पुरोहित), (2) रथेस्तर (सैनिक), और (3) वस्त्र फश्युत (कृषक) तक जाकर रह गए। किंतु 'पुरूष-सुक्त' ने समाज को चार वर्णों में विभाजित किया, जो न तो घट सकती है और न बढ़ सकती है। पाँचवें, हर समाज में कोई जन-श्रेणी अपने महत्त्व के आधार पर देशकाल और परिस्थिति के अनुसार अपना स्थान बनाती है। किसी समाज ने श्रेष्ठता और हीनता का कोई अटल पैमाना और बंधन निश्चित नहीं किया है। किंतु 'पुरूष-सुक्त' इस संबंध में सबसे अनुपम है, क्योंकि उसने विभिन्न जन श्रेणियों को सदा-सदा के लिए ऊँच-नीच के आधार पर एक स्थान पर निर्धारित कर दिया है। असमानता के सिद्धांत पर आधारित चातुर्वर्ण्य व्यवस्था में ब्राह्मण का स्थान सर्वोपरि है। क्षत्रिय ब्राह्मण के नीचे किंतु वैश्य और शूद्र के ऊपर होता है। वैश्य, ब्राह्मण और क्षत्रिय के नीचे शूद्र से ऊपर आता है। शूद्र सबसे नीचे है।

III

इन वास्तविक कारणों से 'पुरूष-सुक्त' अनुपम है। परंतु 'पुरूष-सुक्त' मात्र अनुपम ही नहीं, असाधरण भी है क्योंकि यह गूढ़ रहस्यों से भरा पड़ा है। अपूर्वता और अनुपमता का ज्ञान केवल कुछ लोगों को ही है। किंतु जानने की कोशिश करने पर इन रहस्मय पहेलियों के वास्तविक स्वरूप और मायाजाल का पता चलेगा। 'पुरूष-सुक्त' में प्रतिपादित विश्व की उत्पत्ति का सिद्धांत ऋग्वेद में भी मिलता है। ऋग्वेद के दसवें मंडल के 72 वें मंत्र में विश्व की उत्पत्ति का वर्णन इस प्रकार है—

1. आओ, देवों की उत्पत्ति का उच्च स्वर से यशोगान करें। स्तुति गान से वे भक्तों पर प्रसन्न होते हैं।
2. वृहस्पति ने देवताओं को लोहार की धौंकनी की भाँति अपनी श्वास क्रिया से फुला दिया। देवताओं के प्रथम युग में सृष्टि की रचना शून्य से हुई।
3. देवताओं के प्रथम युग में सृष्टि शून्य से उत्पन्न हुई। इसके पश्चात् क्षितिज का जन्म हुआ और फिर ऊपर की ओर बढ़ने वाले वृक्ष पैदा हुए।
4. ऊपर की ओर बढ़ने वाले वृक्षों से पृथ्वी पैदा हुई, पृथ्वी से दिशाओं का जन्म हुआ। दक्ष का जन्म अदिति से और फिर अदिति का जन्म दक्ष से हुआ।
5. हे दक्ष, फिर तेरी पुत्री अदिति का जन्म हुआ। इसके बाद पूजनीय और अविनाशी देवगण पैदा हुए।
6. हे देवजन, जब तुमने सुव्यवस्थित कक्ष में निवास किया तो तुम्हारे शरीर से धूल उड़ी, मानो तुम नृत्य कर रहे हों।

7. हे देवगण, जब तुम विश्व पर घटाओं की भाँति छा गए तो तुमने समुद्र के गर्भ से सूर्य को उत्पन्न किया।
8. अदिति के शरीर से आठ पुत्र पैदा हुए। उसने सात पुत्रों के साथ देवताओं से भेंट की और मार्तण्ड (अष्टम पुत्र) को उच्च स्थान पर आसीन किया।
9. सात पुत्रों के साथ अदिति पहली पीढ़ी के देवताओं के पास चली गई किंतु उसने मार्तण्ड को मानव उत्पत्ति हेतु धारण किया। विश्व की उत्पत्ति के दोनों सिद्धांत विस्तार और मूल रूप में नितांत अलग हैं। पहले सिद्धांत के अनुसार विश्व की उत्पत्ति शून्य से हुई जबकि दूसरे सिद्धांत के अनुसार पुरूष से हुई। यहाँ यह प्रश्न उठता है कि एक ही ग्रंथ में विश्व की उत्पत्ति के दो परस्पर विरोधी सिद्धांत क्यों दिए गए हैं? 'पुरूष-सुक्त' के लेखक ने सृष्टि का आधार पुरूष को क्यों बनाया और संपूर्ण सृष्टि की उत्पत्ति उससे हुई बताई?

'पुरूष-सुक्त' के अध्ययन से पता चलता है कि विश्व का प्रारंभ गधे, घोड़े, बकरी आदि की उत्पत्ति से होता है, किंतु मानव उत्पत्ति का उसमें कोई उल्लेख नहीं है। जब पुरूष की सृष्टि की बात करना स्वाभाविक लगता है इसके विपरीत 'पुरूष-सुक्त' का रचनाकार क्रम भंग कर आर्यों के समाज में वर्णों की उत्पत्ति की विवेचना करने लगता है। इससे ऐसा आभास होता है कि 'पुरूष-सुक्त' का मूल उद्देश्य ही वर्ण भेद व्यवस्था का वर्णन मात्र है। ऐसा करने से 'पुरूष-सुक्त' ऋग्वेद के अन्य भागों से पूर्णतः विपरीत प्रकट होता है।

किसी भी धर्म-ज्ञान ने समाज में श्रेणियों की उत्पत्ति को स्पष्ट करना अपना ध्येय नहीं बनाया है। बाइबिल का ओल्ड टेस्टामेंट में उत्पत्ति के प्रथम अध्याय में जिस अर्थ और आशय की दृष्टि से 'पुरूष-सुक्त' के समान बात कही है उसमें मानव उत्पत्ति का वर्णन है। इसका यह अर्थ नहीं कि प्राचीन काल में यहूदियों में वर्ग नहीं थे। वर्ग सभी समाजों में मौजूद थे। भारतीय आर्य भी इसका अपवाद नहीं हैं। फिर भी किसी भी धर्म-ग्रंथ में वर्णों की उत्पत्ति की व्याख्या करना जरूरी नहीं समझा गया है तो फिर 'पुरूष-सुक्त' में सामाजिक वर्णों की उत्पत्ति की व्याख्या करना प्रथम लक्ष्य क्यों बनाया गया?

ऋग्वेद में 'पुरूष-सुक्त' ही कोई एक स्थान नहीं है जिसमें सृष्टि की रचना का जिक्र है बल्कि अन्य स्थलों पर भी उत्पत्ति का वर्णन मिलता है। इस संबंध में ऋग्वेद की निम्न ऋचाओं का अवलोकन किया जाता है।

"ऋग्वेद, 96.2, 'प्रथम निविड़' और 'आयु' के ज्ञान से उस (अग्नि) ने मानव संतति को उत्पन्न किया। उस 'अग्नि' ने अपने प्रकाश से पृथ्वी और सागर का सृजन किया। देवताओं ने अग्नि को धन का दाता बताया।"

इस मंत्र में समाज के वर्णों के अलग सृजन का कोई उल्लेख नहीं है, हालाँकि यह निस्संकोच कहा जा सकता है कि ऋग्वैदिक काल में ही भारतीय आर्य समुदाय का वर्गीकरण हो चुका था,

तथापि ऋग्वेद का यह मंत्र वर्ग रचना की उपेक्षा कर मानव रचना की ही बात कहता है। फिर क्या कारण है कि 'पुरूष-सुक्त' ने मानवोत्पत्ति के अलावा वर्ग रचना के वर्णन को महत्त्व दिया है?

'पुरूष-सुक्त' ऋग्वेद का और तरीके से विरोध करता है। ऋग्वेद भारतीय आर्यों की उत्पत्ति के विषय में निष्पक्ष विचार प्रतिपादित करता है, जैसा कि निम्नलिखित मंत्रों से स्पष्ट है—

1. ऋग्वेद I, 80.16 : अर्थात्, पिता मनु और दध्यांच एकत्र होकर उन्होंने प्रार्थना की और मंत्र पढ़े तथा एक उत्सव संपन्न कर इन्द्र की अर्चना की।
2. ऋग्वेद I, 114.2 : हे रुद्र पिता मनु ने यज्ञ से जो समृद्धि और शक्ति प्राप्त की तेरे मार्ग दर्शन में हम सब इसका उपभोग करें।
3. ऋग्वेद II, 33.13 : हे मारूत, मैं पिता मनु द्वारा चयन किए गए आपके शुद्ध का फलदायी निदान, जो अत्यंत शुभ है, लाभकारी है, उनकी तथा रुद्र के आर्शीवाद और पराक्रम की कामना करता हूँ।
4. ऋग्वेद VIII, 52.1 : प्राचीन मित्र (रुद्र) बलशाली देवताओं की शक्ति से संपन्न रहा है। पिता मनु ने उसके लिए देवों तक पहुँचने के माध्यम स्वरूप स्त्रोत्र तैयार किए हैं।
5. ऋग्वेद III, 3.6 : अग्नि देवताओं एवं मनुष्य की संतान अर्थात् सभी जीव-जंतुओं के साथ बहुविध यज्ञ कर रहे हैं।
6. ऋग्वेद IV, 37.1 : हे देवगण वाजस और निभुक्षण जिस मार्ग से देवता भ्रमण करते हैं उसी आकाश मार्ग से हमारे यज्ञ में उपस्थित हों, ताकि शुभ मुहुर्त में मनुष्यों में यज्ञ हो सके।
7. ऋग्वेद VI, 14.2 : मानुष यज्ञ में अग्नि की स्तुति कर रहे हैं।

उपरोक्त पाठ से यह निःसंदेह सिद्ध होता है कि ऋग्वेद के मंत्रों के सृष्टा ऋषियों ने मनु को भारतीय आर्यों का जनक बताया है। मनु को भारतीय आर्यों का जनक का यह सिद्धांत इतना रूढ़ हो चुका था कि ब्राह्मण ग्रंथों और पुराणों तक ने इसकी पुनरावृत्ति करना जरूरी समझा। 'ऐतरेय ब्राह्मण' 'विष्णु पुराण' और 'मत्स्य पुराण' में भी इसको प्रतिपादित किया गया है। यह सही है कि उन्होंने ब्रह्मा को मनु का जनक माना है, किंतु मनु के पिता होने के ऋग्वेद में उल्लखित सिद्धांत को स्वीकार कर स्थायित्य दे रखा है। 'पुरूष-सुक्त' में मनु का उल्लेख क्यों नहीं है? यह विचित्र बात है। क्योंकि 'पुरूष-सुक्त' के रचियता इस बात के अपवाद लगाते हैं कि खुदभू मनु विरज (वीर्य) है और विरज आदि पुरूष हैं, क्योंकि वह भी अपने सुक्त के पाँचवे मंत्र में विरज आदि पुरूष कहते हैं।

तीसरा तर्क भी है। जिसके अनुसार 'पुरूष-सुक्त' ऋग्वेद से भी आगे चला जाता है। वैदिक आर्य सभ्यता की दृष्टि से बहुत विकसित थे जिससे उन्होंने कार्य के विभाजन के सिद्धांत को स्वीकार किया। उन्होंने आजीविका के लिए अलग-अलग साधन अपनाए। इसका उन्हें पूरा ज्ञान था, जो इस मंत्र में प्रकट होता है—

ऋग्वेद I, 113.6 : 'कुछ व्यक्ति शक्ति की खोज में जाते हैं, कुछ यश की, कुछ धन की संपत्ति की खोज में जाते हैं और कुछ आजीविका की खोज में। ऊषा ने लोगों को जाग्रत किया कि वे अपनी विशिष्ट और अलग-अलग आजीविका की खोज में जाएँ।'

ऋग्वेद में इतना ही कहा है लेकिन 'पुरूष-सुक्त' और आगे जाता है। यह श्रम के विभाजन के सिद्धांत का पालन करता है और श्रम के विभाजन की योजना को लोगों के व्यवसाय के विभाजन की योजना में बदलता है तथा उसे निश्चित और स्थायी व्यावसायिक वर्णों में विभाजित करता है। 'पुरूष-सुक्त' ने इतनी विकृति क्यों की?

'पुरूष-सुक्त' का ऋग्वेद से अलग होने का एक कारण यह भी है कि ऋग्वेद केवल मानव की बात करता है। भारतीय आर्य जाति की भी बात कहता है जो पाँच कबीलों के समन्वय से बनी है जो भारतीय कबीले आर्य जन में एकीकृत होकर एक समान जाति बन गई। ये पाँच कबीले एक कैसे हुए वह इन मंत्रों से स्पष्ट होता है—

1. ऋग्वेद VI, 11.4 : पाँचों कबीले, समवेत अग्नि में आहुति दे रहे हैं, स्तुति कर रहे हैं और दंडवत हो रहे हैं मानो अग्नि मनुष्य है।
2. ऋग्वेद VII, 15.2 : गृह का ज्ञानी और युवा स्वामी (अग्नि) जो पाँचों कबीलों के घरों में मौजूद है।

ये पाँचों कबीले कौन-से हैं, इस पर मतभेद हैं। यास्क ने निरुक्त में इनके नाम गंधर्व, पितृ, देव, असुर और राक्षस बताए हैं। उपमन्यु के अनुसार इन कबीलों से चार वर्ण और निषाद का अभिधान होता है। ये दोनों ही विचार गलत लगते हैं। पहले तो इसलिए कि पाँचों कबीलों की एक साथ प्रशंसा की गई है जो निम्न मंत्रों से स्पष्ट है—

1. ऋग्वेद II, 2.10 : हमारा शौर्य पाँचों कबीलों में स्वर्ण की भाँति ज्योतिर्मय हो।
2. ऋग्वेद VI, 46.7 : हे इन्द्र जो बल और पौरूष नहुष वंश और पाँचों कबीलों में है, वह हम सबको प्रदान करो।

इससे यह स्पष्ट हो जाता है कि यदि इन पाँचों कबीलों में शूद्र शामिल होते तो निश्चय ही इनकी एक साथ प्रशंसा न की जाती। फिर 'वर्ण' शब्द का प्रयोग न कर 'जन' शब्द का प्रयोग किया गया है और 'जन' का अर्थ पाँचों कबीलों के शामिल रूप का पर्याय है न कि चार वर्णों और निषाद का जैसा कि ऋग्वेद के निम्नलिखित श्लोक से स्पष्ट है—

ऋग्वेद, I, 108.8 : हे इन्द्र, हे अग्नि, यदि तुम्हारा निवास यदु, तर्वस, द्रहयु, अनु और पुरू में है, तो हे वीर चहुंओर से आकर सोमरस का पान करो।

इन्हीं पाँच कबीलों से एक आर्य जाति बनी। यह अथर्ववेद के मंत्र (III, 24.2) से स्पष्ट है—

'ये पाँच क्षेत्र पाँच कबीले, मनु से उत्पन्न हुए हैं।'

एकता और चेतना की भावना से ही यह स्पष्ट किया जा सकता है कि ऋग्वेद के मंत्र सृष्टाओं और ऋषियों ने पाँच कबीलों का ऐसा क्यों उल्लेख किया। प्रश्न उठते हैं, 'पुरूष-

सुक्त' पाँचों कबीलों की एकनिष्ठा को मान्यता क्यों नहीं देता? इसके बजाए वह कबीलों के भीतर ही सामाजिक विभाजन को क्यों मान्यता देता है? 'पुरूष-सुक्त' जातीयता की तुलना में सांप्रदायिवाद को अधिक महत्त्व क्यों देता है?

'पुरूष-सुक्त' की ऋग्वेद के साथ तुलना करने पर 'पुरूष-सुक्त' की कुछ पहेलियाँ प्रकाश में आती हैं। 'पुरूष-सुक्त' की समाज शास्त्रीय मीमांसा करने पर कुछ और रहस्य प्रकट होते हैं।

आदर्शों का अस्तित्व नियमों के रूप में जरूरी है। कोई समाज या व्यक्ति नियमों के बिना उन्नति नहीं कर सकता। समय और परिस्थितियों के अनुसार नियमों में परिवर्तन होना चाहिए। अतः कोई नियम स्थायी रूप से निश्चत नहीं है। नियमों के मूल्य का पुनर्मूल्यांकन करने की गुंजाइश रहनी चाहिए। मूल्यों का पुनर्मूल्यन तभी संभव है जब इन्हें पवित्रता का आवरण न दिया जाए। पवित्रता का आवरण मूल्यों की पुनरीक्षा में बाधा डालना है। एक बार की पवित्रता स्थायी बन जाती है। 'पुरूष-सुक्त' ने इसी प्रकार चातुर्वर्ण्य की व्यवस्था को पवित्रता और विधि के विधान की संज्ञा देकर उसे उसे स्थायित्व प्रदान किया है। 'पुरूष-सुक्त' ने विशेष प्रकार की व्यवस्था को आलोचना से परे और अपरिवर्तनीय बना कर इसे इतना पवित्र बना कर स्थायी क्यों बनाया? यह 'पुरूष-सुक्त' की पहली पहेली है जिसका उत्तर समाज शास्त्र का विद्यार्थी चाहता है।

चातुर्वर्ण्य का सिद्धांत प्रतिपादित करने में 'पुरूष-सुक्त' ने दोहरी चाल चली है। प्रारंभ में वह भारतीय आर्य समुदाय की वर्ण-व्यवस्था के अस्तित्व को वास्तविक और आदर्श रूप में प्रस्तुत करता है। यह धोखा है, क्योंकि यह आदर्श वास्तविकता से अलग नहीं है। वास्तविकता को आदर्श के स्तर तक ऊँचा उठाने के बाद उसे ऐसा प्रस्तुत करने की कोशिश करता है माना यह आदर्श ही है। यह फिर धोखा है, क्योंकि आदर्श तो वास्तविकता में पहले ही मौजूद है। 'पुरूष-सुक्त' द्वारा वास्तविकता को आदर्श और आदर्श को वास्तविकता के रूप में प्रस्तुत करना राजनीतिक इन्द्रजाल या चाल है। मेरा अपना विश्वास है कि यह एक प्रकार का छल है। ऐसा प्रपंच विश्व के किसी अन्य धर्म-ग्रंथ में नहीं है। यह छल-कपट के सिवाय और क्या है? अन्याय और असमानता से युक्त वास्तविकता को आदर्श का रूप देना स्वार्थ-सिद्धि के सिवाय अन्य कुछ नहीं है। जब किसी व्यक्ति को किसी बात में लाभ दिखाई देता है, वह उसे आदर्श का रूप देने की चेष्टा करता है। यह अपराध वृत्ति से कम नहीं है। इस प्रकार एक बार स्थापित की गई असमानता स्थायी हो जाती है। यह धारणा नैतिकता के विरूद्ध है। किसी भी प्रबुद्ध समाज ने इस प्रकार के किसी विचार को न तो स्वीकार किया और न मान्यता ही प्रदान की है। इसके विपरीत इतिहास साक्षी है कि आज तक व्यक्तियों और वर्णों के संबंध सुधार में जो प्रगति हुई है वह इस नैतिक सिद्धांत की मान्यता के कारण हुई है कि गलती से जो स्थापित हो गया वह कभी स्थापित नहीं होना चाहिए और उसकी पुर्नसंरचना की जानी चाहिए। अतः इस दृष्टि से 'पुरूष-सुक्त' का सिद्धांत आशय से आपराधिक और परिणाम से समाज विरोधी है।

वर्ण विशेष को अनुचित ढंग से लाभ पहुँचाना और दूसरे को अन्यायपूर्ण एवं अनुचित रूप से दबाए रखना 'पुरूष-सुक्त' का उद्देश्य समाज विरोधी है। यह दूसरी पहेली है। इन सभी पहेलियों का अंतिम और सबसे बड़ा रहस्य 'पुरूष-सुक्त' की समाज शास्त्रीय समीक्षा से उभरता है, जो शूद्रों की स्थिति के संबंध में है। 'पुरूष-सुक्त' वर्णोत्पत्ति ईश्वर कृत बताता है ऐसा सिद्धांत प्रतिपादित करना किसी भी धर्म-दर्शन ने न्याय-संगत नहीं माना। यह 'पुरूष-सुक्त' का सिद्धांत विचित्र है। अलग-अलग वर्णों की उत्पत्ति विधाता के अलग-अलग अंगों से होना तो और भी विचित्र बात है शरीर के विभिन्न अंगों से विभिन्न वर्णों की उत्पत्ति का समीकरण संयोगमात्र नहीं है। यह जानबूझ कर किया गया है। इस 'समीकरण की पृष्ठभूमि में छिपा मूल उद्देश्य दो समस्याओं (1) चारों वर्णों के कार्य (आजीविका के साधन) निश्चित करना तथा (2) पहले निश्चित योजना के अंतर्गत चारों वर्णों को श्रेणीबद्ध करना है। विधाता के अलग-अलग अंगों से विभिन्न वर्णों की उत्पत्ति का समीकरण करने से इस सूत्र से लाभ मिलता है। शरीर का एक निश्चित भाग एक वर्ण की श्रेणी और उसका कार्य निर्धारित करता है। ब्राह्मण की उत्पत्ति विधाता के मुख से कही गई है। चूँकि मुख शरीर का सर्वोत्तम अंग है, अतः ब्राह्मण चारों वर्णों में श्रेष्ठतम वर्ण बन गया है। इसके आधार पर उसे श्रेष्ठ कार्य सौंपा गया है। उसे योग्यता और ज्ञान (पठन-पाठन) के अभिरक्षक पद का अधिकार सौंपा गया है। क्षत्रिय का जन्म विधाता की बाहों से हुआ बताया गया है। बाहें शरीर में मुख से नीचे आती है इसलिए क्षत्रिय को बुद्धि के बाद का काम युद्ध सौंप दिया गया है। वैश्य जँघाओं से जन्म लेने के कारण ब्राह्मण और क्षत्रिय से नीचा है। अतः उसे कृषि और व्यवसाय के काम में लगाया गया है। शूद्र की उत्पत्ति विधाता के पैरों से हुई है। वह शरीर का निम्नतम अंग है। अतः शूद्र का स्थान चारों वर्णों में सबसे नीचे है और उसका कार्य भृत्य वृत्ति निश्चित किया गया है।

'पुरूष-सुक्त' ने चारों वर्णों की उत्पत्ति के लिए ऐसी व्यवस्था करने का तरीका क्यों चुना? उसने शूद्र को चरण के समान क्यों बताया? उसने चारों वर्णों की उत्पत्ति का कोई अन्य उदाहरण क्यों नहीं दिया? उत्पत्ति के उद्देश्य से पुरूष हो एकमात्र उपमा नहीं है। छांदोग्य उपनिषद् में वेदों की उत्पत्ति के स्पष्टीकरण की तुलना करें। उसमें कहा है—

प्रजापति ने ब्रह्मांड को गर्म करके उसमें से चार तत्व निकाले अर्थात् पृथ्वी से अग्नि, हवा से वायु और आकाश से सूर्य निकाले। उस प्रजापति ने फिर तीन आराध्य देवों को गर्म किया जिसके सार-स्वरूप अग्नि से ऋग्वेद की ऋचाएँ, वायु से यजुर्वेद के मंत्र और सूर्य से सामवेद की ऋचाएँ पैदा की। उसने इन तीनों वेदों को गर्म किया और इस तरह गर्म हुए वेदों से उत्पन्न तत्व से ऋग्वेद की ऋचाओं से यर्जुवेद के मंत्रों से 'भुव', और सामवेद के 'स्वर' शब्दों की रचना की।

इस प्रकार विभिन्न वेदों की उत्पत्ति विविध आराध्य देवों से बताई गई हैं। जहाँ तक भारतीय आर्यों का संबंध है, उनसे देवी-देवताओ की संख्या किसी प्रकार कम न थी। तीस करोड़ देवता

थे। चार देवों से चार वर्णों की उत्पत्ति के आधार पर उन्हें जन्म से ही समानता और आदर मिलना चाहिए था। किंतु 'पुरूष-सुक्त' में इस प्रकार की व्याख्या क्यों नहीं की?

फिर क्या पुरूष के विभिन्न मुखों से विभिन्न वर्णों की उत्पत्ति बताना 'पुरूष-सुक्त' के रचनाकार के लिए संभव नहीं था? इस तरह की संकल्पना मुश्किल न थी क्योंकि 'पुरूष-सुक्त' के पुरूष से सहस्त्र सिर होने के कारण उसके एक-एक मुख से एक-एक वर्ण की उत्पत्ति तो और भी सरलता-पूर्वक दर्शायी जा सकती थी। उत्पत्ति की व्याख्या की इस रीति से 'पुरूष-सुक्त' का लेखक अनजान नहीं था। इसका कारण यह है कि विष्ण पुराण में वेदों की उत्पत्ति की व्याख्या के इस ढंग को प्रयोग में लाया गया है। देखिए—

"ब्रह्मा के पूरब की दिशा के मुख से गायत्री, ऋग्वेद की ऋचाएँ, त्रिवृत्त सामवेद द्वठ के रथांतर और यज्ञ के लिए अग्निस्तोम निकले, दक्षिण दिशा के मुख से यजुर्वेद के मंत्र ट्रिष्टुभ छंद, पंचदश स्तोम, बृहत्तम और अकथ्य, पश्चिम दिशा के मुख से सामवेद के मंत्र, जगती छंद, सप्तदश स्तोम, वैरूप और अतिरात्र तथा उत्तर दिशा के मुख से एकविंश अथर्वन, अनुष्टुप और विरज छंदों के साथ अप्तोर्यमन निकले।"

'हरिवंश पुराण' में वेदों की रचना का कुछ और ही वर्णन है "ईश्वर ने अपने नेत्रों से ऋग्वेद और यजुर्वेद, जिव्हा से सामवेद और ललाट से अधर्ववेद की रचना की।"

यदि हम यह मान लें कि 'पुरूष-सुक्त' के रचनाकार के लिए किसी कारण विधाता के विभिन्न अंगों से विभिन्न वर्णों की उत्पत्ति दर्शाना जरूरी ही था, तब यह प्रश्न उठता है कि पुरूष के विभिन्न अंगों से विभिन्न वर्णों की समानता अपनी इच्छा के अनुसार क्यों स्थापित की?

इस प्रश्न का महत्त्व उस समय और बढ़ जाता है जब यह पता चलता है कि विधाता के विभिन्न अंगों से विभिन्न वर्णों की उत्पत्ति स्थापित करने का उदाहरण मात्र 'पुरूष-सुक्त' ही नहीं है। वैशम्पायन मुनी ने यज्ञ कराने वाले पुरोहितों के विभिन्न वर्णों की उत्पत्ति का वर्णन शरीर के विविध अंगों से किया है। किंतु दोनों में कितना अंतर है। वैशम्पायन ने 'हरिवंश पुराण' में यह व्याख्या इस प्रकार प्रस्तुत की है—

"इस प्रकार तेजस्वी भगवान नारायण हरि सातों समुदों को अपनी शक्तिशाली बाहों के घेरे में लेकर रजो के विराट विस्तार जो एक महासमुद्र के समान हो गया था, के बीच भूत, वर्तमान और भविष्य तीनों कालों से विभूषित होकर विरज मुक्त हो सो गए। ब्राह्मण उनकी अनश्वरता को जानते हैं। पुरुषोत्तम (विष्णु), वह जो भी हो, सर्वोच्च है। पुरूष के नाम से मालूम सब यज्ञ है। ऋत्विज ब्राह्मण उसके अंगों से यज्ञ कार्य के लिए पैदा हुए हैं। प्रभु ने अपने मुख से ब्राह्मण जो मुख्य पुरोहित है और सामवेद के मंत्रों के उच्चारण 'उदगात', बाहों से 'होतृ' एवं 'अध्वर्यु' की उत्पत्ति की। तदुपरांत उसने 'प्रस्त्रोतृ', 'मैत्रकरूण', 'प्रतिष्ठातृ', प्रतिह, पोतृ अपने उदर से, जँघाओं से अक्ष्वाक और नेस्तू, हाथों से अग्निघ्र और होत्रिय ब्राह्मण, बाहों से ग्रवण तथा अन्नेतृ उत्पन्न किए। इस प्रकार ईश्वर ने सोलह प्रवीण ऋत्विज पैदा किए जो सभी बलि के मंत्रों

का पाठ करते थे। इसलिए यज्ञ रचित पुरूष को वेद कहा जाता है। सभी वेदों, वेदांगों, उपनिषदों और धर्म व्यवहार विधि की रचना उसके सार से हुई है।"

यज्ञ के लिए पुरोहितों की कुल 17 श्रेणियाँ थीं। यदि कोई रचनाकार किसी पुरोहित की उत्पत्ति विधाता के एक अलग अंग से बताने की कोशिश करता तो उसके लिए यह संभव न होता था कि वह किसी पुरोहित की उत्पत्ति पुरूष के पैरों से जोड़ता क्योंकि परोहित के वर्णों की संख्या पुरूष के अंगों से अधिक हैं फिर वैशम्पायन ने क्या किया? उसे विधाता के एक ही अंग से पुराहितों के अनेक वर्षों की उत्पत्ति दर्शाने में कोई आपत्ति नहीं हुई। वह किसी भी पुरोहित की उत्पत्ति पुरूष के पैर से दिखाने के प्रश्न को बड़ी चालाकी से बचा गया है।

उत्पत्ति के विषय में 'पुरूष-सुक्त' में शूद्रों के साथ दिखाई गई, तिरस्कार की भावना की 'हरिवंश पुराण' में ब्राह्मणों को दिए गए सम्मान से तुलना करने पर पता चलता है कि 'पुरूष-सुक्त' में शूद्रों के साथ कितना षडयंत्र रचा गया है। क्या शूद्रों की उत्पत्ति पैरों से बता कर 'पुरूष-सुक्त' को शूद्रों के विरूद्ध विषवमन करना किसी सुनियोजित योजना के अधीन सौंपा गया? क्या उसने अपना कर्तव्य पालन नहीं किया? अतः अब देखना यह है कि इस द्वेष का कारण क्या था?

IV

समाज शास्त्रीय दृष्टि से 'पुरूष-सुक्त' की विवेचना करने पर शूद्रों के संबंध में उपरोक्त पहेलियों का महत्त्व समझ में आता है। शूद्रों की स्थिति के संबंध में कुछ और विचित्र कल्पनाएँ हैं जो चातुर्वर्ण्य के आदर्श के परिणाम-स्वरूप उत्पन्न हुई। इन परिणामों के लिए सबसे पहले चातुर्वर्ण्य में बाद में हुए परिवर्तन का ज्ञान प्राप्त करना जरूरी है। चातुर्वर्ण्य के बाद के परिवर्तन मुख्यतः दो हैं। पहला शूद्रों के नीचे एक और वर्ण बनाना और दूसरा यह कि शूद्र अन्य तीनों वर्णों से अलग हो गए। इन परिवर्तनों का 'पुरूष-सुक्त' की मूल योजना से ऐसा एकीकरण हुआ कि उसने कुछ विशेष शब्दों और अभिव्यक्तियों को जन्म दे डाला। ये अभिव्यक्तियाँ हैं—स्वर्ण, अवर्ण, द्विज, अद्विज और त्रैवर्णिक। ये शब्द मूल चातुर्वर्ण्य के उप-विभाजन और उनकी विभिन्नता को दर्शाते हैं। इन वर्णों के सापेक्षित संबंधों के विषय में जानना जरूरी है, क्योंकि इससे एक नया रहस्य पैदा होता है। यदि विद्वान् इस रहस्य को नहीं समझ पाए तो संभवतः इसके दो कारण हैं—पहला यह कि विद्वानों ने इस ओर ध्यान नहीं दिया कि वर्णों के ये नाम केवल नाम ही नहीं है बल्कि ये वास्तविक अधिकारों और विशेषाधिकारों को दर्शाते हैं। दूसरे, विद्वानों ने यह जानने की कोशिश ही नहीं की कि नाम की आड़ में और विशेषाधिकारों के लिए किया गया यह वर्गीकरण न्यायोचित और तर्कपूर्ण भी है या नहीं।

अब हमें यह जानना है कि इन शब्दों के विधि सम्मत अर्थ क्या है? सवर्ण शब्द आमतौर पर अवर्ण का विलोम है। सवर्ण का अर्थ है वह जो चारों वर्णों में से कोई एक है। अवर्ण वह है

जिसका चारों वर्णों से कोई संबंध नहीं है। ब्राह्मण, क्षत्रिय, वैश्य और शूद्र सवर्ण है। अछूत या अति-शूद्र अवर्ण कहलाते हैं अर्थात् जिनका कोई वर्ण नहीं है।

यह तर्कसंगत है कि ब्राह्मण, क्षत्रिय, वैश्य और शूद्र चातुर्वर्ण्य के अंतर्गत आते हैं। अछूत तथा अति-शूद्र चातुर्वर्ण्य के बाहर है। इसी प्रकार द्विज और अद्विज शब्द परस्पर विरोधी अर्थ रखते हैं। द्विज का अर्थ है दो बार जन्म लेने वाला और अद्विज का अर्थ है केवल एक बार जन्म लेने वाला। यह अंतर उपनयन के अधिकार पर आधारित है। उपनयन संस्कार को दूसरा जन्म माना गया है। जनेऊ या यज्ञोपवीत धारण करने वाले द्विज कहलाते हैं। जिन्हें यह अधिकार नहीं है वे अद्विज कहलाते हैं। इसलिए ब्राह्मण, क्षत्रिय और वैश्य को यह अधिकार है इसलिए ये द्विज हैं। शूद्र और अति-शूद्र जनेऊ के अधिकार से वंचित हैं। अतः ये अद्विज हैं। इसी प्रकार त्रैवर्णिक शब्द भी शूद्र का विपर्याय है। किंतु इस विपर्याय में कुछ विशेष भेदभाव नहीं है। इस में इतना ही भेदभाव है जितना द्विज और अद्विज में है, इसके सिवाय यह अंतर शूद्रों तक ही सीमित है और अति-शूद्र वर्ण-व्यवस्था से बाहर है। शायद यह अभिव्यक्ति अतिशूद्रों के एक अलग वर्ण के रूप में अस्तित्व में आने से पहले ही अस्तित्व में आई।

इस तथ्य को ध्यान में रखते हुए कि शूद्र और अति-शूद्र दोनों ही अद्विज हैं, तो शूद्र सवर्ण क्यों हैं और अति-शूद्र अवर्ण क्यों हैं? शूद्र चातुर्वर्ण्य व्यवस्था के अंतर्गत और अति-शूद्र उससे बाहर क्यों है? ब्राह्मण, क्षत्रिण, वैश्य और शूद्र सवर्ण होने के नाते चातुर्वर्ण्य व्यवस्था के चार स्तंभ माने जाते हैं। ये सभी सवर्ण हैं तब फिर त्रैवर्णिकों को प्राप्त अधिकारों से शूद्र वंचित क्यों हैं।

क्या शूद्रों की इस पहेली से भी बड़ी कोई और पहेली हो सकती है? निश्चय ही इसकी जाँच करने और इसकी समीक्षा करने की जरूरत है कि शूद्र कौन थे और वे आर्यों के समाज में चौथा वर्ण कैसे बने?

2. शूद्रों की उत्पत्ति का ब्राह्मणवादी सिद्धांत

क्या ब्राह्मणवादी साहित्य में शूद्रों की उत्पत्ति के संबंध में कोई विवरण है? इसमें संदेह नहीं है कि ब्राह्मणवादी साहित्य विश्व की उत्पत्ति और वर्णोत्पत्ति की खोज के बारे में कोई सामग्री मिले या न मिले लेकिन शूद्रों की खोज की कहानी पूरी करने के लिए शूद्रों की समस्याओं को एक ग्रंथ में वर्णित किया जाना चाहिए। इसके लिए हमें ब्राह्मणों के साहित्य का अलग से अध्ययन करना होगा और यह देखना होगा कि वे इस खोज में कहाँ तक सहायक सिद्ध होते हैं।

I

हम वेदों से प्रारंभ करते हैं। ऋग्वेद के 'पुरूष-सुक्त' में उत्पत्ति का वर्णन किया गया है। अतः हमें अन्य वेदों के आख्यानों का अध्ययन करना है।

यजुर्वेद के दो संस्करण शुक्ल यजुर्वेद और कृष्ण यजुर्वेद हैं। पहले शुक्ल यजुर्वेद को ही लेते हैं। शुक्ल यजुर्वेद की वाजसनेयी संहिता में दो सिद्धांत उपलब्ध हैं। पहला तो 'पुरूष-सुक्त' की पुनरोक्ति मात्र है। अंतर केवल इतना है कि इसमें 'पुरूष-सुक्त' के 22 मंत्र दिए गए हैं जबकि ऋग्वेद के मूल 'पुरूष-सुक्त' में केवल 16 मंत्र हैं। शुक्ल यजुर्वेद के अलावा छह मंत्र निम्न हैं—

17. प्रारंभ में विश्वकर्मा ने उसे जल और पृथ्वी के सार से उत्पन्न किया। त्वष्ठा ने उसे पुरूष का रूप प्रदान किया कि प्रारंभ में विश्व में पुरूष ही व्याप्त है।

18. मैं अंधकार की परिधि से परे सूर्य-वर्ण महान् पुरूष को पहचानता हूँ। उसको जानने पहचानने पर ही मृत्यु के बंधन से छुटकारा मिलता है। इसके अलावा कोई मार्ग नहीं है।
19. अजन्मा प्रजापति विविध रूपों में प्रकट होता है। विद्वान् उसका माध्यम जानते हैं और मारीचि के स्थान पर कामना करते हैं।
20. जो देवताओं के लिए प्रकाश करता है, जो देवताओं का पुरोहित है और जो देवताओं से पहले पैदा हुआ है ब्रह्मा की उस तेजस्वी संतति को नमस्कार।
21. देवताओं ने ब्रह्मा की संतान वृद्धि करते हुए प्रारंभ में ही व्यवस्था दे दी—ब्राह्मण वह है जो यह जानता है कि देवजन उसके अधीन रहेंगे।
22. जिसकी 'श्री' और 'लक्ष्मी' पत्नियाँ हैं, 'दिन' और 'रात' जिसके अंग रक्षक हैं, 'तारागण' जिसके आभूषण हैं और अश्विनी के समान दैदीप्यान जिसका मुख है, वह मेरी सभी कामनाओं को पूरा करें, मुझे सभी पदार्थ प्रदान करें।

वाजसनेयी संहिता में दिया गया दूसरा सिद्धांत 'पुरूष-सुक्त' से बिलकुल ही अलग है। वह इस प्रकार है—

वा.स. XIV-28 : उसने एक की स्तुति की। प्राणी बने अग्नि के साथ स्तुति की ब्राह्मण की रचना ब्रह्मणस्पति शासक बना। उन्होंने पाँच के साथ स्तुति की। मौजूद पदार्थ उत्पन्न हुए। भूतानामपति शासक बना। उन्होंने सात के साथ स्तुति की। सप्तर्षि उत्पन्न हुए, धात्री शासक बना। उन्होंने नौ के साथ स्तुति की। पितागण उत्पन्न हए। अदिति शासक बने। उन्होंने ग्यारह के साथ स्तुति की, ऋतुएँ उत्पन्न हुई, आर्तव शासक बने। उन्होंने तेरह के साथ स्तुति की। मास (महीने) उत्पन्न हुए, वर्ष राजा बना। उन्होंने पंद्रह के साथ स्तुति की। क्षत्रीय उत्पन्न हुआ, इन्द्र राजा बना। उन्होंने सत्रह के साथ स्तुति की। पशु उत्पन्न हुए बृहस्पति राजा बने। उन्होंने उन्नीस के साथ स्तुति की। शूद्र और आर्य (वैश्य) उत्पन्न हुए, दिवस और रात्रि राजा बने। उन्होंने इक्कीस के साथ स्तुति की। अविभाजित सुमधारी पशु उत्पन्न हुए। पुषान राजा बने। उन्होंने तेइस के साथ स्तुति की। लघु पशु उत्पन्न हुए, पुषान राजा बने। उन्होंने पच्चीस के साथ स्तुति की। वन्य जीव उत्पन्न हुए, वायु राजा बने। (ऋग्वेद 10.90.8) उन्होंने सत्ताईस के साथ स्तुति की। धरती और स्वर्ग अलग हुए। वसु, रूद्र और आदित्य उनसे विलग हो गए, वे राजा बने। उन्होंने उन्तीस के साथ स्तुति की। प्राणी उत्पन्न हुए। मास के कृष्ण और शुक्ल पक्ष बने। उन्होंने इक्तीस के साथ स्तुति की। मौजूद पदार्थ शांत हो गए, प्रजापति परमेष्ठि राजा बने।

अब हम कृष्ण यजुर्वेद पर आते हैं। कृष्ण यजुर्वेद की तैत्तिरीय संहिता में पाँच व्याख्याएँ हैं। श्लोक (IV, 3.10) की व्याख्या शुक्ल यजुर्वेद की वाजसनेयी संहिता के श्लोक (XIV, 28) की व्याख्या के समान है जिसका ऊपर उल्लेख किया जा चुका है। बाकी जिनमें शूद्रों की उत्पत्ति का उल्लेख किया गया है इस प्रकार है—

(1) तैत्तिरीय सहिता (II-4-13-1)—"देवता राजन्य से भयभीत थे, जब वह गर्भ में था उन्होंने उसे पाश में बाँध दिया। परिणाम-स्वरूप वह राजन्य बंधन युक्त उत्पन्न हुआ। यदि वह अजन्मा बंधन मुक्त जन्म लेता तो वह अपने शत्रुओं का वध करता। यदि राजन्य यह इच्छा करें कि वह बंधन मुक्त उत्पन्न हो और अपने शत्रुओं का हनन करता रहे तो वह उसे ऐंद्र ब्राह्मणस्पतय आहुतियाँ दें। राजन्य इन्द्र के समान है और ब्राह्मण बृहस्पति है। ब्राह्मण के माध्यम से ही कोई राजन्य को मुक्त कर सकता है। स्वर्ण बंधन रूपी उपहार स्पष्ट रूप से ऐसे बंधन से मुक्त करता है।"

(2) तैत्तिरीय संहिता (VII-1-14)—"प्रजापति ने सृजन की इच्छा व्यक्त की। इसने अपने मुख से त्रिवृत्त स्तोम की रचना की। इसके उपरांत अग्नि देव, गायत्री छंद, साम, रथांतर, मानवों में ब्राह्मण और पशुओं में बकरा उत्पन्न किया। उनकी उत्पत्ति मुख से हुई है, अस्तु प्रमुख हैं। उसने अपने वक्ष से और बाहुओं से पंचद की रचना की। इसके बाद देवों में इन्द्र, छंदों में त्रिष्टुम, साम में बृहत, मानवों में राजन्म और पशुओं में मेष पैदा किए। ये शक्तिशाली अंगों से पैदा होने के कारण बलशाली हैं। उसने अपने बीच से सप्तदश की रचना की। इसके पश्चात् उसने देवों में विश्वदेव, छंदों में जगती, साम, वैश्य, मानवों में वैश्य और पशुओं में गाय को जन्म दिया। ये उदर से उत्पन्न होने के कारण योग्य है। इनके बहुसंख्यक होने के कारण सप्तदश के बाद अनेक वेदों को जन्म दिया। तदुपरांत उसने अपने पैरों से इक्कीस की रचना की, जिससे अनुष्टुभ छंद, साम, वेराज, मानवों में शूद्र और पशुओं में अश्व पैदा हुए। अतः शूद्र और अश्व जीवों के वाहक हैं। 21 के बाद किसी आराध्य को उत्पन्न नहीं किया गया। अतः शूद्र यज्ञ करने के अधिकार से वंचित है। अस्तु दोनों का जीवन भी पैरों (दास्ता) में ही व्यतीत होता है। तब भी शूद्र यज्ञ का पात्र नहीं। क्योंकि एकविंश के पश्चात् कोई उत्पन्न नहीं हुआ। उनका स्थान चरणों में है क्योंकि उदगम चरण है।

अथर्ववेद में 'पुरूष-सुक्त' की तरह चार व्याख्याएँ हैं। पहली ऋग्वेद के 'पुरूष-सुक्त' के (XIX-6) के समान है। दूसरी निम्न प्रकार है—

1. अथर्ववेद (IV-6-1) सबसे पहले ब्रह्मा का जन्म हुआ। उसके दस सिर और दस मुख थे। पहले उसने सोम रस का पान किया और विष को शक्तिहीन बनाया।
2. अथर्ववेद (XV-8-1) ब्रत्य में काम जागा और राजन्य को जन्म दिया।
3. अर्थववेद (XV-9-1) ब्रत्य के परिचित राजा के घर पर अतिथि के रूप में आकर उस राजा को उसका व्रात्य आदर करने को कहा। उस ब्रह्म ने उस (राजा) को इसका कारण समझाया। राजा द्वारा सम्मानित होने पर उस (ब्रत्य) ने उसका अहित नहीं किया। उससे ब्राह्मण और क्षत्रिय का उदय हुआ। उन्होंने कहा, हम अब उस में प्रवेश करेंगे इत्यादि।

II

अब ब्राह्मण ग्रंथों को लेते हैं। शतपथ ब्राह्मण में 6 व्याख्याएँ मिलती हैं। इनमें से दो वर्णों को उत्पत्ति के विषय में है। इनमें से एक में शूद्रों की उत्पत्ति का निवारण इस प्रकार है—

शतपथ ब्राह्मण (XIV-4-2-23) "ब्रह्मा (भाष्यकार के अनुसार उनका अग्नि का स्वरूप था और वे ब्राह्मण थे) ही पहले ब्रह्मांड थे, एकमेव थे। एक ही होने के कारण उनका विस्तार नहीं हुआ। उन्होंने पराक्रमपर्दूक क्षत्रिय का एक दिव्य रूप ग्रहण किया। देवताओं में वे शक्तिशाली हैं, (क्षत्रिय), इन्द्र, वरूण, सोम, रुद्र, परजन्य, यम, मृत्यु, ईषान हैं। इस प्रकार क्षत्रिय से कोई श्रेष्ठ नहीं है। अतः ब्राह्मण राजसूय यज्ञ में श्रत्रिय से नीचे बैठते हैं। वह क्षत्रिय की गरिमा को स्वीकार करते हैं। यही ब्रह्मा क्षत्रिय का उदगम है। हालाँकि राजा श्रेष्ठता को प्राप्त करता है, अंत में वह अपने उदगम के रूप में ब्राह्मण की शरण में आता है जो ब्राह्मण को नष्ट करता है वह अपने उदगम को भ्रष्ट करता है। वह अति दमनीय बन जाता है, मानों उसने अपने से श्रेष्ठ को आहत किया हो। उसका विकास नहीं हुआ। उसने 'विश' उत्पन्न किया। देवताओं की इस श्रेणी में वसु, रुद्र, आदित्य, विश्वदेव मारूत आते हैं। उसका विकास नहीं हुआ। उसने शूद्र वर्ण पूषण उत्पन्न किया। यह पृथ्वी पूष्णा है क्योंकि वह सभी का पोषण करती है। उसका विकास नहीं हुआ। उसने शक्ति से एक विलक्षण रूप में उत्पन्न किया, न्याय (धम)। वह शासक (क्षत्रिय) है, अर्थात् न्याय है। इस प्रकार न्याय से श्रेष्ठ कुछ नहीं। इसलिए निर्बल बलवान से त्राण के लिए न्याय माँगता है, जैसे एक राजा से। यह न्याय सही है। परिणाम-स्वरूप वे ऐसे व्यक्ति के विषय में कहते हैं जो सही बोलता है, न्याय करता है क्योंकि उसमें दोष-गुण हैं। यह ब्रह्मा, क्षत्रिय, विश और शूद्र है। अग्नि के माध्यम से वह देवताओं में ब्रह्मा, मनुष्यों में ब्राह्मण (दैवी), क्षत्रिय के माध्यम से (मानव) क्षत्रिय बना। (दैवी) वैश्य से मानव (वैश्य) बना, शूद्र के माध्यम से मानव शूद्र बना। अतः वह देवताओं में अग्नि, मनुष्यों में ब्राह्मण है।"

तैत्तिरीय ब्राह्मण में निम्नलिखित व्याख्या दी गई है—

(1) तै. ब्रा. (I-2-6-7)—ब्राह्मण वर्ण देवों से प्रकट हुआ; शूद्र असूरों से।

(2) तै. ब्रा. (III-2-3-9)—शूद्र का जन्म शून्स से हुआ है।

III

उपरोक्त उद्धरणों में चारों वर्ण तथा शूद्र की उत्पत्ति के संबंध में आख्यानों या परिकल्पनाओं के सार का संकलन है। प्राचीन काल में ब्राह्मण यह भली-भाँति जानते थे कि चातुर्वर्ण्य व्यवस्था अस्वाभाविक और असामान्य सामाजिक व्यवस्था तो है ही, उसमें शूद्रों का स्थान और भी अप्राकृतिक और कृत्रिम है। इस कुटिल व्यवस्था को तर्क सम्मत सिद्ध करने के लिए ही समुचित विविध व्याख्यानों की जरूरत पड़ी, अन्यथा चातुर्वर्ण्य व्यवस्था और शूद्रों की उत्पत्ति के विषय में इतना अधिक औचित्य दिखाने का वर्णन मिलना असंभव ही होता।

इन कथनों के संबंध में क्या कहा जाए? सभी कथाएँ भ्रामक हैं। चातुर्वर्ण्य की उत्पत्ति कोई पुरूष से बताया है, तो कोई ब्रह्मा से, कोई प्रजापति को सृष्टा घोषित करता है तो कोई व्रात्य को, इतना ही नहीं एक ही स्रोत के अंतर्गत दी गई व्याख्याएँ तक अलग हैं, जैसे शुक्ल यजुर्वेद की दो

व्याख्याएँ—एक तो उत्पत्ति का स्रोत पुरूष को मानता है और दूसरा प्रजापति को। कृष्ण यजुर्वेद में तीन वर्णन हैं, जिसमें दो के द्वारा प्रजापति को सृष्टा माना गया है, और एक में सृजनकर्ता ब्राह्मण है। अर्थवेद में चार आख्यान हैं। एक में पुरूष को, दूसरे में ब्राह्मण को, तीसरे में व्रात्य को उत्पत्ति का स्रोत कहा गया है। चौथी व्याख्या तो इन तीनों से ही अलग है। इसका सिद्धांत समान होने पर भी विवरण अलग है। ब्रह्मा और प्रजापति के स्वरूप के माध्यम से दी गई व्याख्याएँ एकदम काल्पनिक हैं। मनु या कश्यप के माध्यम से की गई व्याख्याएँ मानवीय स्वरूप की हैं।

इनमें की गई परिकल्पनाएँ दूषित तो है ही इनमें न कोई ऐतिहासिक महत्त्व है और न कोई सार ही है। प्रोफेसर मैक्समुलर ने अपने कृति प्राचीन संस्कृत साहित्य पृष्ठ 200 पर ब्राह्मण ग्रंथों का विवेचन करते हुए कहा है—

"भारतीय समाज में यह एक उल्लेखनीय दौर रहा है कि ब्राह्मणों ने महत्त्वपूर्ण स्थिति बना ली थी, परंतु अपने विषय में उसने जो साहित्य रचा निःसंदेह वह बहुत ही अवांछनीय है। कोई भी यह कल्पना नहीं कर सकता कि इतिहास के उस दौर में आदिम समाज में ही कोई ऐसा साहित्य रचा जा सकता हो जो इतना पांडित्यपूर्ण हो और कालातीत हो। रचनाएँ इतनी अनर्गल हैं कि जिनका कोई जोड़ नहीं। उसमें उपहासास्पद विचार भरे पड़े हैं जिनमें सशक्त भाषा और सुविचारित तर्क हैं और विचित्र परंपराएँ हैं। ये विकृत रचनाओं का अंशमात्र है जैसे पीतल या रांग में रत्न जड़ दिए गए हों। यह क्षुद्र साहित्य सामान्यतः अरुचिकर शब्दाडंबर है जिसमें पोंगापंथी, अहंकार और पूरा पांडित्य भरा पड़ा है। इतिहासकारों के लिए यह बहुत महत्त्वपूर्ण बात है कि वे यह पता लगाएँ कि किसी राष्ट्र का स्वस्थ विकास ऐसी पोंगापंथी और अंधविश्वासों के रहते कितनी तीव्रता से हो सकता है। हमारे लिए यह जानना महत्त्वपूर्ण है कि आरंभिक काल में क्या कोई देश ऐसी महामारी से ग्रस्त हो सकता है। ऐसी रचनाओं का उसी प्रकार अध्ययन किया जाना चाहिए। जैसे कोई चिकित्सक मंदबुद्धि और मनोरोगियों की दशा का परीक्षण करता है।"

चारों वर्णों विशेषकर शूद्र वर्ण की उत्पत्ति के संबंध में ब्राह्मण ग्रंथों की मीमांसा पर हमें मैक्समुलर के ये शब्द सहसा याद आ जाते हैं। ये परिकल्पनाएँ वास्तव में 'मूर्खों का प्रलाप' या 'पागल की बौखलाहट' की भाँति हैं और मानवीय समस्याओं के विषय में स्वाभाविक मीमांसा की खोज में लगे इतिहास के विद्यार्थी के लिए तो यह साहित्य सचमुच ही व्यर्थ है।

3. शूद्रों की स्थिति के बारे में ब्राह्मणवादी सिद्धांत

शूद्रों की उत्पत्ति के संबंध में ब्राह्मणों के दृष्टिकोण का विश्लेषण किया जा चुका है। जब हम शूद्रों की नागरिक स्थिति के संबंध में ब्राह्मणों के दृष्टिकोण को देखते हैं तो पाते हैं कि उनके विधान में शूद्रों के लिए निर्योग्यताओं के बारे में बहुत लंबी सूची बनाई गई है और उसमें कठोर ताड़ना और दंड की व्यवस्था है।

संहिताओं और ब्राह्मण ग्रंथों में शूद्रों की निर्योग्यताओं और उनके लिए दंड विधान के निम्नलिखित उदाहरण पाए जाते हैं—

1. कथन संहिता (31.2) और मैत्रयानी संहिता (4.1.3) तथा (1.8.3) के अनुसार शूद्र को उस गाय का दूध नहीं निकालने देना चाहिए जिसका दूध 'अग्निहोत्र के उपयोग में लाया जाता है।'

2. शतपथ ब्राह्मण (3.1.1.1) मैत्रयानी संहिता (10.1.1.6) तथा पंचविंश ब्राह्मण (6.1.11) के अनुसार यज्ञ करते समय शूद्र से नहीं बोला जाए तथा यज्ञ के समय शूद्र उपस्थित न हों।

3. शतपथ ब्राह्मण (14.1.3) और कथक संहिता (11.10) में आगे कहा है—शूद्र को सोमरस का पान करने की अनुमति नहीं देनी चाहिए।

4. ऐतरेय ब्राह्मण (6.29.4) और पंचविंश ब्राह्मण (6.1.11) ने तो निम्नतम स्तर पर पहुँच कर यह कह दिया है कि शूद्र दूसरों का सेवक है। (इसके अलावा कुछ नहीं)।

शूद्र के विरूद्ध छोटी-सी बदली आगे चल कर तूफान बन कर शूद्रों पर बरसी क्योंकि आपस्तम्ब और बौधायन आदि जैसे सूत्रकारों और मनु आदि जैसे स्मृतिकारों द्वारा बनाए विधानों ने शूद्रों के लिए प्रतिबंधों का इतना अंबार लगाया है जो कल्पनातीत है। ये निर्योग्यताएँ इतनी भयानक हैं कि इन्हें जब तक लिपिबद्ध नहीं किया जाएगा इन पर विश्वास नहीं होगा। इनकी संख्या इतनी अधिक है कि इनका पूर्ण विवरण यहाँ देना असंभव है। जिन्हें इनके विषय में जानकारी नहीं है उनके विधान में जो मंत्र बिखरे हैं हम उनके लिए कुछ उद्धरण स्मृतियों और सूत्रों से देंगे।

II (i)

(क) आपस्तम्ब धर्म-सूत्र में कहा है—ब्राह्मण, क्षत्रिय, वैश्य और शूद्र चार वर्ण हैं। इनमें क्रमशः हर वर्ण अपने बाद वाले वर्ण से जन्म से ही श्रेष्ठ है। इनमें शूद्र और जिन्होंने पतित कार्य किए हैं उन को छोड़ कर सभी को (1) उपनयन (जनेऊ धारण करना), (2) वेदाध्ययन तथा (3) यज्ञ का अधिकार है।

(ख) वशिष्ठ धर्म-सूत्र में जो कहा गया है, वह इस प्रकार है—ब्राह्मण, क्षत्रिय, वैश्य और शूद्र चार वर्ण हैं। इनमें ब्राह्मण, क्षत्रिय और वैश्य द्विज कहे जाते हैं। इनका प्रथम जन्म माँ के पेट से होता है। दूसरा यज्ञोपवीत संस्कार से। दूसरे जन्म में सावित्री माँ होती है और गुरू पिता।

गुरू वेद का ज्ञान देने के कारण पिता माना गया है। चारों वर्ण संस्कार और मूल वर्ण में जन्म के कारण अलग हैं।

वेद की ऋचाओं में भी यह कहा गया है—ब्राह्मण उसके मुख से, क्षत्रिय बाहु से, वैश्य उसकी जँघाओं से और उसके पैरों से शूद्र उत्पन्न हुए। वेदों में यह भी कहा गया है कि शूद्र को यज्ञोपवीत का अधिकार नहीं है। उसने ब्राह्मण को गयात्री छंद से, क्षत्रिय को त्रिष्टुभ से, उत्पन्न किया है।

(ग) मनुस्मृति में इस विषय पर निम्न विधान प्रस्तुत किया गया है—नियंता ने विश्व की समृद्धि हेतु मुख, बाहु, जँघा और चरणों से क्रमशः ब्राह्मण, क्षत्रिय, वैश्य और शूद्र को उत्पन्न किया। ब्राह्मण, श्रत्रिय और वैश्य द्विज कहलाते हैं जबकि चौथा वर्ण शूद्र का एक ही बार जन्म होता है।

(ii)

(क) आपस्तम्ब धर्म-सूत्र का कथन है—वर्णत्रयो (द्विज) श्मशान या उसके निकट वेदपाठ न करें।

यदि श्मशान पर गाँव बस गया हो या उस स्थान को खेती करने के योग्य बना दिया गया हो तब वहाँ वेद-पाठ निषद्ध नहीं। किंतु यदि वह स्थान अब भी श्मशान के नाम से ही प्रचलित हो तो वहाँ वेद-पाठ निषद्ध है।

शूद्र तथा जाति से बहिष्कृत श्मशान भूमि के समान हैं और सूत्र संख्या 6 इन पर लागू होता है। कुछ लोगों का कहना है कि जिस मकान में शूद्र और बहिष्कृत रहते हैं वहाँ विद्या अध्ययन नहीं करना चाहिए। यदि विद्यार्थी और शूद्र स्त्री एक-दूसरे को देख लें तब वेद के मंत्रोच्चारण में बाधा उत्पन्न करनी चाहिए।

अपवित्रावस्था में ब्राह्मण या अन्य उच्च वर्ण वाला व्यक्ति यदि किसी खाद्य पदार्थ को स्पर्श कर दें तो वह अपवित्र तो हो जाता है, अखाद्य नहीं होता।

किंतु यदि अपवित्र शूद्र द्वारा लाया गया हो—भोजन खाने योग्य नहीं होता। शूद्र यदि भोजन करते समय स्पर्श कर दे तो भोजन करने वाले को भोजन छोड़ देना चाहिए।

(ख) विष्णु स्मृति का विधान है द्विज की लाश कोई शूद्र न ले जाए भले ही वह मृतक का कोई संबंधी ही क्यों न हो। शूद्र की लाश को कोई द्विज न ले जाए। माता और पिता के शव को उनका वह पुत्र ले जाए जो अपने माता-पिता की जाति का ही हो। शूद्र किसी द्विज के शव को कदापि न ले जाए, चाहे वह मृतक उसका पिता ही क्यों न हो।

(ग) वशिष्ट धर्म-सूत्र में कहा गया है—

अब हम खाद्य और अखाद्य की व्याख्या करते हैं—

चिकित्सक, शिकारी, व्यभिचारिणी स्त्री, गदाधारी, चोर, अभिशप्त, नपुंसक द्वारा दिया गया भोजन या जाति से बहिष्कृत कर दिए का भोजन नहीं खाना चाहिए। न ही किसी कंजूस, श्राद्ध कर्म करने वाले, कैदी, रोगी, सोमलता के विक्रेता, बढ़ई, धोबी, शराब बेचने वाले, गुप्तचर, सूदखोर या चर्मकार का और न ही किसी शूद्र का दिया हुआ भोजन करना चाहिए। कुछ लोग शूद्रों की नस्ल को श्मशान भूमि की संज्ञा देते हैं। अतः शूद्रों की उपस्थिति में वेद-पाठ नहीं करना चाहिए। वे यम द्वारा उदघोषित निम्नांकित मंत्र का उल्लेख करते हैं—

"दुष्ट शूद्र जाति स्पष्ट रूप से श्मशान भूमि की भाँति है, अतः इनके समक्ष वेद-पाठ नहीं किया जाना चाहिए।"

कुछ व्यक्ति पवित्र वेदाध्ययन से और कुछ आत्म संयम से श्रद्धापात्र हो जाते हैं, किंतु जिस ब्राह्मण ने शूद्र का दिया भोजन नहीं किया हो वह आदर का सर्वोत्तम पात्र होता है। यदि शूद्र द्वारा दिया गया भोजन ब्राह्मण के आमाशय में हो और वह मृत्युगामी हो जाता है तो वह अगले जन्म में ग्रामीण सूअर का जन्म धारण कर उसी शूद्र के घर जन्म लेता है, भले ही वह ब्राह्मण जिसका शरीर शूद्र प्रदत्त भोजन से पोषित है प्रतिदिन वेद-पाठ करें, अग्नि होम करें या जाप करें। वह कदापि उच्च पद को प्राप्त नहीं कर सकता। शूद्र प्रदत्त भोजन ग्रहण करने पर यदि वह स्वजातीय पत्नी से सहवास कर संतानोत्पत्ति करता है तो वह संतान भी उसी की जाति की होगी जिस शूद्र का भोजन ग्रहण किया गया है और स्वर्ग के द्वार उनके लिए बंद मिलेंगे।

(घ) मनुस्मृति में व्याख्या है ब्राह्मण शूद्र राज्य में निवास न करें और न उस स्थान पर जो दुरात्माओं की बस्तियों से घिरा हो या नास्तिक वेद निदंका से प्रभावित हो या जहाँ चाण्डाल आदि अधम जातियाँ निवास करती हों।

शूद्र के यहाँ यज्ञ संपन्न कराने वाले ब्राह्मण को श्राद्ध कर्म में अन्य ब्राह्मणों के साथ भोजन करने के लिए निमंत्रण नहीं देना चाहिए। उसके स्पर्श से भोजन कराने का पूरा लाभ यजमान को नहीं मिलता। मृत शूद्र को नगर के दक्षिण, वैश्य को पश्चिमी, क्षत्रिय को उत्तरी तथा ब्राह्मण को पूर्वी द्वार से ले जाएँ।

(iii)

(क) आपस्तम्ब धर्म-सूत्र में व्याख्या है—"ब्राह्मण दाहिनी भुजा कान की ऊँचाई तक उठा कर, क्षत्रिय वक्षस्थल की ऊचाई तक, वैश्य कमर की ऊँचाई तक तथा शूद्र दोनों हाथ नीचे की ओर जोड़ कर प्रथम प्रणाम करें।" प्रत्युत्तर में प्रथम (तीन) वर्णों से संबंधित मनुष्य को उच्चारण करने वाला अंतिम शब्द तीन अंगुल नीचे भुजा उठा कर अभिभादन करें। यदि कोई शूद्र ब्राह्मण के घर अतिथि बन कर आए तो ब्राह्मण उससे कुछ काम करा कर तब भोजन दें अन्यथा वह सम्मानित माना जाएगा। या ब्राह्मण का दास राजकीय भंडार से चावल लाकर शूद्र को देकर उसका उपकार करें।

(ख) विष्णु स्मृति के अनुसार अतिथि सत्कार करने या वेदयज्ञ या श्राद्ध में उसको (शूद्र को) भोजन कराने का दंड एक सौ पण (मुद्रा) है।

(ग) मनुस्मृति का आदेश है—दस वर्ष का ब्राह्मण सौ वर्ष के क्षत्रिय के पितातुल्य होता है। धन, बंधुत्व, अवस्था, कर्म और विद्या ये पाँच आदर सूचक स्थान हैं। अंतिम 'विद्या' अत्यंत महत्त्वपूर्ण आदर सूचक है। तीनों सवर्णों में उपरोक्त पाँचों गुणों में जिनका जितना अधिक गुण हो वह उतना ही मान्य होता है। किंतु शूद्र चाहे जितना भी ज्ञानी या धन संपन्न हो वह 90 वर्ष की आयु के पश्चात् ही माननीय होता है। इसके पहले नहीं।

अधिक आयु होने, बाल पकने, अधिक धनी होने या अधिक परिवार बढ़ाने से कोई बड़ा नहीं होता। ऋषियों ने ऐसी व्यवस्था की है कि वेद वेदांत का ज्ञानी ही सबसे बड़ा होता है।

ज्ञान से ब्राह्मणों की, बल से क्षत्रियों की, धन से वैश्यों की और आयु से शूद्रों की श्रेष्ठता होती है। केवल सिर के बाल पक जाने से कोई वृद्ध नहीं होता। किंतु वेद वेदांग को जानने वाला अल्पायु होते हुए भी वृद्ध के समान होता है, ऐसा देवताओं का कथन है।

ब्राह्मण के घर आने वाले क्षत्रिय, वैश्य, मित्र, स्वजन और गुरू अतिथि नहीं कहे जाते। यदि कोई क्षत्रिय अतिथि के रूप में आए तो पहले भोजन करने के बाद ही ब्राह्मण उसे भोजन दे। यदि वैश्य या शूद्र ब्राह्मण के अतिथि के रूप में आएँ तो उन्हें सेवकों के साथ दया भाव प्रदर्शित करते हुए भोजन दे।

(iv)

(क) आपस्तम्ब धर्म-सूत्र के अनुसार—क्षत्रिय के हत्यारे को एक हजार गायें, वैश्य के हत्यारे को सौ गायें तथा शूद्र के हत्यारे को दस गायें ब्राह्मण को दान कर प्रायश्चित करना होगा।

(ख) गौतम धर्म-सूत्र सूत्र के अनुसार क्षत्रिय द्वारा ब्राह्मण को अपशब्द कहने पर एक सौ कांस्य पण (मुद्रा), आघात करने पर उससे दुगुना अर्थ दंड है। ब्राह्मण को अपशब्द कहने पर वैश्य को क्षत्रिय से डेढ़ गुना दंड देना होगा। इसके विपरीत ब्राह्मण क्षत्रिय को अपशब्द कहे तो वह आधा अर्थात् पचास कांस्य पण देगा। इसी प्रकार वैश्य को अपशब्द कहने पर ब्राह्मण क्षत्रिय के मामले की अपेक्षा पच्चीस कांस्य पण देगा। किंतु यदि शूद्र को अपशब्द कहे तो वह कुछ भी दंड न देगा।

(ग) बृहस्पति के धर्म-सूत्र के अनुसार—ब्राह्मण द्वारा क्षत्रिय को अपशब्द कहने पर पचास पण, वैश्य को अपशब्द कहने पर पच्चीस पण और शूद्र को अपशब्द कहने पर साढ़े बारह पण दंड देना होगा। यह दंड केवल गुणवान या धार्मिक शूद्र को अपशब्द कहने पर अर्थात् जो अपना शूद्रत्व स्वीकार कर स्वेच्छा से सेवारत है और निरपराध है। इसके विपरीत ब्राह्मण द्वारा किसी अधर्मी शूद्र को अपशब्द कहने पर किसी दंड का विधान नहीं है।

वैश्य यदि क्षत्रिय को अपशब्द कहे तो वह सौ पण दंड देगा। किंतु क्षत्रिय वैश्य को अपशब्द कहे तो उसका आधा दंड देगा। क्षत्रिय यदि शूद्र को अपशब्द कहे तो केवल बीस पण दंड देगा। किंतु वैश्य शूद्र को अपशब्द कहे तो उसका दुगना दंड देगा। इसके विपरीत शूद्र वैश्य को अपशब्द कहे प्रथम उल्लिखित दंड देगा। क्षत्रिय को गाली देने पर बीच का दंड और ब्राह्मण को अपशब्द कहने पर कठोरतम दंड का भागी होगा।

(घ) मनुस्मृति के अनुसार—क्षत्रिय ब्राह्मण को कटुवचन कहे तो एक सौ पण दंड, वैश्य ब्राह्मण को अपशब्द कहे तो वह एक सौ पचास पण या दो सौ किंतु शूद्र को प्राण दंड देना होगा। इसके विपरीत यदि ब्राह्मण क्षत्रिय का अपमान करें तो पचास पण, वैश्य का अपमान करें तो पच्चीस पण किंतु शूद्र का अपमान करने पर केवल साढ़े बारह पण दंड देना होगा।

क्षत्रिय की हत्या करने पर ब्राह्मण हत्या के दंड का चौथा भाग प्रायश्चित, अपने कर्तव्य में संलग्न वैश्य की हत्या करने पर आठवाँ भाग प्रायश्चित और शूद्र की हत्या करने पर सोलहवाँ भाग प्रायश्चित करेगा। यदि भूल से ब्राह्मण से क्षत्रिय की हत्या हो जाए तो एक बैल और एक हजार गाएँ ब्राह्मण को दान करें या तीन वर्ष तक गाँव के बाहर वृक्ष के नीचे रह कर जटा बढ़ा कर प्रायश्चित करें। अपनी वृत्ति में संलग्न वैश्य की अनजाने में हत्या करने पर ब्राह्मण एक वर्ष तक प्रायश्चित करें और एक सौ एक गाएँ ब्राह्मणों को दान करें, किंतु शूद्र का अनजाने में वध हो जाने पर 6 मास तक प्रायश्चित करें या एक बैल और दस सफेद गाएँ पुरोहित को दान करें।

(ङ) विष्णु स्मृति के अनुसार शरीर के जिस अंग से निम्न वर्ण का मनुष्य अपने से उच्च वर्ण वाले का अपमान करें, या आघात करें, राजा उसके उस अंग को कटवा दे। यदि अपने से उच्च वर्ण वाले मनुष्य के आसन पर बैठ जाए तो राजा उसके चूतड़ को दाग कर उसे देश से निकाल दे। यदि वह थूक दे तो उसके दोनों होंठ कटवा दे। यदि अपान वायु विसर्जित (पाद) कर दे तो उसका पिछला हिस्सा काट दे। यदि गाली दे तो उसकी जिव्हा काट दे। इसी प्रकार यदि निम्न वर्ण

में उत्पन्न पुरूष अपने से उच्च वर्ण को गर्वोक्ति से कर्तव्य पालन संबंधी कुछ सलाह दें तो राजा उसके मुँह पर गरम तेल डलवा दे। यदि शूद्र उच्च वर्ण वाले को अपमान से नाम लेकर पुकारे तो उसकी जीभ में दस अंगुल की कील आग से लाल करके गाड़ दे।

(v)

(क) बृहस्पति स्मृति के अनुसार "यदि शूद्र धर्मोपदेश दे, वेदोच्चारण करें या ब्राह्मण का अपमान करें तो उसकी जीभ काट दी जाए।"

(ख) गौतम धर्म-सूत्र के अनुसार "अब यदि वह जान बूझ कर वेद-पाठ का श्रवण करें तो उसके कान में पिघला हुआ सीसा या लाख डलवा दे। यदि वेद-पाठ करें तो उसकी जीभ कटवा दी जाए, यदि वह वेद मंत्र का स्मरण करें तो उसके टुकड़े कर दिए जाएँ।"

(ग) मनुस्मृति के अनुसार—"वेतन लेकर पढ़ाने वाला या वेतन देकर पढ़ने वाला शूद्र, शूद्र से पढ़ने वाला या शूद्र को पढ़ाने वाला, देव और पित्रों दोनों के अनुष्ठान में त्याज्य है।"

शूद्र को सलाह न दे, उच्छिष्ट और हवि शेषांश न दे। उसे धर्म और व्रत का प्रत्यक्ष उपदेश भी न दे। जो धर्म का उपदेश और व्रत का आदेश करता है वह शूद्र के साथ असंवृत नामक अंधकारमय नरक में गिरता है। शूद्र के सम्मुख वेद-पाठ न करें। रात के पिछले प्रहर में वेद पढ़ कर थके हुए ब्राह्मण को सोना नहीं चाहिए।

(vi)

मनुस्मृति का उपदेश है—"ब्राह्मण शूद्र का धन बेरोक-टोक ले सकता है, क्योंकि शूद्र का अपना धन कुछ नहीं है, सभी धन उसके स्वामी का है।" वास्तव में धन संचय करने में समर्थ शूद्र धन संग्रह न करें क्योंकि धन प्राप्त कर वह ब्राह्मण को ही सताता है।

(vii)

मनुस्मृति का राजा के लिए परामर्श—"जन्म से ब्राह्मण या खुद को ब्राह्मण कहलाने वाला राजा को धर्म या राजनीति सिखा सकता है, शूद्र नहीं। जिस राजा के यहाँ शूद्र न्यायकर्ता होता है उसका राज्य कीचड़ में धँसी गाय की भाँति धरातल को चला जाता है। जिस देश में शूद्र अधिक हों. नास्तिक हों, तथा द्विज न बसते हों वह देश अकाल और रोग से पीड़ित होकर नष्ट हो जाता है।"

(viii)

(क) आपस्तम्ब धर्म-सूत्र कहता है—"धर्म पालन करने वाले तपस्वी तथा ब्राह्मण का चरण धोकर पीने वाले शूद्र, अंधे, गूंगे, बहरे और रोगी (जब तक अशक्त रहें) को कर मुक्त रखा

जाए।" शूद्र का धर्म है कि तीनों वर्ण की सेवा करें। वह उच्च वर्ण की जितनी अधिक सेवा करेगा उसे उतना ही अधिक पुण्य लाभ होगा।

(ख) मनुस्मृति का कथन है—"महा तेजस्वी (ब्रह्मा) ने विश्व की रक्षा हेतु मुख, बाहु, जँघा और पाँव से उत्पन्न होने वाले जीवों का अलग कर्म निर्धारित किया है। ब्राह्मण के लिए पढ़ना-पढ़ाना, यज्ञ कराना-करना, दान देना-लेना, कर्म निश्चित किए हैं। क्षत्रिय के लिए रक्षा करना, दान देना, यज्ञ कराना, पढ़ना, विषय भोग में आसक्त न होना, कर्म निर्धारित किए हैं। पढ़ना, पशु पालन करना, यज्ञ करना, व्यापार करना, खेती करना और ब्याज पर रूपया देना वैश्यों का कर्म है। शूद्र के लिए उपरोक्त तीनों वर्णों का श्रद्धाभाव से सेवा करना एकमात्र कर्म निश्चित किया है।"

(ix)

(क) आपस्तम्ब धर्म-सूत्र कहता है—"शूद्र स्त्री से द्विज वर्ण का पुरूष व्याभिचार करें तो उसे देश निकाला दिया जाए। इसके विपरीत यदि शूद्र किसी द्विज स्त्री से व्याभिचार करता है तो वह प्राणदंड का भोगी होता है।"

(ख) गौतम धर्म-सूत्र कहता है—"यदि शूद्र आर्य स्त्री के साथ संभोग करें तो उसका लिंग काट कर उसकी सभी संपत्ति छीन ली जाए किंतु स्त्री का कोई अभिभावक है तो शूद्र का लिंग काट कर उसे प्राणदंड दिया जाए।

(ग) मनुस्मृति का आदेश है—"उच्चतम वर्ण की कन्या के साथ सहवास करने वाला शूद्र प्राण दंड के योग्य है।"

समान वर्ण की महिला के साथ सहवास करने वाला कन्या के पिता को धन से संतुष्ट कर विवाह कर ले।

जो शूद्र अभिभावक विहीन द्विज स्त्री के साथ व्याभिचार करें, राजा उसका लिंग कटवा कर सर्वस्व हरण कर ले, किंतु अभिभावक से रक्षित स्त्री के साथ व्याभिचार करें तो सर्वस्व हरण के साथ प्राणदंड दे।

द्विज जातियों को अपनी जाति की कन्या से विवाह करना श्रेष्ट है।

शूद्र पुरूष केवल शूद्र से, वैश्य पुरूष वैश्य एवं शूद्र से, क्षत्रिय पुरूष क्षत्रिय, वैश्य और शूद्र कन्या से विवाह कर सकते हैं। किंतु ब्राह्मणों को चारों वर्णों की कन्याओं से विवाह करने का अधिकार है।

ब्राह्मण और क्षत्रिय सवर्ण स्त्री न मिलने पर भी शूद्र को पत्नी बनाने का किसी भी इतिहास में आदेश नहीं पाया जाता है। जो द्विज मोहवश शूद्र कन्या से विवाह करते हैं वे संतान सहित अपने वंश को जल्दी शूद्र बना देते हैं।

"ब्राह्मण शूद्र स्त्री के साथ सहवास करने से अधोगति (नरक) को प्राप्त करता है। और उससे पुत्र उत्पन्न कर ब्राह्मण-पद से भी रहित हो जाता है। विवाहित शूद्र पत्नी के हाथ का बनाया हुआ

हव्य देवता, पितर और अतिथि ग्रहण नहीं करते और शूद्र ऐसे आतिथ्य से स्वर्ग भी नहीं जा पाता। जो द्विज शूद्र स्त्री का अधरपान करता है और उसके श्वास से अपने प्राण वायु को दूषित कर उससे जो संतान उत्पन्न करता है उसकी मुक्ति का कोई उपाय नहीं है।"

(x)

(क) वशिष्ट धर्म-सूत्र का कहना है—"द्वेष भाव, ईर्ष्या रखना, असत्य भाषण, ब्राह्मण-निंदा, चुगलखोरी और निर्दयता शव के लक्षण हैं।"

(ख) विष्णु स्मृति का कथन है—"ब्राह्मण का नाम मंगलकारी, क्षत्रिय का बलशाली, वैश्य का धन संपन्न शाली और शूद्र का घृणा सूचक रखा जाए।"

(ग) गौतम धर्म-सूत्र कहता है—"शूद्र चौथे वर्ण का है और उसका एक ही जन्म होता है। उसका धर्म तीनों उच्चवों की सेवा करना है। उनकी सेवा द्वारा जीविकोपार्जन करता है। वह उनके उतारे हुए जुते पहने और जूठन खाए। किसी द्विज को अपमानजनक गाली देने व मुक्का मारने पर शूद्र का वह अंग काट दिया जाए। बैठने, सोने, वार्तालाप करने या सड़क पर चलने पर द्विज की बराबरी करें तो दंड दिया जाए।"

(घ) मनुस्मृति भी उसका अनुसरण करती है—"किंतु यदि जो ब्राह्मण लोभ या प्रभुत्व से उपनयन-धारी द्विजातियों से उनकी इच्छा के विरूद्ध दास का काम ले तो उसे राजा छह सौ पण दंड दे। शूद्र ब्राह्मण द्वारा खरीदा हुआ हो या न हो, उससे नौकर का काम ले, क्योंकि ब्रह्मा ने उसे ब्राह्मण की सेवा के लिए ही बनाया है। स्वामी के द्वारा स्वतंत्र किए जाने पर भी शूद्र दास वृत्ति से छुटकारा नहीं पा सकता क्योंकि वह दासता उसकी नियति हैं उसे कोई नहीं मिटा सकता।।"

"केवल ब्राह्मणों की और यशस्वी गृहस्थों की सेवा करना ही शूद्र को स्वर्ग देने वाला परमधर्म है। यत्न और वाणी से पवित्र रहने वाला श्रेष्ठ जातियों की सेवा करने वाला, मधुर भाषा, अहंकार रहित, उनके आश्रित रहने वाला शूद्र अपने में उत्कृष्ट जाति (दूसरे जन्म में) को प्राप्त करता है।"

ब्राह्मण की सेवा से शूद्र का जीवन निर्वाह न होता हो तो क्षत्रिय की सेवा करें और इससे भी निर्वाह न होता हो तो वैश्य की सेवा करें। वह स्वर्ग की प्राप्ति हेतु या दोनों (स्वार्थ और परमार्थ) हेतु ब्राह्मणों की सेवा करें।

ब्राह्मण की सेवा करना शूद्र की प्रसिद्धि के लिए कृत-कृत्यता है। ब्राह्मण की सेवा करना शूद्र का विशिष्ट कर्म कहा गया है। इस कार्य से अलग वह जो भी कार्य करता है उसके लिए निष्फल होता है।

उस शूद्र की सेवारत शक्ति, कार्य कुशलता, और भृत्यों का परिग्रह (परिवार के पोषण का व्यय) देख कर ब्राह्मण अपने परिवार से यथार्थ प्रयत्न करें। उस शूद्र को जूठा अन्न, पुराना वस्त्र हीन धान्य, जीर्ण ओढ़ना और बिछौना देना चाहिए।

ब्राह्मण का मंगल सूचक, क्षत्रिय का बल सूचक, वैश्य का धन सूचक तथा शूद्र का निंदा सूचक नाम रखना चाहिए।

शर्मान्त ब्राह्मण का, क्षत्रियों का सभा से युक्त, वैश्य का पुष्टि से युक्त और शूद्र का दास से युक्त नाम रखना चाहिए।

शूद्र यदि द्विज को कटुवचन कहे तो उसकी जबान छेद देनी चाहिए क्योंकि उसकी उत्पत्ति पापमय स्थान से है।

शूद्र यदि द्रोहवश द्विजातियों का नाम और जाति का नाम लेकर बुरी बात कहे तो दस अंगुल की जलती हुई लोहे की सलाख उसके मुँह में डाल देनी चाहिए। यदि वह अहंकारवश किसी ब्राह्मण को धर्म का उपदेश करें तो राजा उसके मुँह और कान में खौलता हुआ तेल डलवा दे।

अंत्यज अपने जिस अंग से द्विज पर आघात करें उसका वही अंग काटना चाहिए। यह मनु का आदेश है।

यदि वह द्विज को मारने के लिए हाथ या लाठी उठाए हो तो उसका हाथ और क्रोध से ब्राह्मण को लात मारे तो उसका पैर कटवा देना चाहिए।

जो नीच वर्ण वाला ब्राह्मण आदि के साथ आसन पर बैठने का साहस करें तो राजा उसकी कमर को दाग कर उसे देश से निकाले या उसके नितम्ब का मांस कतरवा दे।

राजा ब्राह्मण के ऊपर अहंकार वश थूकने वाले शूद्र के दोनों होंठ, पेशाब करने वाले का लिंग और अपान वायु छोड़ने वाले का मल द्वार (गुदा) कटवा दे। जो शूद्र अविचार से ब्राह्मण का केश, पैर, दाढ़ी, गर्दन या अंडकोश पकड़े तो बिना विचार किए राजा उसके दोनों हाथ कटवा दे।

जो अपने स्वजाति वाले की चमड़ी काटे, लहू निकाल दे तो उसे एक सौ पण दंड दे। मांस काटने वाले को 6 निष्क दंड दे और हड्डी तोड़ने वालों को देश से निकाल दे।

(ङ) नारद स्मृति कहती है—शूद्र जिस द्विज पर मिथ्यारोप लगाता है तो राजा के अधिकारी उसकी जलाना टुकड़े-टुकड़े काट कर उसे फाँसी पर लटका दे।

एक जन्म वाला व्यक्ति अर्थात् शूद्र यदि द्विज का द्वेष वश अपमान करें तो नीच जाति में जन्म लेने के कारण उसकी जबान काट दी जाए। किसी व्यक्ति का नाम घृणा से ले तो दस अंगुल की सलाख गरम कर उसकी जीभ में छेद दी जाए।

यदि किसी ब्राह्मण को वह धृष्टतापूर्वक धर्मोपदेश दे तो राजा उसके मुँह और कान में गर्म तेल डलवा दे। शूद्र का जो अंग ब्राह्मण को दुःख देता हो तो वह अंग काट दिया जाए। नीच जाति का पुरूष यदि अपने से ऊँची जाति के समकक्ष आसन ग्रहण करें तो उसकी कमर दाग कर निष्कासित कर दे, या (राजा) उसके नितंब को गहराई से कटवा दे। जो उदंडतापूर्वक अपने से ऊँची जाति वाले के ऊपर वह थूक दे तो राजा उसके—दोनों होंठ व पेशाब कर दे तो लिंग, अपान वायु छोड़ दे तो चूतड़ कटवा दे।

III

शूद्र के विरूद्ध ब्राह्मणों ने जो विधान बनाए उनका संक्षिप्त विवरण इस प्रकार है—

1. शूद्रों को सामाजिक वर्ण-व्यवस्था में अंतिम स्थान पर रखा गया।
2. शूद्र अपवित्र है अतः कोई पवित्र कर्म ऐसे स्थान पर नहीं किया जाए जहाँ वह उस अनुष्ठान को देख सके या सुन सके।
3. अन्य वर्णों की भाँति शूद्र का सम्मान न किया जाए।
4. शूद्र का जीवन व्यर्थ है। उसका वध कोई बिना दंड दिए कर सकता है और यदि कुछ देना भी पड़े तो ब्राह्मण, क्षत्रिय और वैश्य की अपेक्षा बहुत कम।
5. शूद्र को ज्ञान प्राप्त नहीं करना चाहिए। यह पाप है और उसको ज्ञान देना दंडनीय अपराध हैं।
6. शूद्र को कोई संपत्ति नहीं रखनी चाहिए। ब्राह्मण जब चाहे उसकी संपत्ति को छीन सकता है।
7. राज्य में शूद्र को कोई पद नहीं दिया जा सकता।
8. शूद्र का धर्म अपने से ऊँचे वर्णों की सेवा करना है। इसी से उसे मुक्ति मिलेगी।
9. उच्च वर्ण वाला शूद्र से वैवाहिक संबंध स्थापित नहीं कर सकता। वे शूद्र स्त्रियों को सहवास हेतु रख सकते हैं, किंतु यदि शूद्र उच्च वर्ण की किसी स्त्री का स्पर्श भी कर दे तो उसे कठोर दंड दिया जाए।
10. शूद्र जन्म से दास है उसे सर्वदा दास बना कर रखा जाए।

उपरोक्त संक्षिप्त वर्णन से दो तथ्य प्रकट होते हैं। ब्राह्मणवादी विधान निर्माताओं ने स्वरचित विधानों का शिकार केवल शूद्र को ही बनाया है। यह जान कर और अधिक आश्चर्य होगा कि भारत-आर्य समुदाय में प्राचीन ब्राह्मणवादी साहित्य के अनुसार वैश्य अधिक दलित था न कि शूद्र। ऐतरेय ब्राह्मण में इस संबंध में विवरण प्राप्त होता है। इसमें राजा विश्वमित्र तथा श्यापर्ण ब्राह्मण की कथा है जिसमें कहा गया है कि पवित्र सोमरस पीने के सभी वर्ण अधिकारी हैं। वैश्यों के विषय में इसमें कहा गया है।

"अब यदि (पुरोहित) दही लाता है तो वैश्य का एक घूँट (शराब का एक घूँट) है, उससे वैश्य को संतुष्ट करो। वैश्य की भाँति आपकी श्रेणी में एक पैदा होगा, जो दूसरों को कर देते हैं या जो दूसरों द्वारा प्रयोग किया (खाया) जाता है और जिसे जब चाहे सताया जा सकता है।"

प्रश्न यह है कि वैश्य को क्यों छोड़ दिया गया और सारी मार शूद्रों के ऊपर ही क्यों पड़ी?

ब्राह्मणों को विशेषाधिकार प्राप्त होने से शूद्र के निकटतम वैश्य वर्ण भी प्रभावित हुए। शूद्र तीनों वर्णों के नीचे है और उन्हें बहिष्कृत किया हुआ है। ऊपरी तौर पर देखने से ऐसा लगता है कि तीनों वर्णों को शूद्रों का शोषण करने का अधिकार है। लेकिन तथ्य क्या है? वास्तविकता यह

है कि क्षत्रिय और वैश्य शूद्र के विरुद्ध आवाज उठाने के भी अधिकारी नहीं हैं। तीनों वर्णों की अपेक्षा ब्राह्मण को विशेषाधिकार प्राप्त हैं। उदाहरणार्थ शूद्र यदि कोई अपराध करता है तो ब्राह्मण को क्षत्रिय और वैश्य की अपेक्षा शूद्र को अधिक दंड दिलाने का अधिकार है। ब्राह्मण अपनी जरूरतानुसार बिना किसी अपराध बोध के शूद्र की संपत्ति का हरण कर सकता है। शूद्र को संपत्ति नहीं रखनी चाहिए क्योंकि इससे ब्राह्मण को दुःख होता है। ब्राह्मण को शूद्र राजा के राज्य में नहीं रहना चाहिए। यह क्यों है? क्या कारण है कि ब्राह्मण शूद्र से विद्वेषपूर्ण व्यवहार करते हैं?

इसके अलावा एक और महत्त्वपूर्ण प्रश्न पर विचार जरूरी है। क्या सामान्य ब्राह्मण शूद्रों के निषेध के बारे में सोचता है? उनके विचार असाधारण और प्राकृतिक रूप से निंदनीय है, यह सभी स्वीकार करेंगे। क्या ब्राह्मण भी इसे स्वीकार करेंगे? यदि प्रतिभा की सूची उनके ऊपर कोई प्रभाव न डाले तो यह अस्वाभाविक नहीं। प्रथम बात यह है कि चिरंतन प्रकृति और मानसिकता ने उन्हें इतना कुंठित कर दिया है कि शूद्रों पर लागू निषेधों के कारण और निवारण के संबंध में ब्राह्मणों ने विचार करने की जरूरत नहीं समझी। दूसरी बात यह है कि उनमें से जो कुछ विचारवान है, वे भी यह कह कर दस बात को टाल देते हैं कि अन्य देशों में भी इसी प्रकार के प्रतिबंध मौजूद हैं। अतः कोई असामान्य या लज्जाजनक स्थिति नहीं है। दूसरे प्रकार के इन विचारों की विवेचना जरूरी है।

दूसरा विचार सरल और ग्राहय है और प्रतिष्ठा देने और रूढ़ीगत आस्थाओं को सुधारने में सहायक है, फिर भी किसी बात को वैसे ही छोड़ना ठीक नहीं है। यह स्पष्ट करना जरूरी है कि ये प्रतिबंध विश्व भर में अद्वितीय है। ब्राह्मणवादी विधान की विश्व के किसी विधान से बराबरी करना असंभव है। इसकी रोमन विधान से ही तुलना करें।

IV

यह बेहतर रहेगा कि हम रोमन साम्राज्य की व्यवस्था और वहाँ के शोषित समाज के साथ यहाँ की सामाजिक व्यवस्था की तुलना करें। रोम के विधान में समाज की पाँच श्रेणियाँ थी। (1) कुलीन और साधारण (2) स्वतंत्र (फ्रीमेन) और दास (3) नागरिक और विदेशी (4) स्वाधीन और पराधीन (5) ईसाई और विधर्मी (पेगन)।

रोम के विधान के अनुसार (1) कुलीन (2) स्वतंत्र (फ्रीमेन) (3) नागरिक (4) स्वाधीन और (5) ईसाई संपन्न वर्ग थे। इसके अलावा शोषित वर्ग में (1) साधारण (2) दास (3) विदेशी (4) पराधीन और (5) अधर्मी थे।

रोमन के अनुसार स्वाधीन लोगों को नागरिक अधिकार के साथ ही राजनैतिक अधिकार भी प्राप्त थे। नागरिक अधिकारों में वैधानिक वैवाहिक (कानबियम) और संपन्न वाणिज्यिक (कोमर्सियम) नामक अधिकार थे। इनमें प्रथम के अनुसार वैधानिक रूप से विवाह संपन्न कर नागरिक अधिकार प्राप्त कर सकता था। यह विशेष पैतृक अधिकार था जिसके अनुसार बिना

वसीयत के पैतृक संपत्ति पर भी अधिकार हो जाता है। इसलिए इस की अत्यंत जरूरत होती थी। विशिष्टि रोमन विधान के अनुसार संपदा या कोमर्सियम के अनुसार किसी भी संपत्ति के क्रय-विक्रय का अधिकार प्राप्त होता था। राजनैतिक अधिकार के अनुसार जन प्रतिनिधि चुनने के लिए वोट देने और किसी पद पर नियुक्ति प्राप्त करने का अधिकार मिलता था जिन्हें रोमन साम्राज्य में 'जुस सफ्रागी' तथा 'जुस ऑनोरम' कहा जाता था। स्वतंत्र (फीमैन) और दास में इतना ही अंतर था कि दासों को कोई नागरिक अधिकार प्राप्त नहीं थे। उनके अधिकार उनके स्वामी की इच्छा पर निर्भर थे।

विदेशियों का जो 'परेग्राइन' कहे जाते थे, किसी प्रकार का नागरिक या राजनैतिक अधिकार प्राप्त नहीं था और जब तक किसी नागरिक का संरक्षण मिलता तब तक उन्हें सुरक्षा का भी अधिकार नहीं था।

स्वाधीन और पराधीन में अंतर यह था कि प्रथम को अधिकार के लिए अन्य किसी व्यक्ति पर निर्भर नहीं रहना पड़ता था जबकि दूसरे इस संबंध में पराया मुँह ताकते थे। (1) 'पोटेस्टास' (2) मानुस, (3) मेंसीपियम हालाँकि सब का प्रभाव एक-सा था, पोटेस्टास में रोमन विधान के अनुसार दो वर्ग हो गए। पोटेस्टास के अंतर्गत (1) दास (2) बच्चे (3) पलि मानुस (4) अदालत द्वारा ऋणदाता को ऋण लेने वाला निश्चित करना (5) किराए पर लिए गए तलवारबाज आते थे। पोटेस्टास पराधीन-सा रहता था। उसे अपने खुद अधिकारों का उपयोग न कर दूसरे का संरक्षण लेना होता था।

पराधीन को पोटेस्टास के कारण निम्न निषेधों का शिकार होना पड़ता था। और (1) वे स्वाधीन नहीं थे, (2) वे संपत्ति प्राप्त नहीं कर सकते थे (3) वे आघात या चोट पहुँचाए जाने पर खुद विरोध नहीं कर सकते थे।

ईसाई धर्म के प्रसार के साथ ही पैमानों पर निषेधाज्ञाएँ लागू की गई। प्रारंभ में जब रोम के सभी निवासी एक प्रकार की आराधना करते थे तब उनके नागरिक अधिकारों में धर्म का दखल नहीं था। ईसाई सम्राटों के राज्य में नास्तिक, धर्मान्तरित तथा विधर्मी (मूर्तिपूजक) और यहूदी सभी अलग-अलग प्रकार से निषेध हुए, विशेष रूप से संपत्ति के अधिग्रहण तथा न्यायालय में साक्ष्य के मामले में। केवल चार सदस्यीय परिषद द्वारा मान्य रूढ़िवादी ईसाई ही नागरिक अधिकारों का उपयोग कर सकते थे।

रोमन विधान में प्रतिबंधों का विवरण जान बूझ कर हिंदू नाक ऊँची कर के दिखा सकते हैं कि केवल ब्राह्मणवादी विधान में ही कुछ निश्चित वर्णों पर प्रतिबंध लागू नहीं है, बल्कि रोमन विधान में ब्राह्मणवादी विधान के बराबर क्रूरता बिलकुल नहीं थी। रोमन और ब्राह्मणवादी विधानों की तुलना करने पर और निषेधों की व्याख्या करने पर ब्राह्मणवादी विधान के आधार पर कलई खुल जाती है।

रोमन विधान में निषेध और अधिकार का आधार क्या था? रोमन विधान का साधारण विद्यार्थी भी जानता है कि रोमन विधानों के आधार 'कापूत' और 'एक्जिस्टीमाशियो' थे।

'कापूत' का अर्थ है व्यक्ति की नागरिक हैसियत। इस स्थिति में मुख्यतः तीन बातें आती थीं।—(1) स्वाधीनता, (2) नागरिकता और (3) परिवार। स्वाधीनता अधिकार प्राप्त स्वतंत्र व्यक्ति कहे जाते थे। यह अधिकार दासों को नहीं मिलते थे। यदि स्वतंत्र व्यक्ति रोम का नागरिक होता था तो उसे नागरिक अधिकार भी खुद बखद प्राप्त हो जाते थे। उसे केवल राजनैतिक अधिकार ही नहीं मिल जाते थे बल्कि उसे नागरिक विभाग का भी अधिकार हो जाता था। अंततः उसे पारिवारिक विधानों के अंतर्गत सभी सुविधाएँ प्राप्त हो जाती थीं।

जब भी कभी मौजूद हैसियत समाप्त या संशोधित हो जाती थीं तब व्यक्ति 'कैपिटिस डिमिन्युशिओ' की स्थिति में आ जाता था जिसका अभिप्राय है उसकी पहले मान्य स्थिति पूर्ण रूप से समाप्त हो जाती थी या कुछ कम हो जाती थी। इस स्थिति में तीन प्रकार के परिवर्तन होते थे जिन्हें सर्वाधिक मध्यम और न्यूनतम कहते थे। सर्वाधिक में स्वाधीनता नागरिकता और दांपत्य के अधिकार समाप्त हो जाते थे। ऐसा उस स्थिति में होता था जब रोम का नागरिक युद्धबंदी हो जाता था या आपराधिक मामले में दास बना दिया जाता था, किंतु शत्रु से मुक्त होकर आने पर उसे सभी नागरिक अधिकार फिर प्राप्त हो जाते थे।

स्थिति में परिवर्तन की दूसरी रीति व्यक्तिगत आजादी के अधिग्रहण के अलावा नागरिक और पारिवारिक अधिकारों की समाप्ति थी। पर ऐसा तब किया जाता था जब कोई नागरिक किसी अन्य प्रांत की नागरिकता प्राप्त कर लेता था। ऐसी स्थिति में उसे अग्नि और जल के प्रयोग से रोक दिया जाता था, ताकि वह रोमन साम्राज्य के क्षेत्र से बाहर निकल जाए या साम्राज्य के ही किसी अन्य प्रांत में चले जाने की सजा दे दी जाती थी।

जब कोई व्यक्ति अपनी स्वाधीनता और नागरिकता से वंचित हुए बिना किसी परिवार विशेष का सदस्य नहीं रह जाता था, उसे कम-से-कम प्रांत छोड़ने के लिए कह दिया जाता था, उदाहरणार्थ जब एक स्वतंत्र नागरिक जबरदस्ती किसी अन्य के अधिकार में पहुँच जाता था या किसी का गुलाम बने बालक की उसकी दास्ता से उसका पिता उसे वैधानिक रूप से मुक्त करा लेता था।

नागरिकता मूल रूप से जन्म से प्राप्त होती थी। वैधानिक रूप से विवाह के बाद उत्पन्न संतान पिता की स्थिति पर पहुँच कर नागरिक बन जाती थी, बशर्ते कि पिता भी पुत्रोत्पत्ति के समय वैधानिक रहा हो। यदि नागरिकता प्राप्त न हो तो संतति को माता की स्थिति मिलती थी। ऐसी परिस्थिति में उत्पन्न होने पर दास भी नागरिकता प्राप्त कर लेता था। यह नियम 'इलियासेन्टिया' और 'जूनिया नोरबाना' विद्वानों द्वारा संशोधित किए गए। इसके अनुसार कुछ निश्चित मामलों में मुक्त व्यक्ति केवल विदेशी का दर्जा पा सकता था। अन्य संशोधनों के लागू होने पर हर दास लगातार मताधिकार और नागरिकता पाता रहा। नागरिकता के अधिकार संपूर्ण जाति या किसी व्यक्ति विशेष को जनता या संसद द्वारा वार्षिक समारोह के अवसर पर या सम्राट द्वारा राजतिलक के अवसर पर आयोजित समारोह में दिए जाते थे। यह सब वैसा ही था जिसे आजकल स्वाभावीकरण कहते हैं।

रोमन विधान में किसी व्यक्ति की स्थिति ऐसी हो सकती थी और नहीं भी, जिसका अभिप्राय होता था कि नागरिकता के अधिकार के साथ ही राजनैतिक अधिकार अर्थात् मताधिकार और प्रशासनिक पद प्राप्ति का अधिकार, राजनैतिक अधिकार कानून की दृष्टि में सम्मानित होने पर निर्भर करता था। रोमन नागरिक का पूत या एक्जिास्टमैशियो दोनों प्रकार के हो सकते थे। दूसरी ओर रोम का निवासी नागरिकता के अधिकारों से वंचित होने की राजनैतिक अधिकारों से वंचित हो सकता था। राजनैतिक अधिकारों की प्राप्ति के लिए कानून की दृष्टि में सम्मानित व्यक्ति होना जरूरी होता था। केवल नागरिकता प्राप्त व्यक्ति राजनैतिक अधिकार नहीं प्राप्त कर सकता था।

दो स्थितियों में राजनैतिक अधिकार समाप्त हो सकते थे। स्वाधीनता खत्म होने पर या अपराधी सिद्ध होने के बाद दंड भुगतने पर। स्वाधीनता की समाप्ति पर राजनैतिक अधिकार पूर्णतः समाप्त हो जाते थे। अपराध की गंभीरता के अनुसार राजनैतिक अधिकार में अंतर पड़ता था। जब अपराध गंभीर होता था तब राजनैतिक अधिकार की समाप्ति को 'इनफैमिया' कहते थे। साधारण अपराध 'दुरापटुडो' कहा जाता था। गंभीर अपराध पर राजनैतिक अधिकार छीन लिए जाते थे। रोमन विधान में प्रतिवादी को गंभीर अपराधी की श्रेणी में रखा जाता था। चोरी, डकैती, फरेब आदि को गंभीर अपराध माना जाता था। इन अपराधों के मुख्य अभियुक्त के साथी को भी समान दंड दिया जाता था। जनता के बीच मंच पर आकर अभिनय करना या तलवारबाजी के करतब दिखाना, कलंकित होने के कारण सेना से निकाल दिया जाना, वेश्यावृत्ति करना तथा अन्य निम्नस्तर के कार्य जिससे समाज में निंदा हो आदि, गंभीर अपराध समझे जाते थे।

इनफैमिया का परिणाम राजनैतिक अधिकारों की समाप्ति, चुनाव में वोट देने के अधिकार पर प्रतिबंध तथा प्रशासनिक पद से निष्कासन की व्यवस्था होती थी।

रोम के संविधान में अधिकारों और निषेधों का सूक्ष्म विश्लेषण करने से स्पष्ट होता है कि ये सबके लिए समान थे। इनमें जातिगत भेदभाव, अधिकार और निषेध रोम के संविधान में सामान्य रूप से संचालित किए जाते थे। नागरिक और राजनैतिक अधिकारों का उपयोग कोई भी कर सकता था और इन अधिकारों की समाप्ति पर सभी को एक समान प्रतिबंध भुगतने पड़ते थे।

ब्राह्मणवादी विधान का चरित्र कैसा है?

यह निर्विवाद है कि अधिकार और निषेध समान रूप से सबके ऊपर लागू नहीं किए जाते थे। सब का आधार वर्ण था। ब्राह्मणवादी विधान का सैद्धांतिक आधार सभी अधिकार प्रथम तीन वर्णों को और सभी निषेध शूद्रों के लिए थे। ब्राह्मणवादी विधान के शीर्षस्त समर्थक कह सकते हैं कि रोमन विधान भी हमारे विधान की भाँति वर्ग पर आधारित था। इस पर विचार किया जा सकता हैं जहाँ तक कुलीन और सामान्य जन का संबंध है अधिकारों और निषेधों का वर्ग विभाजन था। इस संबंध में निम्न विवरण विचारणीय है।

सबसे पहले यह उल्लेखनीय है कि जन सामान्य निम्न वर्ग के माने जाते है। दास नहीं थे, स्वाधीन थे और उन्हें 'जूस कामी' के अधिकार प्राप्त थे जिसके अनुसार वे अपनी संपत्ति का

क्रय-विक्रय कर सकते थे। उनके ऊपर केवल राजनैतिक और सामाजिक अधिकारों की पाबंदी थी। दूसरी बात यह है कि उन पर लागू ये प्रतिबंध स्थायी नहीं थे। उन्हें दो प्रकार के सामाजिक प्रतिबंधों को झेलना पड़ता था। एक था उनमें और कुलीन वर्ग के बीच अंतर्जातीय विवाह। यह प्रतिबंध बहुत पहले से था जिसे बारह जजों ने वैधानिक रूप दे दिया था। सन् 445 ई. पूर्व कैनलेनियन विधान के द्वारा प्रतिबंध समाप्त कर दोनों वर्णों के बीच अंतर्जातीय वैवाहिक संबंधों को स्वीकृति मिल गई। निम्न वर्ग के सामान्य जन दूसरे निषेध के द्वारा रोम के मंदिरों में 'पौन्टिफ' और 'उगुरूष' नामक पद ग्रहण नहीं कर सकते थे। इस संबंध में 300 ई. पूर्व 'ऑगुनियन' विधान के लागू होने पर यह प्रतिबंध भी समाप्त हो गया।

जहाँ तक असेम्बली के लिए वोट के अधिकार का संबंध है रोम के छठे सम्राट के काल में 'सरवियस टूलियस' संविधान के लागू होने पर यह अधिकार भी उन्हें प्राप्त हो गया। राजनैतिक प्रतिबंधों के अनुसार वे प्रशासनिक या सार्वजनिक पद पर नियुक्त नहीं किए जा सकते थे। सन् 509 ई. पूर्व में गणराज्य की स्थापना के साथ ही यह निषेध भी नहीं रहा। इस संबंध में 'प्लेबियस ट्रिब्यून' की नियुक्ति 494 ई. पूर्व हुई और औपचारिक रूप से 412 ई. पूर्व उनके लिए कोषाध्यक्ष पद मिलने लगा। वास्तविक रूप से 367 ई. पूर्व कानसुलशिप 'मजिस्ट्रेट पद, 366 ई. पूर्व कुरूलेडिलेशिप', 356 ई. पूर्व तानाशाही, 251 ई. पूर्व सेंसरशिप (आलोचक) और 336 ई. पूर्व प्रीएटरशिप (दंडाधिकारी), 351 ई. पूर्व में होटेसियन असेम्बली शुरू होते ही सामान्य जन की महत्त्वपूर्ण विजय हुई। इस विधान के लागू होते ही सभी रोम के निवासियों पर लागू विधानों में एक-रूपता आ गई और ऊँच-नीच के भेदभाव लगभग समाप्त हो गए। इस प्रकार सामान्य और कुलीन वर्ग समान श्रेणी में आकर राजनैतिक अधिकारों का समान उपभोग करने लगे।

जन सामान्य को कुलीन के समान केवल सामाजिक स्थिति और राजनैतिक अधिकार में ही बराबरी प्राप्त नहीं हुई बल्कि कुलीनता की ओर जाने का अवसर भी मिल गया। रोमन समाज में जन्म और भाग्य, व्यक्तिगत प्रतिष्ठा और पद की प्राप्ति में प्रमुख भूमिका का निर्वाह करते हैं। इसके अलावा मजिस्ट्रेट पद से भी समाज में प्रतिष्ठा बनती है। हर नागरिक जन्म से चाहे वह जन सामान्य हो या कुलीन, किसी भी प्रकार से मजिस्ट्रेट की कर्सी पर आसीन हो जाता था या इससे भी ऊँचे पद पर पहुँच सकता था तो वह व्यक्तिगत प्रतिष्ठा तथा सम्मान का अधिकारी बन जाता था। उत्तराधिकारियों के लिए भी यह सम्मानित स्थान बन सकता था और इस प्रकार यह एक उच्च कुलीन समुदाय कहा जाता था, उनसे श्रेणी विभाजन पैदा कर देता था। इस प्रकार जब जन सामान्य पर से निषेध उठा लिए गए तो वे भी उच्च कुलीन श्रेणी में उच्चतर स्थान पर उनके आगे पहुँच गए।

रोमन विधान में अधिकार और अनधिकार के मामले में सांप्रदायिक आधार पर अंतर था किंतु तथ्य यह है कि जन सामान्य पर लागू अनाधिकार स्थायी नहीं थे। इन निषेधों का अस्तित्व था, किंतु कुछ समय के पश्चात् उन्हें हटा दिया गया। ब्राह्मणवादी विधान के समर्थक यह देख कर मुँह न खोलें कि उनके विधान की ही भाँति रोमन विधान में भी समान रूप से ऊँच-नीच का भाव

था। उन्हें उत्तर देना होगा कि जिस प्रकार रोमन विधान ने हीन और कुलीन के बीच ऊँच-नीच के अंतर को समाप्त कर दिया। उसी प्रकार इन ब्राह्मणवादी विधान के संचालकों ने तीन वर्णों और शूद्रों के मध्य व्याप्त ऊँच-नीच के अंतर को समाप्त क्यों नहीं किया? इस प्रकार यह भी कहा जा सकता है कि रोमन विधान के अधिकार और प्रतिबंध सांप्रदायिक नहीं थे जब कि ब्राह्मणवादी विधान में वे जातिवादी हैं।

रोमन विधान और ब्राह्मणवादी विधान में केवल यही अंतर नहीं है वरन् इसके अलावा दो भेद और भी हैं। एक है, आपराधिक मामलों में दंड विधान की समानता—रोमन विधान में नागरिक और राजनैतिक अधिकारों में समानता नहीं थी, किंतु आपराधिक मामलों संबंधी—दंड विधान में नागरिकों के बीच भेद नहीं था। यहाँ तक कि प्लेबियन या पेट्रीशियन के बीच भी समान अपराध के समान दंड था चाहे कोई भी अभियुक्त हो या वादी कोई भी हो, अपराध सिद्ध हो जाने पर समान दंड दिया जाता था। लेकिन धर्म-सूत्र और स्मृतियाँ क्या कहती हैं? वे बिलकुल विपरीत सिद्धांत प्रतिपादित करती हैं। एक ही प्रकार के अपराध में दंड विधान वादी और प्रतिवादी की जाति के अनुसार अलग है। यदि अभियोग लगाने वाला शूद्र है और अभियुक्त तीन उच्च वर्ग वालों में से है तो क्रमानुसार दंड कम होता है। इसके विपरीत अभियोग लगाने वाला तीन उच्च वर्णों में से कोई एक है तो क्रमानुसार दंड प्रावधान बहुत कठोर है। यह दूसरे प्रकार की बर्बरता है जो रोमन विधान और ब्राह्मणवादी विधान में भिन्नता प्रकट करती है।

ब्राह्मणवादी विधान से रोमन विधान की भिन्नता का एक और उल्लेखनीय तथ्य है। इसका संबंध निषेध की प्रकृति से है। दो तथ्य विचारणीय हैं। प्रथम तो यह कि रोमन समाज में जब भी कोई परिस्थिति अस्तित्व में आई तो प्रतिबंध लगाए गए, निषेध व्यवस्था लागू की गई। जैसे ही परिस्थिति बदली वह व्यवस्था समाप्त कर दी गई और स्थिति में समानता लाई गई। दूसरी उल्लेखनीय बात रोमन विधान में यह थी कि उसमें किसी की एक ही परिस्थिति अनंत काल के लिए जारी रखने का प्रयास नहीं किया गया। इसमें निरंतर परिवर्तन होते रहे। दूसरी ओर रोमन विधान ने उन परिस्थितियों को भी परिवर्तित करने का प्रयास किया जिनके कारण निश्चित प्रतिबंध लागू रहा प्लेबियनों, दासों, विदेशियों और पैगानों (मूर्तिपूजकों) के उदाहरणों से यह बिलकुल स्पष्ट हो जाता है।

यदि उपरोक्त रोमन विधान के अंतर्गत प्रतिबंधों के संबंध में दिए गए दोनों तथ्यों पर विचार किया जाए तो स्पष्ट हो जाता है कि धर्म-सूत्रों और स्मृतियों ने कितनी धूर्तता की है। यदि प्रतिबंध परिस्थिति के ऊपर निर्भर रहे होते और शूद्रों को उनसे मुक्त होने के लिए कोशिश करने की आजादी होती तो शूद्रों के ऊपर निषेधाज्ञाओं को लागू किया जाना उतना बर्बरतापूर्ण सिद्ध नहीं होता। ब्राह्मणवादी विधान के अनुसार प्रतिबंधों को लागू ही नहीं किया गया। बल्कि क्रूर विधान बना कर उन्हें अनंत बना दिया गया और उनसे मुक्ति की कोशिश करना भी दंडनीय अपराध बना दिया गया। जिसके अनुसार कड़े से कड़े दंड देने का प्रावधान कर दिया गया।

इस प्रकार ब्राह्मणवादी विधान प्रतिबंधों को केवल लागू ही नहीं करता, वरन् उनको स्थायित्व भी प्रदान करता है। एक उदाहरण है।

शूद्र वैदिक यज्ञ नहीं करा सकता, क्योंकि वह वैदक मंत्रों के उच्चारण का पात्र नहीं है। इस निषेध का कोई उल्लंघन नहीं कर सकता। धर्म-सूत्र यहीं नहीं रूकते, वे आगे बढ़ कर आदेश देते हैं कि शूद्र का वेद पढ़ना या सुनना अपराध है। यदि यह ऐसा करता है तो उसकी जबान काट दी जाए और पिघला हुआ सीसा उसके कानों में उड़ेल दिया जाए। किस व्यक्ति को धार्मिक अनुष्ठानों से वंचित रखने के लिए क्या इससे भी बढ़ कर कोई पाशविक उदाहरण है?

इन प्रतिबंधों के संबंध में स्पष्टीकरण क्या है? शूद्रों के प्रति ब्राह्मणवादी विधान के निर्माताओं ने इतना कठोर व्यवहार क्यों किया? उनकी स्मृतियाँ केवल अनाधिकारों का वर्णन करती है। इनमें लिखा है कि शूद्र उपनयन का अधिकारी नहीं है। यह संपत्ति रखने का अधिकारी नहीं है किंतु यह नहीं बताती कि क्यों? सभी बातें तर्कहीन है। शूद्रों का निषेध उनके व्यक्तिगत चरित्र के कारण नहीं है। यह किसी प्रकार की घृणा का परिणाम भी नहीं है। शूद्र को दंडित इसलिए किया जाए क्योंकि वह शूद्र है। यह एक गुत्थी है—जिसका सुलझना जरूरी है। ब्राह्मणवादी ग्रंथ समस्या का निराकरण नहीं करते। अतः इसके स्पष्टीकरण के लिए हमें और खोज करनी होगी।

4. शूद्र बनाम आर्य

I

पहले विवरण से यह स्पष्ट है कि ब्राह्मण स्मृतिकारों की कृतियों से यह पता नहीं चलता कि शूद्र कौन थे, ये आर्यों का चौथा वर्ण कैसे बने? इसलिए पाश्चात्य विद्वानों द्वारा शूद्रों की उत्पत्ति के संबंध में व्यक्त विचार का अवलोकन जरूरी है। शूद्रों की उत्पत्ति के बारे में पश्चिमी विद्वानों का निश्चित विचार है। हालाँकि सभी विद्वान् एकमत नहीं हैं, तथापि निम्नलिखित बातों पर सभी एकमत हैं—

1. वैदिक साहित्य की रचना आर्यों द्वारा की गई।
2. आर्य भारतवर्ष में बाहर से आए और भारत पर आक्रमण किया।
3. भारत के मूल निवासी दास और दस्यु थे, जो आर्य जाति से अलग जाति के थे।
4. आर्य गौर वर्ण के थे और दास तथा दस्यु श्याम वर्ण के।
5. आर्यों ने दास और दस्युओं पर विजय पायी।
6. दास और दस्युओं के पराजित किए जाने और दास बना लिए जाने पर ही वे शूद्र कहलाए।
7. शारीरिक रंग के पक्षपाती आर्यों ने चातुर्वर्ण्य व्यवस्था को जन्म देकर गोरे रंग और काले रंग वाली जातियों को सदा-सदा के लिए अलग कर दिया।

भारतीय आर्यों के समुदाय में शूद्रों की उत्पत्ति के संबंध में पश्चिमी विद्वानों का विचार कितना युक्तिसंगत है यह बात अलग है। किंतु यह निर्विवाद रूप से कहा जा सकता है कि ब्राह्मवादी सिद्धांतों की आम स्थिति को दैवी आदेश से आरोपित जटिल और रहस्यपूर्ण व्याख्याओं के अध्ययन के उपरांत एक ऐसे सिद्धांत की जरूरत होगी जो इस विषय में तर्कसंगत और स्वाभाविक व्याख्या प्रस्तुत कर सके। ब्राह्मणी सिद्धांत क्षुद्र दृष्टि, तर्कहीन, तथा निरर्थक होने के सिवाय और कुछ नहीं है। अन्यथा वे समस्याओं को ज्यों-का-त्यों न छोड़ देते। कम-से-कम पाश्चात्य विद्वानों के विचार ऐसे नहीं हैं।

किसी भी सिद्धांत की सत्यता की परख उसके तर्क संगत साक्ष्यों या प्रमाणों से स्थापित होती है। पाश्चात्य विद्वानों के सिद्धांतों का मुख्य आधार आर्य नामक जाति है। अतः सर्वप्रथम इसको ही लेते हैं।

आर्य कौन थे? इससे पहले आर्य शब्द का अर्थ जान लेना जरूरी है, अन्यथा प्रजाति (नस्ल) के संबंध में गलती हो सकती है। इस संबंध में सर्वोत्तम उदाहरण यहूदियों की है। ऊपरी तौर पर वे अलग प्रजाति लगते हैं, परंतु विशेषज्ञ क्या कहते हैं? यहूदियों के विषय में प्रोफेसर रिप्ले का विचार है—"जब हमारा अंतिम निष्कर्ष है यह विरोधाभास है, परंतु सही है। हम स्वीकार करते हैं कि यहूदी प्रजाति नहीं हैं वे एक समुदाय हैं। इनके चेहरे से इसकी पुष्टि होती है किंतु जहाँ तक अन्य विशिष्टताओं का प्रश्न है, हमारा विश्वास है कि उनके अंगों की रचना निःसंदेह उनकी शूद्र रक्तीय अनुपम शरीर रचना के बनाए उनकी वंशानुगत विशिष्टता है।"

प्रजाति (नस्ल) क्या है? किसी जाति की परिभाषा उसके लोगों की वंशानुगत विशिष्ट शारीरिक बनावट से होती है। कभी यह विश्वास किया जाता था कि निम्नांकित विशेषताओं से प्रजाति का निर्धारण होता है—

(1) सिर की आकृति (2) बालों और आँखों का रंग, (3) त्वचा का रंग और (4) आकार (शरीर का गठन)। आज का मापदंड रंजकता और आकृति की विशिष्टताओं पर आधारित है। जो जलवायु और निवास अनुसार बदल जाती है। इसलिए इनसे प्रजाति निर्धारित नहीं हो सकती। एक मात्र विश्वसनीय विशिष्टता सिर की आकृति है जिसका अर्थ है, लंबाई, चौड़ाई और ऊँचाई का सामान्य अनुपात। इसी कारण नृविज्ञान शास्त्री और प्रजाति वैज्ञानिक प्रजाति का निर्धारण करना सर्वश्रेष्ठ ढंग मानते हैं। नृविज्ञान शास्त्रियों ने प्रजाति निर्धारण के लिए सिर की बनावट का जो सिद्धांत निर्धारित किया है वह सटीक विज्ञान है। इसे नृविज्ञान शास्त्र (एन्थ्रोपोलोजी) कहते हैं। इस विधि के अनुसार सिर की आकृति नापने के लिए दो मापदंड रखे हैं (1) शीर्ष आकृति और (2) चेहरे की आकृति। इसी से जाति का निर्धारण होता है।

शीर्ष स्थिति कानों के ऊपर रखी गई है। और माथे से गर्दन तक नापी जाती है। इसके अनुसार मान लें हालाँकि लंबाई 100 है, चौड़ाई को उसका अंश माना गया है। यदि सिर आनुपातिक रूप से चौड़ा है ऊपर से पूरी तरह गोल है, इससे शीर्षस्थल बढ़ जाता है। जब यह

80 से ऊपर होता है तो उस खोपड़ी को लघु शिरस्क कहा जाता है, जब यह 75 से कम होता है तो उसे दीर्घ शीरस्क कहते हैं। 75 से 80 के बीच के आकार वाले को बीच शिरस्क कहा जाता है। यह पारिभाषिक शब्दावली है। साहित्य में प्रजाति के सवाल में यही प्रचलित हो गए हैं। इससे अनभिज्ञ रहने पर स्थिति स्पष्ट नहीं होती। यदि हम इनका प्रचलित नाम न देंगे तो यह त्रुटि होगी। बीच शिरस्क का समानांतर शब्द दरम्याना है। कपाल की चौड़ाई माथे की तीन चौथाई से चार बटा पाँच होनी चाहिए। दीर्घ शिरस्क का अर्थ है लंबी खोपड़ी कपाल की चौड़ाई-लंबाई का चार बटा पाँच होना चाहिए।

चेहरे की स्थिति सिर के अनुपात में मुखाकृति से संबद्ध होती है। आमतौर पर यह पाया जाता है कि अपेक्षाकृत बड़ी खोपड़ी वाले की मुखाकृति गोल होती है जिसमें गाल की हड्डी ठोड़ी से माथे की ऊँचाई के अनुरूप होती है। माप लेने में एक रूपता न होने के कारण सही तुलना नहीं हो पाती है। फिर भी यह नियम निरापद है, अर्थात् लंबी खोपड़ी, अंडाकार चेहरा, छोटी खोपड़ी तो गोल चेहरा। नृविज्ञान के इन मापदंडों को अपनाते हुए प्रजातियों के संबंध में उत्कृष्ट विद्वान् इस निष्कर्ष पर पहुँचे हैं कि यूरोप के लोग खोपड़ी और मुखाकृति की दृष्टि से तीन भागों में बाँटे जा सकते हैं जो अलग से तालिका में दिए गए हैं।

यूरोपीय प्रजाति

	सिर	चेहरा	बाल	आँखें	कद	नाक
1. ट्यूटोनिक	लंबा	लंबा	बहुत हल्के	नीली	लंबा	पतली ऊँची
2. एल्पाइन सैल्टिक	गोल	चौड़ा।	हल्के भूरे	भूरी	मध्यम	विविध बल्कि भारी
3. मेडीटेरेनियन	लंबा	लंबा	लाहौरी या काले	काली	मध्यम	चौड़ी

क्या कोई आर्य प्रजाति शारीरिक दृष्टि से इस श्रेणी में आती है। इस विषय में दो विचार हैं। एक विचार आर्य जाति के अस्तित्व के संबंध में है।

इसके अनुसार—"आर्य जाति की खोपड़ी अपेक्षाकृत लंबी है। उसकी सीधी नाक है, चेहरा लम्बोतरा है। चेहरे की हड्डियाँ उठी हैं। लंबाई पर्याप्त है। सामान्यतः सुगठित बलिष्ठ शरीर है।

दूसरा विचार प्रोफेसर मैक्समुलर का है। उनके अनुसार यह शब्द तीन अर्थों में प्रमुख हुआ है। इसलिए उन्होंने अपने व्याख्यान 'साइंस ऑफ लेंगुएज' में कहा है—

'अर' या 'अरा' प्राचीन शब्द हैं, जिसका अर्थ जोती हुई भूमि है। ये शब्द संस्कृत भाषा से लुप्त हो गए हैं, किंतु ग्रीक भाषा में 'एरा' के रूप में आज भी सुरक्षित है। अतः आर्य का वास्तविक अर्थ गृहस्थ कृषक हो सकता है। वैश्य शब्द की उत्पत्ति गृहस्थ के पर्याय 'विश'

से है। मनु पुत्री इड़ा का अर्थ भी जोती हुई या खोदी हुई भूमि है और संभवतः यह 'अरा' का परिवर्तित स्वरूप ही है।

दूसरे शब्दों में यह आभास होता है कि वह जमीन जोतते हैं। इस संबंध में मैक्समुलर का विचार है—"आर्य का अर्थ है भूमि को जोतने वाला। ऐसा मालूम होता है कि आर्यों ने अपने लिए इस नाम का चयन किया होगा। अश्व की भाँति त्वरित गति से खानाबदोश जाति तूरानी इसका प्रत्यक्ष उदाहरण है।"

तीसरे आर्य अर्थ का उपयोग सामान्यतः वैश्य (कृषक) जाति के लिए किया गया है। इस विषय में मैक्समुलर पाणिनी पर निर्भर करते हैं।

आर्य शब्द का चौथा अर्थ श्रेष्ठ कुल में उत्पन्न भी होता है। मैक्समुलर का विचार है—

आर्य कोई जाति या नस्ल नहीं वरन् एक भाषा है। इसका आशय भाषा के सिवाय कुछ नहीं। उसे बोलने वाला आर्य है।

मैं बार-बार कह चुका हूँ कि आर्य शब्द का संबंध न रक्त से है न शारीरिक ढाँचे से, न बालों से और न कपाल से। मेरा सीधा तात्पर्य है जो आर्य भाषा बोलते हैं वे ही आर्य हैं। यही बात हिंदुओं, यूनानियों रोमनों, जर्मनों और स्लाबों पर लागू होती है। जब मैं उनका जिक्र करता हूँ तो मेरा उनके किसी विशिष्ट शारीरिक लक्षण से कोई तात्पर्य नहीं है। नीली आँखों वाले, घने बालों वाले स्कैंडिनेवियन चाहे विजयी हों या पराजित, चाहे उन्होंने अपने काले स्वामियों की भाषा भी अपना ली हो या इसके विपरीत रहे हों, मैं जब उन्हें हिंदू, यूनानी, रोमन, जर्मन या स्लाब कहता हूँ तो इस आशय से जोर देकर कहता हूँ कि काले से काले रंग के हिंदू भी आरंभ में आर्य भाषा-भाषी रहे हैं और उन्हें मैं गोरे से गोरे स्कैंडेनेवियन समझता हूँ। ये दृढ शब्द कठोर हो सकते हैं, परंतु हम अपनी भाषा के बारे में फैसला नहीं कर सकते। मेरी दृष्टि में कोई किसी प्रजाति वैज्ञानिक ने आर्य नस्ल की बात कही है, वह उसकी आँखें और बाल का हवाला देता है तो वह किसी बहुभाषा-भाषी की तरह पापी है जो दीर्घ शिरस्थ शब्दावली का प्रयोग करता है या लघु शिरस्थ का सिद्धांत प्रस्तुत करता है। यह भाषा के बेबीलोनी भ्रमजाल से भी बुरा है, वह चोरी है, हमने भाषा के वर्गीकरण के लिए शब्दावली विकसित की है भले ही वे कपाल, बालों और आँखों के बारे में अपनी शब्दावली तैयार करें।

इस संदर्भ में जिन्हें यह पता है कि मैक्समुलर कभी आर्य प्रजाति के सिद्धांत को मानते थे और उन्होंने उसका प्रचार भी किया था, वे उनके विचारों की प्रशंसा करेंगे। इस प्रकार हमारे सामने दो विचार हैं जिनमें कोई समानता नहीं है।

(1) एकमत के अनुसार आर्य जाति का अस्तित्व उनकी शरीर रचना, उनके कपाल व मुखाकृति के आधार पर निर्धारित करता था।

(2) प्रोफेसर मैक्समुलर के अनुसार एक भाषा-भाषी जन समुदाय के रूप में आर्य जाति का अस्तित्व था।

विचारों के विरोधाभास की दृष्टि से यह प्रश्न उत्पन्न होता है कि वैदिक साहित्य में क्या साक्ष्य उपलब्ध है। वैदिक साहित्य के विवेचन से पता चलता है कि ऋग्वेद में 'आर्य' और 'अर्य' दोनों शब्दों का प्रयोग किया गया है, एक दीर्घ 'आ' के साथ है दूसरा ह्रस्व 'अ' के साथ।

'अर्य' शब्द का प्रयोग ऋग्वेद में 88 बार हुआ है इसका उपयोग चार विविध अर्थों—(1) शत्रु (2) संभ्रांत नागरिक, (3) भारत देश का नाम और (4) स्वामी, वैश्य या नागरिक के अर्थ में किया गया है।

'आर्य' शब्द 31 बार आया है। किंतु उसका उपयोग कहीं भी जाति के अर्थ में नहीं किया गया है।

उपरोक्त चर्चा से यह सिद्ध होता है कि वेदों में 'अर्य' या 'आर्य' का शब्द उल्लेख जाति के अर्थ में कहीं भी नहीं किया गया। अतः 'आर्य' या 'अर्य' का अर्थ किसी जाति विशेष का नाम या संबोधन नहीं है।

अब यह प्रश्न उठाया जा सकता है कि मानव शरीर रचना शास्त्र का साक्ष्य क्या है? आर्य जाति की पहचान के लिए केवल लंबे सिर का होना ही पर्याप्त नहीं। प्रो. रिप्ले ने लंबे सिर वाली दो जातियों का उल्लेख किया है। अतः हमारा यह प्रश्न अभी बरकरार है।

II

अब हम अगला आधार लेते हैं। आर्य बाहर से आए। उन्होंने भारत पर आक्रमण किया और यहाँ के मूल निवासियों पर विजय प्राप्त की। बेहतर होगा कि इन प्रश्नों को हम अलग-अलग ही लें।

आर्य जाति भारत में कहाँ से आई? आर्य जाति के मूल स्थान का पता लगाने के बारे में बहुत भ्रामक विचार है। बेनफे के अनुसार आर्यों के मूल स्थान का निर्धारण समान शब्दावली के आधार पर किया जाना चाहिए। प्रो. आइसक टेलर ने उनके इन विचारों का सार संक्षेप में इन शब्दों में किया है—

"सभी आर्यों की भाषा में समान शब्दावली इस बात का संकेत दे सकती है कि उस मूल भाषा के शाखाओं में बँट जाने के पहले उनका आरंभिक प्रदेश कौन-सा था। उन्होंने कहा है कि कुछ पशुओं और वृक्षों के नाम जैसे बीच और भुर्ज वृक्ष तथा पशु भालू और भेड़िया ऐसे शब्द हैं जिनसे आदिम आर्य भली भाँति परिचित थे और ये सभी कटिबंधीय जलवायु में मिलते हैं और विशेषतः यूरोप में जबकि दक्षिण एशिया के पशु और वृक्ष हैं बाघ और ताड़ जिनसे केवल भारतीय और ईरानी परिचित थे। उनका कहना है कि आदिम आर्यों की भाषा में बाघ और सिंह जैसे इन एशियाई जंगली जानवर या एशिया का प्रमुख भारवाही पशु ऊँट समान नामों के आर्य शब्दावली में न होने से इस सिद्धांत को स्वीकार नहीं किया जा सकता कि आर्य कैस्पियन सागर के पूर्वी क्षेत्र से आए क्योंकि यूनानी सिंह को सामी नाम से जानते हैं और भारतीय नाम का मूल

आर्य मूल से मेल नहीं खाता। इससे यह तर्क उभरता है कि सिंह यूनानियों और भारतीयों के लिए समान नहीं है।"

बेनफे का कथन सार्थक सिद्ध हुआ है। गीजर ने उनका समर्थन किया, परंतु उन्होंने आर्यों का मूल स्थान बेनफे से अलग कृष्ण सागर के उत्तर पश्चिम, बीच पश्चिम जर्मनी में बताया। गीजर का तर्क महत्त्वहीन नहीं था। उनका निष्कर्ष मोटे तौर पर वृक्षों के नामों पर आधारित है जो आदिम आर्यों की भाषा में मौजूद है। 'रूई' और 'बेंत', 'अंगु' और भिदूर पहाड़ी बादाम के अलावा उनकी दृष्टि में भुर्ज, बीच और शाहबलूत शब्दों का उपयोग निर्णायक है। क्योंकि यूनान का फीगो शाहबलूत का समकक्ष है, वह जर्मन बीच से मिलता है और लैटिन का फेग यह संकेत देता है कि यूनानी बीच के देश से शाहबलूत के देश में आए और एक फलदार वृक्ष का नाम दूसरे वृक्ष को दे दिया गया।

दूसरा विचार यह है कि आर्यों का मूल स्थान काकेशिया था क्योंकि आर्यों की तरह काकेशियाइयों का रंग साफ और भूरे बाल होते हैं। उनकी नाक ऊँची होती है और चेहरा खूबसूरत होता है। इस संबंध में रिप्ले का कथन उल्लेखनीय है। इस विषय में प्रो. रिप्ले कहते हैं—

"काकेशिया के मिथ्य नाम का अनर्गल प्रलाप जो पश्चिम यूरोप की नीली आँखों और भूरे बालों (वाली 'आर्य') प्रजाति के लिए किया गया है। उससे दो निर्विवाद तथ्यों का पता चलता है। पहला तो यह कि इस प्रकार की शारीरिक बनावट काकेशिया में सैकड़ों मील तक नहीं मिलती और दूसरे यह कि कहीं भी काकेशियाई श्रृंखला किसी एक कबीले से संबद्ध नहीं है जो पूरी तरह आर्यों की भाषा की तरह विभक्ति प्रधान हो।

यहाँ तक कि ओसेटस भी, जिनकी भाषा ही एकमात्र विभक्ति प्रधान भाषा है, शायद यह दावा नहीं करते कि वे आर्य हैं और यदि ओसेटियन आर्य हैं भी तो इस के कई कारण हो सकते हैं। ईरान से आए आव्रजक हैं और मूल काकेशियाई बिलकुल नहीं हैं। उनके सिर की आकृति उनके अधिकार में आए क्षेत्रों के लोगों के समान है—टेरील दर्रा-दक्षिण श्रृंखला के लोगों के समान होने की अटकल है। सभी बातों को देखते हुए कि ओसेटस आर्य हों या न हों उनका अन्य लोगों से अधिक साम्य नहीं बैठता। इनमें इतना शरीर सौष्ठव नहीं है जितना इस क्षेत्र के लोगों का है। इनका व्यवसाय देखते हुए ना ही ये इतने साहसी हैं और उनमें रूसियों के समान प्रतिरोध के चिन्ह भी नहीं है।

यह सच नहीं है कि काकेशियन कुछ सीमा तक विशिष्ट हैं। दरअसल इनमें कोई विशिष्टता नहीं है यूरेशियाई भाषा-भाषी इस नाम से जाने जाते हैं जैसा कि हमने कहा है गोरांग, सुनहरी बालों वाले, लंबी कद काठी वाले लोगों को आर्य कहा जाता है। यह सब भ्रामक है बल्कि अविश्वसनीय है। काकेशिया संस्कृति, भाषा या रीति-रिवाजों और शरीरिक विशिष्टताओं का पालना नहीं कब्रिस्तान है। हमें यह जान लेना चाहिए कि संसार में आरंभ से ही अन्यत्र इतनी

विविधताएँ नहीं हैं जितनी यहाँ हैं, चाहे वह भाषा का प्रश्न हो या धर्म का। कोकेशिया पर्वत माला में यह मिश्रण मौजूद है।

तिलक ने कहा है कि आर्य प्रजाति का मूल स्थान आर्कटिक क्षेत्र है। उनके सिद्धांत का उन्हीं के शब्दों में सार दिया जा रहा है। वे खगोल विज्ञान और जलवायु तत्त्वों से आरंभ करते हैं। उनके अनुसार यह क्षेत्र उत्तरी ध्रुव है। उनका कहना है—

"दो लक्षण या भिन्नताएँ हैं—एक उसके लिए जब कोई अध्येता उत्तरी ध्रुव से अध्ययन करता है और दूसरा उस के लिए जो परिध्रुवीय क्षेत्र से देखता है या उत्तरी ध्रुव और आर्कटिक वृत्त से देखता है।"

तिलक की दृष्टि में दो भिन्नताएँ आती हैं, ध्रुवीय और परिध्रुवीय। वे इसका सार इस प्रकार देते हैं।

1. ध्रुवीय लक्षण

1. सूर्य दक्षिण से निकलता है।
2. तारों का उदय और अस्त नहीं होता, बल्कि वे गोलाकार चक्कर लगाते रहते हैं। वे दिगंत का चक्कर 24 घंटों में पूरा करते हैं। पूरे वर्ष उत्तरी गोलार्ध और आकाश ही दृष्टिगत होता है और दक्षिणी गोलार्ध तथा आकाश लुप्त रहता है।
3. एक वर्ष में एकदीर्घ दिवस और दीर्घ रात्रि ही होती है। दोनों रात और दिन छह छह महीने के होते हैं।
4. वहाँ मात्र एक सुबह और एक ही शाम होती है अर्थात् सूर्य का वर्ष भर में एक ही उदय व अस्त होता है। किंतु प्रभात का प्रकाश या संध्या का धुँधला प्रकाश लगातार दो महीने रहता है। परंतु हमारे यहाँ की भाँति प्रभात या संध्या का झिटपुट अंतरिक्ष के एक ही भाग तक सीमित नहीं है, बल्कि वह अंतरिक्ष में वृतवत चलायमान रहता है, जैसे कि कुम्हार का चाक और 24 घंटे में एक चक्कर पूरा करता है। सवेरे प्रकाश के ये चक्कर जारी रहते हैं जब तक कि सौर गोला अंतरिक्ष के ऊपर न आ जाए। फिर सूर्य छह महीने इसी दशा में रहता है। वह अस्त हुए बिना घूमता है और 24 घंटे में एक चक्कर पूरा करता है।

2. परिध्रुवीय लक्षण

1. सूर्य सदा परम बिंदु के दक्षिण में रहेगा परंतु देखने वाला शीतोष्ण कटिबंध से भी देखे तो इसके विशेष लक्षण नजर नहीं आएँगे।
2. अनेक तारागण परिध्रुवीय हैं। परिभ्रमण के अधिकांश समय वे क्षितिज के ऊपर रहते हैं। इसलिए सदा दिखाई पड़ते हैं। बाकी तारागण का शीतोष्ण कटिबंध में उदय अस्त होता रहता है। परंतु वे वक्र गति में घूमते हैं।

3. वर्ष के तीन भाग होते हैं। (1) एक अनवरत दीर्घ रात्रि जो मकर संक्रांति में आरंभ होती है और अक्षांश के अनुसार 24 घंटे से अधिक और छह मास से कम समय तक रहती है। (2) इतना ही अनवरत और दीर्घ दिन जो उष्ण कटिबंध में होता है। (3) इसके बाद बाकी वर्ष में सामान्य दिन और रात आरंभ होते हैं। एक रात्रि या एक दिवस 24 घंटे से अधिक नहीं होते। लंबी अनवरत रात के बाद निकलने वाला दिन पहले तो छोटा होता और लंबी अवधि का होने तक लगातार बढ़ता रहता हैं। लंबा दिन समाप्त हो जाने पर रात भी छोटी होती है। और वर्ष के अंत तक लंबी अनवरत रात्रि बन जाती है।
4. लंबी अनवरत रात्रि के पश्चात् का प्रभात कई दिन का होता हैं परंतु उत्तरी ध्रुव पर स्थान की अक्षांश रेखा के अनुसार आनुपातिक रूप से छोटा होता हैं उत्तरी ध्रुव के कुछ अंश इधर-उधर परिक्रमित प्रभात का अधिकांश अवधि में ऊषा कालीन प्रकाश दृष्टिगत होता है। सामान्य दिन और रात का प्रभात काल शीतोष्ण कटिबंध की तरह होता है जो केवल कुछ ही घंटों का होता है। अनवरत द्यौस में सूर्य अंतरिक्ष के ऊपर होता है। वह परिक्रमा करता हुआ दिखाई देता है जिसका अवसान नहीं होता। यह वक्र परिक्रमा करता है क्षितिजीय नहीं और दीर्घ रात्रि में वह पूरी तरह क्षितिज के नीचे आ जाता है, जबकि बाकी साल उसका उदय और अस्त होता है। वह 24 घंटों के कुछ काल में सूर्य के आच्छादन के अनुसार घटता-बढ़ता रहता है। अपने विश्लेषण का उपसंहार तिलक इस प्रकार करते हैं—

"हमारे सामने ध्रुव और परिध्रुव के क्षेत्र के बारे में दो भिन्नताएँ या लक्षण हैं। ये 'अवस्थाएँ' विश्व के अन्य क्षेत्रों में नहीं पायी जातीं। धरती के ध्रुव की आज भी वह स्थिति है जो करोड़ों वर्ष पहले थी। इस लिए उपरोक्त खगोलीय अवस्थाएँ सदा समान रहती हैं और इससे आदि सृष्टि काल में तीव्र परिवर्तन हुए हैं।" तिलक ने आर्कटिक क्षेत्र की दशाओं के संदर्भ में बताया है और यह तर्क दिया है—

"वैदिक व्याख्याओं या परंपराओं से पता चलता है कि उपरोक्त प्रवृत्तियों से यह अनुमान होता है कि ध्रुव और परिध्रुवीय परंपराओ से वे ऋषि अवगत थे जो उन्हें वंशानुगत मिली थी। संयोग से वैदिक साहित्य में ऐसे अनेक प्रसंग हैं जिनसे दीर्घ रातों और दीर्घ दिवसों का प्रत्यक्ष संबंध मिलता है। इसके साथ ही बहुत-सी कथाएँ भी इस बात के साथ मेल खाती हैं।" तिलक अपनी नैसर्गिक और वैदिक कथाओं से संतुष्ट हैं कि वे उत्तरी ध्रुव की अवस्था से मेल खाती है और निष्कर्ष निकालते हैं कि वैदिक आर्यों का मूल स्थान आर्कटिक क्षेत्र रहा होगा।

दरअसल यह एक मौलिक सिद्धांत है। इसमें मात्र एक बिंदु ऐसा है जिसकी अनदेखी कर दी गई है। वह है आर्यों का प्रिय प्राणी। वह उनके जीवन और धर्म से बड़ी गहनता से जुड़ा है। वह है अश्व जिसका 'अश्वमेघ यज्ञ' से प्रमाण मिलता है। प्रश्न है कि क्या आर्कटिक क्षेत्र में घोड़ा मौजूद था? यदि उत्तर नकारात्मक है तो आर्कटिक क्षेत्र का सिद्धांत संदिग्ध है।

III

ऐसा कौन-सा साक्ष्य है जिससे पता चले कि आर्यों ने भारत को आक्रांत किया और यहाँ के मूल निवासियों को अपने अधीन कर लिया? जहाँ तक ऋग्वेद का संबंध है उसमें रंचमात्र भी भारत पर बाहर से आक्रमण का संकेत नहीं है। श्री पी. टी. श्रीनिवास आयंगर कहते हैं।

"मंत्रों की सावधानी पूर्वक की गई मीसांसा से, जहाँ-जहाँ आर्य, दास और दस्युओं का संदर्भ मिलता है, पता चलता है कि वह पूजा-पद्धति का संघर्ष है, प्रजाति का नहीं। ये शब्द अधिकांशतः ऋग्वेद संहिता में आते हैं।" 1,53,972 शब्दों में इनकी आवृत्ति 33 बार हुई है। इतना अल्प प्रसंग इस बात का प्रमाण है कि आर्य कबीला आक्रांता नहीं था, जिसने विजय के बाद स्थानीय लोगों को भगा दिया हो, क्योंकि विजेता जाति अपनी विजयों का बार-बार जिक्र करती है।

जहाँ तक वैदिक साहित्य का प्रश्न है उससे पता नहीं चलता कि आर्य बाहर से आए। इस संदर्भ में ऋग्वेद के मंत्र 75 में सात नदियों का प्रसंग महत्त्वपूर्ण है। प्रोफेसर बी. एम. त्रिवेदी के अनुसार 'नदियों का संबोधन' मेरी गंगा, मेरी जमुना और मेरी सरस्वती कह कर किया गया है। कोई भी विदेशी ऐसा संबोधन क्यों करेगा? ऐसा संबोधन वही कर सकता है, जिसका इनसे निकट का भावात्मक संबंध हो।

जय-पराजय के प्रश्न का उत्तर वेदों में सुलभ है। दास और दस्यु आर्यों के शत्रु के रूप में वर्णित हैं। इसके वध और उन्मूलन के लिए अनेक बार वैदिक ऋषियों ने देवों का आह्वान किया है। लेकिन आर्यों की विजय के विषय में कोई फैसला करने से पहले निम्नलिखित बातों पर विचार करना जरूरी है—

पहले ऋग्देव में आर्यों और दास तथा दस्युओं में युद्ध के प्रसंगों की कोई विशेष कथा नहीं मिलती। केवल छोटी-छोटी झड़पों का उल्लेख मिलता है। यह जय-पराजय का प्रमाण नहीं हो सकता। ऋग्वेद में 33 स्थानों पर इस शब्द का उल्लेख है। केवल आठ में उन्हें दासों का विरोधी कहा गया है। सात स्थानों पर दस्युओं के विरुद्ध हैं। कहीं-कहीं दोनों के बीच संघर्ष का उल्लेख है। जय-पराजय का प्रमाण नहीं मिलता।

दूसरे दासों, दस्युओं और आर्यों में भले ही संघर्ष की स्थिति रही हो; दोनों में शांति बनाए रखने के लिए सम्मानजनक समझौते हुए हैं। ऋग्वेद के मंत्र 6-33-3; 7-83-1; 8-51-9; 10-102-3 में स्पष्टतः कहा गया है कि आर्य और दास एवं दस्युओं ने संयुक्त रूप से शत्रु से युद्ध किया।

तीसरे, आर्य और दास एवं दस्युओ में जो भी विरोध रहा है, उनमें जातिगत विरोध नहीं रहा। ऋग्वेद के अनुसार संघर्ष जातीय नहीं, धार्मिक आधार पर था। त्रैवेद में इसका प्रमाण है। ऋग्वेद में दस्युओं के बारे में बताया गया है—वे I-51.8.9; I-132.4; 4-41.2; 6-14.3 के

अपव्रत (ऋग्वेद 5-42.2) अन्यव्रत के विभिन्न मंत्र, ऋग्वेद 8-59-1.1. और 10-22.8 में अनग्नित्र (ऋग्वेद 5-189.3) अयजु अयजवान ऋग्वेद I-131-44, 1-33.4, और 8-59.11 में अब्रम्भ, ब्राह्मण पुरोहित विहीन 5-15.9 और 10-105.8 अनऋचा ऋग्वेद 10-105.8 ब्राह्मण द्वेषी, ऋग्वेद 42.9 तथा अनिन्द्र ऋग्वेद 1-133; 5-2.3; 7-18.6; 10.27.6 और 10-48.7 बताया गया है।

ऋग्वेद के मंत्र 10-22.8 में कहा गया है—"हम दस्यु जातियों के बीच रहते हैं। न तो यज्ञ करती हैं और न किसी की पूजा। उनके संस्कार अनुष्ठान भी अलग है। अतः वे मनुष्य कहलाने योग्य नहीं हैं। हे शत्रु हंता! इन दासों का विनाश करो।"

इस विवेचन से ऋग्वेद के अनुसार इस विचार का खंडन होता है कि आर्य बाहर से आए और उन्होंने यहाँ के मूल निवासियों दास-दस्युओं को जीता।

IV

यह तो हुई आर्यों के बाहर से आने, दास-दस्युओं को जीतने की बात। अब तक इस पर आर्य दृष्टिकोण से विचार किया गया है। आइए अब इस पर विचार करें कि क्या दास और दस्युओं के नाम का प्रयोग जातिसूचक है। जो इसका समर्थन करते हैं वे इस का प्रमाण देते हैं—

जो लोग दासों और दस्युओं से जातीय संघर्ष मानते हैं वे निम्नांकित प्रश्नों का उत्तर दें—

1. ऋग्वेद में प्रयुक्त मृध्रावक और अनास को दस्युओं के लक्ष्य गुण के समान बताया गया है।
2. ऋग्वेद में दास कृष्ण वर्ण कहे गए हैं।

ऋग्वेद में मृध्रावक शब्द का I-114.2; 5-32.8; 7-6.3 तथा 7-18.3 में प्रयोग किया गया है।

ऋग्वेद में मृध्रावक से आशय है वह व्यक्ति जो गँवार है और अपरिष्कृत भाषा का प्रयोग करता है। क्या भाषा का गँवारू पन या अपरिष्कृत होना जाति भिन्नता का साक्ष्य माना जा सकता है? इसे साक्ष्य के रूप में ग्रहण करना विवेकशीलता नहीं है।

ऋग्वेद 5-29.10 में अनास का अर्थ क्या है? इसकी दो व्याख्याएँ मिलती हैं। प्रो. मैक्समुलर के अनुसार अनास का अर्थ बिना नाकवाला या चपटी नाक वाला है। सायणाचार्य इसका अर्थ बिना मुँह वाला, अर्थात् कटुभाषी बताता है; अर्थात् देव वचनों से वंचित। सायणाचार्य ने इस शब्द को अन असा पढ़ा है, मैक्समुलर के अन्नासा अर्थात् बिना नासिका वाला। इनमें शुद्ध क्या है? उनका विचार विसंगत मालूम होता है। इसके पक्ष में दो बातें प्रमुख है—एक तो यह कि शब्द के अर्थ का अनर्थ नहीं किया गया। और दूसरा यह कि दस्युओं को कहीं भी बिना मुँह या बिना नाक वाला नहीं बताया गया। उन्हें मृध्रावक का पर्याय माना जाना चाहिए। अस्तु ऐसा कोई प्रमाण उपलब्ध नहीं है जो इस विचार की पुष्टि करें कि दस्यु एक अलग जाति थी।

अब दासों को लें। यह सच है कि ऋग्वेद 6-47.21 में दासों को कृष्णांग बताया गया है। फिर भी इस विचार को स्वीकार करने से पहले निम्नांकित बातों पर विचार करत जरूरी है—

1. ऋग्वेद में दासों के लिए केवल एक बार कृष्ण योनि शूद्र का प्रयोग किया गया।
2. यह स्पष्ट नहीं है कि क्या यह शब्द लाक्षागेक रूप से प्रयोग किया गया है या शाब्दिक अर्थ में।
3. हमें यह पता नहीं है कि क्या यह यथार्थ है या घृणा का प्रतीक।

जब तक इन प्रश्नों का समुचित उत्तर न मिले, यह विचार स्वीकार करना संभव नहीं कि दासों को कृष्ण योनि का कहा जाने मात्र से उन्हें काले रंग की जाति का माना जाए।

देखिए ऋग्वेद के निम्नांकित मंत्र—

1. ऋग्वेद 6.22.10—हे वजि तुमने दासों को आर्य बनाया है, अपनी शक्ति से बुरे को अच्छा बनाया है। हमें भी यही शक्ति दो जिससे हम शत्रुओं पर विजय पा सके।
2. ऋग्वेद 10.49.3—इन्द्र कहते हैं—मैंने दस्युओं को आर्य संबोधन से वंचित कर दिया है।
3. ऋग्वेद 1-15.108—हे इन्द्र यह मालूम करो कि आर्य कौन हैं और दस्यु कौन? इनको अलग करो।

इन मंत्रों से क्या पता चलता है? उनसे यह स्थापित होता है कि आर्यों और दासो तथा दस्युओं के बीच अंतर न तो प्रजातीय था और न ही शारीरिक बनावट का। इसीलिए दास और दस्यु आर्य कहे जा सकते हैं। अतः इन्द्र से कहा गया कि उन्हें आर्यों से अलग किया जाए।

V

पश्चिमी लेखकों द्वारा आर्य जाति के विषय में प्रतिपादित सिद्धांत का आधार निर्मूल है। यह आश्चर्य की बात है क्योंकि पश्चिमी विद्वानों के निष्कर्ष आमतौर पर गहन गवेषणा और विश्लेषण पर आधारित होते है। इस सिद्धांत पर वे क्यों विफल रहे? यह जानना महत्त्वपूर्ण है कि वे क्यों असफल रहे। ध्यान से निरूपण करने पर पता चलता है कि वे दुहरी भ्रांतियों से ग्रसित हैं। पहली बात तो यह है कि वे खुशफहमियों और उन पर आधारित अटकलों से ग्रस्त रहे। दूसरी बात यह है कि यह सिद्धांत वैज्ञानिक अनुसंधानों के प्रतिकल हो गए। इस कारण तथ्य प्रकट न हो सके। इसके विपरीत उन्होंने इसे सिद्ध करने के लिए पूर्वनिर्णित और चुनिंदा सिद्धांत अपनाए।

आर्य जाति का सिद्धांत अनुमान के सिवाय कुछ नहीं है। यह डॉ. बोप के दार्शनिक विचारों पर आधारित है जो उन्होंने सन् 1835 में प्रकाशित अपनी युगांतकारी किताब 'कम्पेरेटिव ग्रामर' में प्रकट किए हैं। इस किताब में डॉ. बोप ने लिखा है कि यूरोप की अधिकांश और एशिया की कुछ भाषाओं से पता चलता है कि उनके पूर्वज एक ही थे। जिन भाषाओं की और डॉ. बोप ने संकेत किया है वे भारत-जर्मन भाषाएँ कहलाती हैं। इन्हें समुच्चय रूप से आर्य भाषा कहा

गया है क्योंकि वैदिक भाषा आर्यों का उल्लेख करती है और वह भारत जर्मन भाषा परिवार से संबद्ध है। यही मुख्य सिद्धांत आर्य जाति पर लागू है।

इसके दो अनुमान हैं (1) जातियों की एकता और (2) यह प्रजाति आर्य जाति है। तर्क यह है कि यदि भाषाओं का उदगम समान अनुवांशिक बोलियाँ हैं तो ऐसी जाति मौजूद रही होगी जिसकी वह मातृभाषा रही हो और वह आर्य जाति की आर्य बोली रही होगी। इस तरह अलग आर्य जाति का अस्तित्व मात्र अनुमान है। इस अनुमान से एक और अनुमान का उदय होता है जिससे समान मूल स्थान का सिद्धांत प्रतिपादित हुआ। एक तर्क दिया जाता है कि ऐसा कोई भाषा समूह नहीं हो सकता जब तक कि उस भाषा समूह के लोगों का समान आवास और संसर्ग न रहा हो। इस तरह समान आवास के सिद्धांत का अनुमान एक अन्य अनुमान पर आधारित है।

आर्यों के आक्रमण का सिद्धांत एक नया अनुसंधान है। इस की खोज की जरूरत है। पश्चिमी विद्वानों के इस कथन को सिद्ध करनी पड़ी कि 'इंडो-जर्मन' ही वर्तमान मूल आर्यों के मूल प्रतिनिधि हैं। इनका मूल स्थान यूरोप बताया गया है। यहाँ प्रश्न उठता है कि आर्य भाषा भारत में कैसे पहुँची और इसका उत्तर यही होगा कि आर्य बाहर से आए। इस तरह आक्रमण का सिद्धांत प्रतिपादित हुआ।

तीसरी कल्पना एक और भी है कि आर्य एक श्रेष्ठ जाति थी। इस विचार का आधार यह विश्वास है कि आर्य यूरोपीय जाति के थे और यूरोपीय होने के नाते वे एशियाई जातियों से श्रेष्ठ हैं। श्रेष्ठता की इस परिकल्पना को यथार्थ सिद्ध करने के लिए भी इस कहानी के गढ़ने की जरूरत पड़ी कि यह सोच कर आक्रमण की बात कहने के सिवाए और तरीका नहीं है। इसलिए पश्चिमी लेखकों ने यह कहानी रची कि आर्यों ने आक्रमण करके दासों और दस्युओं को पराजित किया।

चौथा तर्क यह है कि गौर वर्ण होने के कारण यूरोपीय जातियाँ एशियाई जातियों से घृणा करती हैं क्योंकि वे श्याम वर्ण होती हैं, आर्यों को यूरोपीय मान लेने से उनके रंगभेद की नीति में विश्वास जरूरी हो जाता है और उसका साक्ष्य वे चातुर्वर्णीय व्यवस्था से खोजते हैं। पाश्चात्य विद्वानों के अनुसार वर्ण-व्यवस्था रंगभेद का पर्याय है।

इन परिकल्पनाओं में कोई भी तथ्यों पर आधारित नहीं है। आर्य जाति के मूल को ही लें। इस सिद्धांत में यह बात ध्यान में नहीं रखी गई है कि शारीरिक बनावट एक बात है और तथ्य अलग हैं। यह संभव है कि यदि कोई जाति शारीरिक बनावट में अलग है तो भी उसका कोई मूल स्थान रहा होगा। वह भाषायी दृष्टि से किसी अन्य स्थान की भी हो सकती है। आर्य जाति के मूल का सिद्धांत समान भाषा पर आधारित और यह मान लिया गया है कि उसकी बनावट भी समान होगी। यह दावा कि आर्य बाहर से आए और भारत पर आक्रमण किया और यह कल्पना कि दास या दस्यु भारत के मूल निवासी थे एकदम गलत है।

फिर यह कहना कि चातुर्वर्णीय व्यवस्था आर्यों की रंगभेद की नीति पर आधारित है यथार्थ से बहुत दूर है। यदि जातीय भेदभाव का आधार रंग ही है तो चारों वर्णों के चार ही रंग होने

चाहिए थे जो चातुर्वर्ण्य में शामिल हों। किसी ने नहीं बताया कि वे चार रंग कौन-से हैं और वे चार जातियाँ कौन-सी हैं। यह सिद्धांत आर्य और दासों की कल्पना पर आधारित है। पहले को श्वेत और दूसरे को कृष्ण मान लिया गया।

आर्य जाति के अभ्युदय के सिद्धांत के प्रतिपादक अपने विचार की पुष्टि में इतने उत्कंठित हैं कि वह यह भी भूल बैठे हैं कि उनकी परिकल्पना में कितनी विसंगतियाँ हैं। ये केवल उत्पत्ति को सिद्ध करना चाहते हैं और इसलिए उन्होंने वेदों से जो कुछ उन्हें अनुकूल लगा सिद्ध साक्ष्य के रूप में प्रस्तुत किया।

प्रोफेसर माइकल फोस्टर ने कहीं कहा है कि अटकलें विज्ञान की सहायक हैं। बिना अटकलों के अनुसंधान सफल नहीं हो सकते। साथ ही यह भी सही है कि अब अटकलों का ही वर्चस्व हो जाता है तो यह विज्ञान के लिए घातक होता है। पश्चिमी विद्वानों का आर्य जाति का सिद्धांत एक दृष्टांत है कि किस प्रकार अटकलों ने विज्ञान को विषाक्त बना दिया है।

आर्य जाति की उत्पत्ति का सिद्धांत एक पुरानी भ्रांति है। इसका अंत बहुत पहले हो जाना चाहिए था। लेकिन इसके विपरीत इसका जनसाधारण पर प्रभाव दृढ़ हुआ है। इसके दो कारण रहे हैं—

पहला ब्राह्मण विद्वानों के सिद्धांत का समर्थन। यह बहुत आश्चर्यजनक है। हिन्दू होने के नाते उन्हें पाश्चात्य विद्वानों के इस विचार को अमान्य करना था कि यूरोपीय जाति होने के कारण वे एशियाई जातियों से श्रेष्ठ बताई गई हैं। किंतु ब्राह्मण इसका तिरस्कार करने के बजाय इसका समर्थन करते हैं। इसका एक सरल-सा कारण है कि ब्राह्मण दो राष्ट्र के सिद्धांत में विश्वास रखता है। वह खुद को आर्यों का प्रतिनिधि मानता है और बाकी हिंदुओं को अनार्य जातियों की संतान कहने से इस सिद्धांत से उसके उत्तम होने के अहम की पूर्ति होती है। वह आर्यों के बाहर से आने तथा अनार्य जातियों को विजित करने के सिद्धांत का समर्थन इसलिए करता है कि इससे उसे गैर-ब्राह्मणों पर अपना प्रभुत्व बनाए रखने का औचित्य ठहराने में सहायता मिलती है।

दूसरे पाश्चात्य विद्वानों के 'वर्ण' का अर्थ 'रंग' अधिकार ब्राह्मण विद्वानों ने स्वीकार कर लिया है। वास्तव में आर्य सिद्धांत का मूल आधार यही है। जब तक वर्ण की यह व्याख्या मानी जाती रहेगी आर्य सिद्धांत जीवित रहेगा। अतः आर्य सिद्धांत के यह अंश महत्त्वपूर्ण हैं और उनका सूक्ष्म विश्लेषण जरूरी है। यह तीन प्रकार के हो सकते हैं—

(अ) क्या यूरोपीय जातियाँ गोरी थीं या काली,

(ब) क्या भारतीय आर्य गोरे थे?

(स) वर्ण—शूद्र का वास्तविक अर्थ क्या है?

प्राचीनतम यूरोपियनों के रंग के बारे में प्रोफेसर रिप्ले निश्चित रूप से कहते हैं कि वे काले थे। अब तक के अनुसंधान और विविध तथ्यों के निरूपण से यूरोपीय केवल लम्बोतर सिर वाले ही नहीं थे बल्कि वे काले रंग के भी थे। हमने दक्षिणी फ्रांस में प्रागैतिहासिक जाति क्रो

मगनोन का अस्तित्व सिद्ध किया है, जिनके बाल काले और आँखें आकर्षक है और हमने पाया है कि इन कृषकों में काले बाल और आँखें बड़ी-बड़ी हैं और ब्रिटिश आइल्स और स्काटलैंड के ताम्रवर्णी लोगों से समानता की है जो ब्रिटेन की प्रागैतिहासिक जातियाँ हैं। इतना ही नहीं, 'गरफागनाओं' से भी समानता है। जहाँ उत्तरी इटली की प्राचीन 'लिगूरियन' जाति के वंशज मिलते हैं ये मानव सामान्यतः काले हैं। अतः सामान्य सिद्धांतों और स्थानीय विवरण के संदर्भ में से यह स्पष्ट है कि यूरोप की पूर्ववर्ती जातियाँ निश्चय ही अश्वेत थीं और ये मेडिटेरियन थी न कि स्केंडीनेवियाई।

अब वेदों पर आते हैं। संभव है कोई ऐसा उदाहरण मिल जाए जो आर्यों की रंगभेद की नीति का संकेत दे।

ऋऋग्वेद (1-117.8) में प्रसंग है कि आश्विन ने श्याथा और रूसति से विवाह किया। श्याथा काली थीं और रूसति गोरी।

ऋग्वेद (1-117.5) में आश्विन की स्तुति कुंदनवर्णा वंदना के उद्धार के लिए की गई।

ऋग्वेद (9-3.9) में एक आर्य ने पिशांक रक्ताभ ताम्रवर्ण वाले गुणी पुत्र के लिए देवताओं की आराधना की।

इन उदाहरणों से यह सिद्ध होता है कि आर्य वर्ण भेद के समर्थक नहीं थे। वे ऐसा क्यों करते? उनकी अनेक जातियाँ थीं। जिनका रंग अलग-अलग था, जैसे ताम्रवर्ण, श्वेतांग, श्यामल आदि। दशरथ के पुत्र राम और यदु के वंशज कृष्ण को श्याम वर्ण दिखाया जाता है। वे आर्य थे। ऋग्वेद के अनेक मंत्रों के सृष्टा ऋषि दीर्घात्तमा थे। वे श्याम के थे। ऋग्वेद के मंत्र 10.31.11 के अनुसार महान् ऋषि कण्व भी श्याम वर्ण के ही थे।

अब अंतिम पहलू वर्ण शब्द के अर्थ को लेते हैं। सबसे पहले हम यह देखेंगे कि ऋग्वेद में इसका प्रयोग किस अर्थ में किया गया है। ऋग्वेद में 'वर्ण' शब्द 22 बार आया है। इस का प्रयोग ऊषा, अग्नि, सोम आदि आराध्यों के रूप, स्वरूप या रंग के अर्थों में 17 बार किया गया है। देव आराध्यों के लिए प्रयुक्त होने के कारण यह अनुमान लगाना श्रेयस्कर नहीं होगा कि वर्ण शब्द को ऋग्वेद में मानवों के लिए कब प्रयुक्त किया गया। ऋग्वेद में चार पाँच बार इसका प्रयोग प्राणियों के लिए किया गया है। देखिए ये मंत्र है—

(1) 1-104.2

(2) 1-179.6

(3) 7-12.4

(4) 3-34.5

(5) 9-76.2

इससे यह प्रकट नहीं होता कि शारीरिक रंग के लिए ऋग्वेद में वर्ण शब्द का प्रयोग किया गया है या नहीं।

ऋग्वेद के मंत्र (3-34.5) से संदेह उत्पन्न होता है। इसकी व्याख्या विन्यास शुक्ल वर्ण का वृद्धि श्लेष अलंकार है। एक अर्थ तो यह है कि इन्द्र ने ऊषा को अपने प्रकाश से शुक्ल रंग की वृद्धि अर्थात् प्रकाश की वृद्धि के लिए आदेश दिया और दूसरा अर्थ यह होता है कि शुक्लांगों की संख्या में वृद्धि।

ऋग्वेद के मंत्र 9-71.2 की व्याख्या भी 'असुर वर्ष निकंदन' अपने आप में स्पष्ट नहीं है। यह सुक्त सोम-पावनम से संबंधित है। यह बात ध्यान में रखनी होगी कि सोम असुर वर्ण निकंदन के रूप में वर्णित है। यहाँ 'वर्ण' का अर्थ रूप है। पद का दूसरा भाग कहता है "उसने अपने श्यामल या काले आवरण को उतार फेंका और आकर्षक आवरण को धारण किया।" यहाँ 'वर्ण' का अर्थ काला रंग होता है।

ऋग्वेद का मंत्र (1-179.6) बहुत ही सहायक है। इसके अनुसार ऋषि अगस्त्य ने प्रजा, संतति और बल प्राप्त करने के लिए लोभमुद्रा से सहवास किया और उससे दो वर्ण उत्पन्न हुए। हालाँकि इस पद से यह स्पष्ट नहीं हो पाया कि वे दो वर्ण कौन थे, फिर भी यह कहा जा सकता है कि दो वर्ण से अर्थ आर्यों और दासों से है। यदि ऐसा ही मान लिया जाए तो निःसंदेह 'वर्ण' का अर्थ 'वर्ण' होता है न कि शरीर का रंग।

ऋग्वेद के मंत्र 1-104.2 और 2-12.4 में दासों के लिए 'वर्ण' शब्द का प्रयोग किया गया। प्रश्न यह है कि दासों के संदर्भ में प्रयुक्त शब्द वर्ण का अर्थ क्या है? क्या इसका यह अर्थ लिया जाए कि दास श्याम रंग के थे या उनका अपना अलग वर्ण था? दोनों में कौन-सा 'अर्थ' सही है यह पता नहीं चलता। अतः किसी निश्चय पर नहीं पहुँचा जा सकता।

ऋग्वेद का साक्ष्य अधूरा है। इस संबंध में भारतीय ईरानी साहित्य में वर्ण शब्द की गवेषणा सहायक सिद्ध हो सकती है। यदि हाँ तो किस रूप में?

सौभाग्यवश 'जैंड अवेस्ता' में यह शब्द वरण या वरेणा के रूप में उपलब्ध है। इसका शाब्दिक अर्थ धार्मिक सिद्धांत और संप्रदाय का विश्वास या आस्था है। इस शब्द की उत्पत्ति 'वर' से हुई है और 'वर' का सामान्य अर्थ धार्मिक आस्था विश्वास और विचार है। 'वर' या 'वरे' शब्द का प्रयोग गाथाओं में इसी अर्थ में 6 बार आया है।

इसका उल्लेख गाथा अहुनावैति-यासना हा 30 पद 2 में हुआ है। इसका अनुवाद इस प्रकार है—

"एकाग्रचित्त होकर उस सही को सुनो जिसे मैं उद्घाटित करता हूँ। अपनी कुशाग्र बुद्धि से मनन करो। हर व्यक्ति को अपने विश्वास को दृढ़ करना चाहिए। महाकाल के पहले हर व्यक्ति को उस रूप के प्रति सजग होना चाहिए जो हमने बताया है।"

इस गाथा का यह अत्यंत प्रसिद्ध उपदेश है जिसमें जराथुश्ट्रा ने हर व्यक्ति को उद्बोधित किया है कि हर व्यक्ति को अपनी बुद्धि के बल पर अपनी आस्था निर्धारित करने के लिए स्वतंत्र चिंतन करना चाहिए। इसमें अवरेनाओं शब्द का अर्थ है आस्था और प्रयुक्त शब्द विचि थाह्या का अर्थ है वरण से पहले विवेचना।

इसका उल्लेख गाथा अहुनावैति-यासना हा 31 पद 11 में है। 'वरेनेंग' शब्द 'वरण' का बहुवचन है जिसका अर्थ है आस्था, विश्वास इस पद में जराथुश्ट्रा ने मानव सृष्टि का वर्णन किया है। उसने मानव सृष्टि के उल्लेख के बाद अंतिम पंक्ति में कहा है (मानव को) स्वैच्छिक विश्वास दिया गया है।

इसका उल्लेख गाथा उद्यटावैति-यासना हा 45 पद एक में वरण के संबंध में है। उपदेश की अंतिम पंक्ति में जराथुश्ट्रा ने कहा है दुरास्था शैतान की जबान है।

इसका उल्लेख गाथा उद्यटावैति-यासना हा 45 पद दो में है। उपरोक्त की भाँति 'वरण' का अर्थ विश्वास, धर्म और आस्था आदि है। जराथुश्ट्रा ने पाप-पुण्य के विश्लेषण की दार्शनिक व्याख्या की है। उन्होंने मानव के द्विभावों को दर्शाया है। इस पद में मन की पुण्य वृत्ति और पाप वृत्ति का उल्लेख किया है। हर के विषय में कहा गया है न मनसा, न वाचा और न बौद्धिक विश्वास, न कथन, न कार्य-चेतना और न ही आत्मा से हम सहमत होते हैं।

इसका उल्लेख गाथा स्पेंता मैन्यू-यासना हा 48 पद 4 में है, वरेनेग का अर्थ है धर्म, आस्था। इस पद में जराथुश्ट्र कहते हैं, जो अपने मन को निर्मल और पवित्र बना लेता है और भावों को कार्य व्यवहारों से शुद्ध रखता है उस व्यक्ति की कामनाएँ अपनी आस्था के अनुरूप होती हैं।

इसका उल्लेख गाथा स्पेंता मैन्यू-यासना हा 49 पद 3 पर है। वरणेयी को संप्रदान कारक में प्रयुक्त किया गया है जिसका अर्थ धर्म है। इसी पद में 'थेसई' शब्द आया है इसका अर्थ भी धर्म संप्रदाय और धर्म संहिता है। ये दोनों शब्द एक ही पद में हैं और हमारे तर्क की पुष्टि करते हैं। जैसा कि थेसा जिसका अर्थ धर्म है अहुरकेसा का अर्थ भी धर्म है। थेसा का पहलवी अनुवाद किया है जिसका तात्पर्य धर्म है।

वेंदीदाद अवेस्ता भाषा में जरस्थु धर्म ग्रथ में 'अन्यो वरण' आता है। यहाँ 'अन्यो' का अर्थ है अन्य, 'वरण' का अर्थ है धर्म। इस प्रकार 'अन्यो वरण' शब्द का अर्थ है अन्य धर्म की अनुयायी। वेंदीदाद में भी एक शब्द है अन्यो थेसा इसका अर्थ भी अन्य धर्मानुयायी है।

गाथा से उत्पन्न क्रिया के कई रूप देखने को मिलते हैं जैसे अहुनावैति गाथा-यासना हा 31 पद 31—जरस्थु कहते हैं या ज्यातो विसपेंग वायुराया शब्द का अर्थ है मैं सभी प्राणियों का खुदा में अकीदा (विश्वास) पैदा करता हूँ। यासना हा 28 पद 5 में एक शब्द आता है बोरोइमेदी 'हम यकीन लाएँ'। हमें गाथा बहिश्त तैश्त्रिस्त यासना हा 53 पद 9 में एक शब्द मिलता है दुज वरेणेइस। यह रोचक बहुवचन है, उपसर्ग दुज का अर्थ है अधर्म या दुष्टमापूर्ण धर्म का अनुयायी।

जरस्थु धर्म में यासना 12 में सही की स्वीकारोक्ति में एक शब्द आता है 'फ्रावरण' इसका अर्थ है मैं भाजदायासनो जरस्थुरिस्त (माजदा) इबादत या जरस्थु धर्म में स्वीकारोक्ति। यासना 12 में 'या' वरण है। यहाँ 'या' संबंध कारक है जिसका अर्थ है आस्था, धर्म 1 'या वरण' यासना 12 में नौ बार आया है और इसका स्पष्ट अर्थ धर्म और आस्था है। फिर 'वरण' शब्द का कैशा के साथ प्रयोग धर्म का अर्थ देता है।

यासना 16 में जरस्थु शब्द है 'वरणमचा क्षेमचा याजमेदे' इससे जरस्थु की पूजा का रोकच उल्लेख है। इस शब्दावली से स्पष्ट आभास मिलता है कि इसका अर्थ जरस्थु धर्म और उसमें आस्था है। उपरोक्त का अनुवाद है हम जरस्थु आस्था और धर्म की उपासना करते हैं।

जेंदअवस्था का यह प्रमाण वर्ण शब्द के विषय में कोई संदेह नहीं छोड़ता कि मूल रूप से इसका तात्पर्य आस्था में है और इसका रंग या रूप से कोई रिश्ता नहीं है।

निष्कर्ष यह है कि पश्चिमी सिद्धांत की समीक्षा की जाए तो ऐसा प्रकट होता है—

1. वेदों में आर्य जाति का कोई संकेत नहीं है।
2. भारत पर आर्य प्रजाति के आक्रमण का वेदों में कोई साक्ष्य नहीं मिलता कि आर्यों ने भारत के आदिम निवासी समझे जाने वाले दास या दस्युओं को पराजित किया।
3. कोई ऐसा प्रमाण नहीं मिलता कि आर्यों, दासों या दस्युओं में प्रजातीय भेद है।
4. वेदों से यह प्रमाणित नहीं होता कि आर्यों और दास या दस्युओं के रंग में कोई अंतर।

5. आर्यों के विरूद्ध आर्य

इस बात पर काफी विचार कर चुके हैं कि किस प्रकार पश्चिमी विद्वानों द्वारा आर्य जाति के संबंध में प्रतिपादित सिद्धांत कितने बेबुनियादी हैं और ब्राह्मणों ने उनको सहर्ष स्वीकार कर लिया। फिर भी इस सिद्धांत का लोगों पर इतना गहरा प्रभाव है कि इसके विरोध में कुछ भी कहना उन्हें पसंद नहीं होगा। उन्हें समूल नष्ट कर देना चाहिए। इस स्थिति में पाश्चात्य सिद्धांत के खोखलेपन का विश्लेषण जरूरी है।

आर्यों के बाहर से आने और दास-दस्यु जातियों को पराजित करने के सिद्धांत का समर्थन करने वाले ऋग्वेद के निम्नांकित मंत्रों को अनदेखा करते हैं। इन मंत्रों का निर्णायक महत्त्व है। आर्यों के भारत में बाहर से आने और स्थानीय निवासियों को पराजित करने के सिद्धांत को इन मंत्रों के संदर्भ के बिना स्वीकार करना अनुचित होगा। मैं इन मंत्रों को प्रस्तुत करता हूँ।

1. ऋग्वेद (5-33.3)—"हे इन्द्र तूने हमारे दोनों विरोधियों दासों और आर्यों को मार डाला"
2. ऋग्वेद (6-60.3)—"धर्म और न्याय के रक्षक इन्द्र और अग्नि हमें दुःख पहुँचाने वाले दासों और दस्युओं का दमन करें।"
3. ऋग्वेद (7-81.1)—"इन्द्र और वरूण ने सुदास के शत्रु दास और आर्यों का हनन किया और सुदास की रक्षा की।"

4. ऋग्वेद (8-24.27)—"हे इन्द्र, तुमने राक्षसों और सिंधु के तटवर्ती क्षेत्रों में निवास करने वाले आर्यों से हमारी रक्षा की है, अब तुम दासों को भी शस्त्रहीन बनाओ।"
5. ऋग्वेद (10-38.3)—"हे परम उपासनीय इन्द्र, दास और आर्य विधर्मी हैं और हमारे शत्रु हैं। उनका दमन करने के लिए हमें अपना आर्शीवाद दो। तुम्हारी सहायता से हम उन्हें मार डालेंगे।"
6. ऋग्वेद (10-86.19)—"हे मामयु, अपने आराधकों को शक्ति दो। तुम्हारी सहायता से हम अपने शत्रु आर्यों और दासों का विनाश करेंगे।"

इन मंत्रों को पढ़ कर ठंडे दिमाग से सोचने पर पाश्चात्य सिद्धांत की वास्तविकता प्रकट की जाएगी। यदि इन मंत्रों के रचियता आर्य थे तो इन मंत्रों के साक्ष्य पाश्चात्य मन को आधारहीन बनाते हैं। साथ ही यह स्पष्ट होता है कि आर्यों की दो जन श्रेणियाँ जो अलग-अलग थीं तथा एक-दूसरे से विद्वेष रखती थीं। दो आर्य जातियों के अस्तित्व की बात कपोल कल्पित नहीं है, यथार्थ है। इसके पक्ष में अनेक साक्ष्य भी उपलब्ध है।

II

पहला साक्ष्य तो विभिन्त्र वेदों के पवित्र स्वरूप की मान्यता के बारे में भेदभाव का होना है। वेदों के विद्वान् जानते हैं कि वेद केवल दो हैं ऋग्वेद और अथर्ववेद। सामवेद और यजुर्वेद तो ऋग्वेद के विभिन्न स्वरूप मात्र हैं। यह सर्वविदित है कि दीर्घकाल तक ब्राह्मण अथर्ववेद को ऋग्वेद के समान पवित्र नहीं मानते थे। ऐसा भेदभाव क्यों था? ऋग्वेद को पवित्र और अथर्ववेद को अपवित्र क्यों माना गया? मैं इसका यह उत्तर देना चाहता हूँ कि दोनों वेद आर्यों की दो अलग-अलग जातियों द्वारा रचे गए थे। कालांतर में जब दोनों जातियाँ मिल कर एक हो गई तो अथर्ववेद को ऋग्वेद के समान पवित्र मान लिया गया।

इसके अलावा सभी ब्राह्मण साहित्य में विविध विचार-धाराओं में दो अलग आर्य जातियों के अस्तित्व के संदर्भ में पर्याप्त साक्ष्य उपलबध हैं। सृष्टि सृजन की भिन्नता दो अलग वर्णों या जातियों की ओर संकेत करती है। इनमें से एक का वर्णन अध्याय-दो में किया जा चुका है। केवल दूसरी विचार-धारा का वर्णन बचा है। इसके लिए हम वेदों से प्रारंभ करते हैं—

तैतिरीय संहिता के श्लोक 6-5.6.1 में निम्नांकित वर्णन हैं—

"पुत्रों की कामना से अदिति ने देवों और साध्यों के लिए ब्राह्मोदन आहुति तैयार की। उन्होंने उसका कव्य उसको (अदिति को) दिया, जिसे उसने खाया। उसे गर्भाधान हुआ और चार आदित्य ने जन्म लिया। उस ने दूसरी ब्राह्मोदन आइति तैयार की और सोचा कि जूठन से मरे चार पुत्र पैदा हुए हैं और यदि मैं इसे पहले ही खा लूँ तो अत्यंत प्रतिभावान पुत्र पैदा होंगे। ऐसा सोच कर उसने आहुति का पहले ही भक्षण कर लिया। उसे गर्भाधान हुआ और उसने एक अपूर्ण अंडे को जन्म दिया। उससे उसने आदित्यों के लिए तीसरा नैवेद्य तैयार किया। जिससे आदित्य

वैवस्वत का प्रादुर्भाव हुआ। यही संतति है अर्थात् मानव जो यज्ञ करता है संपन्न होता है और देवों का प्रिय पात्र बनता है।"

अब ब्राह्मण ग्रंथों की सृजन कथाओं को देखें—

1. शतपथ ब्राह्मण 8.1.1—"क्योंकि लोग प्रातः ही अपने हाथ धोते हैं इसलिए मनु के हाथ धोने को वे प्रातः काल पानी लाए। जब वे हाथ धो रहे थे तो उनकी अंजलि में एक मछली आ गई। वह उनसे बोली, 'मेरी रक्षा करो। मैं तुम्हें बचा सकती हूँ।' मनु ने पूछा, 'तुम कैसे बचाओगी' मछली ने उत्तर दिया, 'एक जल-प्रलय से पूरी सृष्टि आप्लावित होगी इससे मैं तुम्हें बचाऊँगी।' मनु ने पूछा, 'तुम कैसे बच सकती हो?' मछली बोली, 'जब तक मैं छोटी हूँ मुझे घड़े में रखो। मैं बहुत त्रस्त हूँ क्योंकि बड़ी मछली छोटी को खा जाती है। जब मैं घड़े में रहने योग्य न रहूँ तो किसी पोखर में डाल देना, इसके प्रश्चात मुझे सागर में ले जाना। तब मैं भयमुक्त हो जाऊँगी। तुरंत ही उसका आकार बढ़ गया। उसने कहा कि 'जब जल-प्लावन हो तो तुम नाव में चढ़ कर आना मैं तुम्हें दूर ले जाऊँगी।' इस प्रकार मनु ने मछली को बचा लिया और सागर में ले गए। उसी वर्ष मनु ने एक नाव बना ली। जब जल-प्लावन हुआ तो मनु नाव में सवार हो गए। मछली उनके पास आ गई। उन्होंने नाव का लंगर मछली के सींग में बाँध दिया। इस तरह वे उत्तरी पर्वत की ओर आ गए। मछली ने कहा कि मैं तुम्हें यहाँ ले आई हूँ। नाव का लंगर किसी वृक्ष से बाँध दो। कहीं पानी तुम्हें बहा न ले जाए। तुम पर्वत पर चले जाना और जब पानी उतर जाए तब उससे बाहर आ जाना। इस प्रकार जब सारी सृष्टि नष्ट हो गई तो मनु ही अकेले बचे। अपनी वंश वृद्धि के लिए मनु जलांजलि देते रहे और धार्मिक अनुष्ठान करते रहे। उन्होंने पाक की आहुतियाँ भी दी। उन्होंने मक्खन, शुद्ध घी, छाछ और दही की भी आहुतियाँ दीं। तब एक वर्ष पश्चात् एक नारी उत्पन्न हुई। वह स्निग्ध थी। उसके पैरों में घी चिपका था। उसे 'मित्र' और 'वरूण' मिले उन्होंने उससे पूछा, तुम कौन हो? उसने उत्तर दिया, 'मनु की पुत्री'। 'तू हमारी है।' उन्होंने कहा। उसने कहा, 'नहीं मैं उसी की हूँ जिसने मुझे उत्पन्न किया है।' उन्होंने भी उसे अपनाना चाहा। उसे वचन दिया या नहीं किंतु वह वहाँ से चली गई। तब मनु के पास आई। मनु ने पूछा, 'तुम कौन हो?' वह बोली, 'आपने मुझे घी, दूध और दही की आहुति देकर उत्पन्न किया है। मैं आशीर्वाद का प्रसाद हूँ। मुझे यज्ञ में होम कर दो। यदि तुम मुझे यज्ञ में होम करोगे तो तुम संतति और पशुओं से संपन्न होगे।'

"मेरे माध्यम से तुम जो भी वरदान चाहोगे तुम्हें मिलेगा। तदनुसार उन्होंने उसे होम कर दिया। इसके पश्चात् वह हवनकुंड से अंतिम रूप में प्रकट हुए। उसके साथ उन्होंने पूजा और धार्मिक अनुष्ठान किए। उन्होंने उसके साथ जो भी वरदान माँगे वे उन्हें प्राप्त हुए। वह इड़ा बनी। इसके उपरांत मनु और इड़ा को संतति प्राप्त हुई। उसके साथ उन्होंने जो वरदान माँगे वे मिले।"

2. शतपथ ब्राह्मण 6.1.2.11—"प्रजापति ने धरा पर जीवों की उत्पत्ति की। उसके लिए तीन औषधियाँ पकाई गई। वह उसने खाई। वह गर्भवान हुआ। उसने ऊर्ध्व वायु से देवताओं

और अधोवायु से प्राणियों को उत्पन्न किया। प्रजापति ने जैसे चाहा रचना की। प्रजापति ने विश्व-रचना की।"

3. शतपथ ब्राह्मण 7.5.2.6—"प्रारंभ में प्रजापति अकेले थे। उन्होंने खाद्यान्न सृष्टि का विचार किया और उसे साकार किया। अपनी श्वास से पशु, आत्मा से मानव, आँखों से अश्व, साँस से बैल, कान से भेड़ और स्वर से बकरी को पैदा किया। क्योंकि उन्होंने पशुओं की सृष्टि अपने श्वास से की, इसलिए इस मानव ने श्वास को पशु कहा। अतः मानव पशु से श्रेष्ठ और पराक्रमी है। आत्मा ही श्वास है क्योंकि सभी श्वास आत्मा पर आधारित है। चूँकि उसने मनुष्य को अपनी आत्मा से रचा, इसलिए कहता है कि मानव भी पशु है। इसलिए सभी मनुष्य हैं।"

4. शतपथ ब्राह्मण 10.1.3.12—"प्रजापति ने जीव रचना की। अपने शरीर के उर्ध्व वायु से देवगण और अधोवायु से प्राणियों की रचना की तदुपरांत संहारक मृत्यु को जन्म दिया।"

5. शतपथ ब्राह्मण 10.4.2.13—"आरंभ में यह ब्रह्मांड पुरूष रूप में मात्र आत्मा थी। उसने ध्यान से देखा तो वह अकेला था। उसने कहा अहं (मैं) इससे उसका नाम हमें (मैं) हो गया। इसीलिए जब कोई व्यक्ति खुद को प्रथम पुरूष में कहता है तो 'अहं' कहता है और उपस्थित होने पर अन्य पुरूष का नाम पुकारता है। उसने असत को भस्म कर दिया। वह पुरूष कहलाता है। अकेले में वह भयाक्रांत था क्योंकि वह जानता था कि मेरे सिवाय कुछ नहीं है। फिर उसके यह सोचने पर कि वह क्यों डरे, भय दूर हुआ। किसी दूसरे से ही कोई डरता है। पर उसे सुख नहीं मिला। उसने सहभागी की कामना की। अपने लिए साथी की कामना की और एतदर्थ उसने खुद को दो भागों में विभाजित किया। परिणाम-स्वरूप पति-पत्नी का जन्म हुआ। दोनों के सहवास से मानव पैदा हुए। पत्नी यह सोच कर कि पुरूष ने पैदा किया है अतः उसके साथ रमण कर गायब हो गई और गाय बन गई। पुरूष बैल बन गया और मैथुन कर गायों को जन्म दिया। स्त्री घोड़ी बनी, पुरूष घोड़ा बना, स्त्री गधी बनी पुरूष गधा बना। इसके मैथुन से फटे खुर वाले पशु पैदा हुए। तदुपरांत स्त्री बकरी बनी, पुरूष बकरा बना। स्त्री भेड़ बनी पुरूष दुम्बा बना। इस प्रकार चींटी से लेकर सभी प्रकार के नर-मादा पैदा हुए।"

6. तैत्तिरीय ब्राह्मण 2.2.9.2—"आरंभ में यह ब्रह्मांड शून्य था। न आकाश था न पृथ्वी, न वायु। इस शून्य ब्रह्मण ने इच्छा की कि मेरा विस्तार हो। उनसे तेज उत्पन्न हुआ। उस तेज से धुआँ प्रकट हुआ। फिर एक तेज उत्पन्न हुआ, उससे प्रकाश निकला। फिर तेज प्रकट हुआ। उस प्रकाश से लौ निकली? पुनः तेज जमा, उससे किरणें उत्पन्न हुई। इसके बाद फिर तेज प्रकट हुआ, उससे लपटें निकली। फिर तेज हुआ और उससे बादल बने। बादल बरस उठे। इससे सागर बना। तभी से मानव समुद्र का जल नहीं पीता, क्योंकि इसे वह प्रजनन का स्थान मानते हैं। इसके उपरांत दास, होत्री उत्पन्न हुए। प्रजापति दास होत्री हैं। वह व्यक्ति सफल मनोरथ होता है जो तप की शक्ति जानता है और उसका अनुशीलन करता है। जब जल द्रवित हुआ तो प्रजापति की आँखों में आँसू आ गए कि मेरे जन्म का प्रयोजन क्या है। उनका जो अश्रु जल में पड़ा वह

धरती बन गया, जिसे उन्होंने पोंछ दिया वह वायु बन गया, जिसे उन्होंने पोंछ कर फेंक दिया वह आकाश बना। जिन परिस्थितियों में उनका अश्रु पात हुआ वह अरोदित कहलाता है। उस क्षेत्र को रोद भी कहा जाता है। जो इसका भेद जानते हैं वे घर में कभी नहीं रोते। यह इन शब्दों की उत्पत्ति है। जो इस संसार के जन्म से अवगत हैं उन्हें कोई सांसारिक दुःख नहीं व्यापता। उन्होंने धरती को आधार बनाया। उन्होंने कामना की—'मेरा विस्तार हो।' उन्होंने तप किया वह गर्भवान हुए। उन्होंने अपने उदर से असुरों को जन्म दिया उन्होंने उन्हें मिट्टी के पात्र में आहार दिया। उन्होंने शरीर धारण किया इससे अंधकार फैल गया। उन्होंने फिर विस्तार की कामना की और तपस्या की। फिर गर्भ ठहरा। उन्होंने योनि से प्रजा को जन्म दिया। उन्हें उन्होंने काठ के पात्र में आहार दिया। उन्होंने यह धारणा की तो चन्द्रमाला प्रकाश हुआ। उन्होंने कामना की कि मेरा विस्तार हो, उन्होंने तप किया कि गर्भ ठहरे। उन्होंने काँख से ऋतुओं को जन्म दिया। उन्होंने रजत पात्र में घी दिया। उन्होंने फिर शरीर धारण किया, इससे काल का जन्म हुआ जिससे दिन और रात बने। उन्होंने कामना की मेरा विस्तार हो, उन्होंने तप किया, कि उन्हें गर्भ ठहरे। उन्होंने अपने मुख से देवताओं को जन्म दिया। उन्होंने उनको स्वर्णपात्र में सोम दिया। उन्होंने शरीर धरा। इस से दिन बना। यह प्रजापति की सृष्टि है। जो यह जानता है वह संतति उत्पन्न करता है। देवत्व हमारे सक्षम है। इस प्रकार जो देवत्व को जानता है वह उसे प्राप्त करता है। शून्य से मानव की रचना हुई। मानव से प्रजापति बने। प्रजापति की वंश वृद्धि हुई। जो मौजूद है। मानस में रहता है। ब्रह्मा ने इसे स्वोवास्य कहा है जो व्यक्ति यह जानता है कि ऊषा और संध्या प्रकाशमान होती हैं, उसका संतिति विस्तार होता है और धन-धान्य से संपन्न हो जाता है। वह परमेष्ठि बन जाता है।"

7. तैत्तिरीय ब्राह्मण 2.3.8.11—"प्रजापति ने इच्छा की, मेरा विस्तार हो।" उन्होंने तपस्या की। वे गर्भवान हो गए। वे पीतांभ-ताम्रवर्णा हो गए। जैसे कि एक गर्ववती स्त्री पीली और ताम्रवर्णा हो जाती है। भ्रूण धारण करने पर वे क्लांत हो गए।

क्लांति के पश्चात् उनमें कालिमा युक्त कत्थई रंग का प्रभुत्व हो गया, जैसा कि क्लांत व्यक्ति हो जाता है। उनकी श्वास तीव्र हो गई। श्वास (असु) से असुर उत्पन्न हुए। इस प्रकार असुरों में आसुरी प्रवृत्ति होती है जो असुरों की इस आसुरी प्रवृत्ति को जानता है वह व्यक्ति श्वास युक्त होता है। श्वास उसका परित्याग नहीं करता। असुरों के सृष्टा होने के कारण वे खुद को पिता मानते हैं। इसके पश्चात् उन्होंने पितरों की रचना की। इसका तात्पर्य है पिताओं के पिता। जो पिताओं के पितृ मर्म जानते हैं वे खुद के पिता बन जाते हैं। पिता उनकी आहूति ग्रहण करते हैं। पिताओं की सृष्टि के बाद उनमें प्रकाश उत्पन्न हुआ। इसके पश्चात् उन्होंने मानस की रचना की। यह मनुष्यों की मानवता है। जो मनुष्य की मानवता को जानते हैं वे बुद्धिमान होते हैं। मानव उनका परित्याग नहीं करता। जब वे मानवों की सृष्टि कर रहे थे तो स्वर्ग में दिन का उदय हुआ। फिर उन्होंने देवों की रचना की। यह देवों का देवत्व हैं जो देवों का देवत्व जानते हैं उनके लिए स्वर्ग में दिवस का उदय हुआ। ये चार धाराएँ हैं, जैसे—देव, मानव, पित और असुर। इन सब में जल वायु के समान है।

8. तैत्तिरीय ब्राह्मण 3.2.3.9—शूद्र शून्य से जन्मा। तैत्तीरीय आरण्यक ने सृष्टि के आरंभ की निम्नांकित व्याख्या की है—

तैत्तिरीय आरण्यक 1.2.3.1—सर्वत्र जल ही जल था, कमल पत्र पर प्रजापति अकेले थे। अपने मन में उन्होंने विचार किया, 'मैं रचना करूँ' मनुष्य जैसे कोई इच्छा करता है वह वाणी से प्रकट करता है और कार्यरूप देता है। इस प्रकार यह मंत्र प्रस्फुटित हुआ, पहले इच्छा उत्पन्न होती है जो मानस का प्रथम तंतु है। ऋषि अपनी मेधा से उसका अनुसंधान करते हैं, मनन करते हैं। जैसा मौजूद और अमौजूद के बीच है। ऋग्वेद 10-129.4। जो यह जानते हैं कि मानव मानस में इच्छा उत्पन्न होती हैं उन्होंने तपस्या की और तपश्चर्या से शरीर धारण किया। उनके शरीर के मांस से अरूण, केतु और वातरसन ऋषियों का जन्म हुआ। नाखूनों से वैखानस और बालों से बालखिल्य पैदा हुए। रक्त ने जल के बीच विचरण करते हुए कच्छप का स्वरूप ग्रहण किया। प्रजापति ने कच्छप से कहा—"तुम मेरे मांस चर्म से जन्मे हो।" कच्छप ने कहा—नहीं मैं तो पहले भी था। तब सहस्त्र मुख, नेत्र और सहस्र पैरों वाले पुरूष का जन्म हुआ। (ऋग्वेद 10. 90.1)। प्रजापति ने कहा—आप मुझ से पहले पैदा हुए हैं अतः आप सृष्टि की रचना करें।

पुरूष ने अंजलि में जल लेकर पूर्व की ओर फेंका और कहा—"तुम सूर्य बन जाओ।" जिस दिशा से सूर्य पैदा हुआ वह पूर्व दिशा कहलाई। अरूण केतु के दक्षिण में जल फेंकर कर 'हे अग्नि' कहा तो अग्नि उत्पन्न हुई। पश्चिम में जल फेंक कर 'हे वायु' कहा तो वायु का जन्म हुआ। उत्तर की ओर जलांजलि देने पर कहा 'हे इन्द्र' तो इन्द्र उत्पन्न हुए। तत्पश्चात अरूण केतु ने जल को बीच में रख कर पूषण को जन्म दिया। जल को ऊपर रख कर उसने देव, मानव, पितृ, गंधर्व और अप्सराओं की रचना की। ऊपर से गिरी जल की बूँदों से असुर, राक्षस और पिशाच पैदा हुए। चूँकि वे बूँदों से उत्पन्न हुए इसलिए वे लुप्त हो गए। अतः उन्होंने यह कहा—"जब महाजल गर्भवान हो गया, मेधा संपन्न हुआ और खुदभू को उत्पन्न किया। उससे सृष्टि की रचना हुई। यह सब जल से उत्पन्न हुआ, इस लिए यह सब ब्रह्म-खुदभू है। इस प्रकार यह सब शिथिल था, अस्थिर था। वह प्रजापति था। उसने खुद से स्वयं की रचना की और आत्मसात हो गया। तब इस मंत्र का उच्चारण किया, विश्व-रचना करके, मौजूद की रचना करके, दिग-दिगंत की सृष्टि कर सबसे पहले प्रजापति उत्पन्न हुए और खुद आत्मसात हो गए।"

VI

अतः महाभारत भी विश्व-रचना का वर्णन है। महाभारत के वनपर्व का मूल मनु को बताया गया है—

वैवस्वत मनु के पुत्र मनु प्रजापति के समान तेजस्वी ऋषि थे। उन्होंने जल के बीच एक पाँव पर खड़े होकर ऊपर हाथ उठा कर निर्निमेष होकर निरंतर दस हजार वर्ष तक विस्तीर्णा बद्री में

अपने पूर्वजों से भी कठोर तप किया। वसन तार तार और केश प्रभाहीन हो गए। चिरणी नदी के तट पर एक मछली उनके निकट आई और बोली, हे प्रभो! मैं निरीह भयाक्रांत मीन हूँ। बड़ी मछलियों से मेरी रक्षा करो क्योंकि बड़े मछली छोटी मछलियों को निगल जाते हैं। मेरी त्राण करें। मैं आपको इसका प्रतिफल दूँगी। दयार्द्र मनु ने मछली को जल से निकाल कर एक पात्र रख लिया। आकार बढ़ने पर उसे पोखर में रखा हालाँकि पोखर दो योजन लंबा और एक योजन चौड़ा था। वह कमल नैन मीन को छोटा पड़ा और वे उसे गंगा में ले गए। फिर मछली ने कहा, यह स्थान कम है। मनु उसे सागर के जल में छोड़ने गए। समुद्र के जल का स्पर्श होते ही मतस्य ने मानव की भाषा में मनु से कहा—आपने मेरी हर तरह से रक्षा की। अतः मैं आपको बताना चाहती है कि सभी सृष्टि पर संकट छा रहा है। निकट भविष्य में सभी चराचर जीव, पदार्थों का अस्त होने वाला है। अब विश्व की शुद्धि का समय आ गया है। मैं तुम्हें बताती हूँ, क्या शुभ होगा। आप जल्दी एक मजबूत नाव बना कर सप्तर्षियों के साथ सभी प्रकार के जीवों के बीज लेकर सागर तट पर आकर मेरी प्रतीक्षा करें। आप मुझको मेरे सींग से पहचान लेंगे। मैं आपका अभिभादन करूँगी। आइए और जल्दी कीजिए। इतना कह कर मत्स्य जल में विलीन हो गई। मनु, लौटे और जल्दी ही एक मजबूत जलपोत में सत्पर्षियों और सभी पदार्थों के बीज के साथ सागर के किनारे जा पहुँचे। मत्स्य उनकी प्रतीक्षा कर रहा था। मनु ने जल्दीता के साथ जलपोत की रस्सी मत्स्य के सींग के साथ बाँध दी। मत्स्य तीव्र गति से गरजती उमड़ती समुद्र की लहरों पर नाव को खींचता चला। समुद्र के आलोड़न-विलोड़न में मदमस्त नारी की तरह नाव बहती गई। धरती लुप्त हो गई थी। वायु और आकाश के अलावा सर्वत्र जल ही जल था और उस जल में सप्तर्षियों सहित मनु और मतस्य थे। अनेक वर्षों के अथक कोशिश से मत्स्य उनको हिमवत पूर्वत की उच्चतम चोटी तक ले आया और स्मित मुस्कान के साथ ऋषियों से नाव को पर्वत के नौबंधन शिखर से बाँधने को कहा। नाव के रूकने पर मित्र मत्स्य ने ऋषियों को संबोधित करते हुए कहा—मैं ब्रह्मा, प्रजापति, ब्रह्म हूँ। तुम्हें जल से उबार लाया हूँ। अब मनु सभी जीवों, पदार्थों, देवजनों असुरों, मानवों और चर-अचर पदार्थों की रचना करेंगे। यह कह कर मत्स्य अंतर्ध्यान हो गया। मनु ने तपोबल से अंतर्दृष्टि प्राप्त की। उन्होंने घोर तप किया और सृष्टि का आरंभ कर दिया।

महाभारत के आदि पर्व में सृजन कथा एकदम ही अलग है—

वैशम्पायन ने कहा—"मैं खुद प्रजापति द्वारा देवताओं और अन्य जीव पदार्थों के सृजन और विनाश की कथा सुनाता हूँ—

ब्रह्मा के मरीचि, अत्रि, अंगिरस, पुलस्त्य, पुलह और कृत 6 पुत्र हुए। मरीचि के पुत्र कश्यप से सभी जीव पैदा हुए। दक्ष प्रजापति की अदिति दिति, दनु कला, दनयु, सिमुक, क्रोध, प्रथा, विश्वा, विनता, कपिला, मुनी और कुद्र तेरह श्रेष्ठ कन्याएँ थीं। इनके असंख्य योद्धा पुत्र और शक्तिशाली पौत्र हुए।

"ब्रह्मा के सीधे हाथ के अंगूठे से महर्षि दक्ष और बाएँ अंगूठे से उनकी पत्नी पैदा हुई। महर्षि की पत्नी से 50 कन्या रत्न प्राप्त हुए। महर्षि दक्ष ने इनमें से दस धर्म को सत्ताईस इन्द्र (सोम) को और दैवी परंपरा के अनुसार तेरह कश्यप को दे दी।

पितामह प्रजापति के उत्तराधिकारी मनु उनका पुत्र था। (यह स्पष्ट नहीं है कि वह किस के पुत्र थे)। मनु के पुत्र आठ बसु थे। ब्रह्मा के दक्षिण वक्ष के धर्म ने जन्म लिया। तेजस्वी धर्म के तीन पुत्र हुए। साम, काम और हर्ष (शांत, प्रेम, आनंद), जो सभी प्राणियों को प्रिय थे, वे अपनी शक्ति से विश्व को उर्जा देते हैं। भृगु पुत्र च्यवन की पत्नी मनु की पुत्री आरूशिथी। ब्रह्मा के दो अन्य पुत्र धातृ और विधातृ मनु के साथी थे। कमलवासिनी परम सुंदरी लक्ष्मी उनकी बहन थी। उनके मस्तिष्क से जन्म लेने वाले पुत्र अश्व थे जो आकाश में विचरते थे। भूख में जीवों द्वारा एक-दूसरे को आहार बना देने के कारण अधर्म का जन्म हुआ। निरूति उनकी पत्नी थी। निरूति के नाग पर ही राक्षस नैरूत कहलाए। निरूति उनकी पत्नी थी। निरूति ने तीन दुष्कर्मी पुत्रों भय, महाभय और मृत्यु को जन्म दिया। मृत्यु के पत्नी या पुत्र नहीं थे क्योंकि वह खुद ही सब का अंत करने वाले थे।"

"प्राचेतस के दस ऋषि पुत्रों का जन्म हुआ। जिनके मुख से निकली अग्नि से सभी महान् पुरूष जल गए। उन से दक्ष प्रचेतस का जन्म हुआ और दक्ष से सभी जीवों का। एक सहस्र पुत्र प्राप्त हुए। देवर्षि नारद ने उनकी मुक्ति कर सांख्य का उपदेश दिया। संतति के इच्छुक दक्ष प्रजापति ने पचास कन्याओं को जन्म दिया। इनमें से दस धर्म को, तेरह कश्यप को और 27 इन्द्र (सोम) को मिली। मरीचि पुत्र कश्यप ने अपनी तेरह पत्नियों में दक्षयानी से इन्द्र, आदित्य और विवस्वत को उत्पन्न किया। विवस्वत के पुत्र यम वैवस्वत हुए मार्तण्ड (सूर्य विवस्वत) से अत्यंत विद्वान् मनु और यम पैदा हुए। मनु से मानव जाति का आरंभ हुआ। ब्राह्मण और क्षत्रिय पैदा हुए। ब्राह्मण वेद वेदागों के ज्ञाता हुए। मनु के दस पुत्र येण, घृष्णु, नारीश्यांत, नाभाग, इक्ष्याकु, कृश, सारयाति, इला, पोरिशूद्र और नाभागारिष्ट हुए। तथा अन्य मनुष्य पैदा हुए। मनु के पचास पुत्र और भी थे जो हमेशा आपस में लड़ते झगड़ते रहते थे। बाद में इला के पुत्र पुरूरवा हुए। कहा जाता है कि इला इनकी माता और पिता दोनों ही थीं।"

VII

रामायण के द्वितीय कांड में सृष्टि रचना का वर्णन इस प्रकार किया गया है—

वशिष्ठ ने राम को बताया—"विश्व के विनाश और पुनर्रचना के मूल को जाबाली भी जानती हैं, तदापि हे भूपति विश्व की उत्पत्ति के संबंध में आप मुझ से सुनें। प्रारंभ में सर्वत्र जल ही जल था। जल से पृथ्वी बनी। तदुपरांत आराध्यों के साथ खुदभू ब्रह्मा उत्पन्न हए। वे बाराह शुकर बन गए। उन्होंने पृथ्वी को ऊपर उठाया और अपने सात पुत्रों के साथ विश्व-रचना की। ब्रह्मा से मरीचि और मरीचि से कश्यप का जन्म हुआ। कश्यप के पुत्र विवस्वत से मनु का जन्म हुआ। मनु के पुत्र इक्ष्वाकु हुए। इक्ष्वाकु अयोध्या के पहले राजा थे।"

विश्वोत्पति की एक अन्य कथा तीसरे कांड में है जो इस प्रकार है—

"राम के शब्द सुन कर जटायु ने अपनी जाति और सभी जीव पदार्थों की उत्पत्ति बताई सुनो, मैं प्रजापतियों के आविर्भाव का वृतांत सुनाता हूँ, जिनका जन्म सबसे पहले हुआ। कर्दम प्रथम प्रजापति थे। उनके बाद निकृत, बाकी समसंराय तेजस्वी बाहुपुत्र, स्थाणु मरीचि, अत्रि, कृति, पुलस्त्य, अंगिरस, प्रचेतस, पुलह, दक्ष, विवस्वत और अरिष्टनेमि हुए और अंतिम प्रजापति यशस्वी कश्यप हुए। प्रजापति की साठ पुत्रियाँ थीं। कश्यप अदिति, दिति, दनु, कलक, ताम्र, क्रोधवासा, मनु और अनला नामक आठ कन्याओं से विवाह किया और त्रिभुवन की वृद्धि के लिए अपने समान यशस्वी पुत्रों के जन्म की याचना की।

अदिति, दिति, दनु, और कलक के अलावा सबने असहमति प्रकट की, अदिति से तेंतीस देवता, आदित्य, बसु, रूद्र, और दो अश्विनी कुमार पैदा हुए। कश्यप की पत्नी मनु ने अपने मुख से ब्राह्मणों, वक्ष से क्षत्रियों और जँघाओं से वैश्यों तथा पैरों से शूद्रों को जन्म दिया। ऐसा वेद में बताया गया है। अजला से सभी वनस्पति और फल पैदा हुए।

VIII

उदाहरण के रूप में अब पुराणों को देखते हैं कि उनमें क्या बताया गया है। विष्णु पुराण में लिखा है—

"आदि में विश्वनियंता हिरण्यगर्भ ब्रह्मा थे जो विष्णु भी थे, जो ऋक, यजुस, सामस और अथर्ववेद के समान थे। ब्रह्मा के दाएँ अंगूठे से प्रजापति दक्ष का जन्म हुआ। दक्ष की एक पुत्री थी अदिति। अदिति ने विवस्वत को जन्म दिया। विवस्वत से मनु हुए। मनु के इक्ष्वाकु, नृग, धृष्ट, सर्याति, नरिश्यांत, प्रमशु, नाभगणेदिष्ट, कृष्ट और पृशाध्र हुए।"

"पुत्रोत्पत्ति की कामना से मनु ने मित्र और वरूण के निमित्त यज्ञ किया। किंत यन पुरोहित की त्रुटि से इला नामक कन्या उत्पन्न हुई। मित्र और वरूण की कृपा से बना मनु के पुत्र सुघुम्न के रूप में आ गई। कालांतर में वह ईश्वर (महादेव) के कोप से मिल स्त्री बनी और सोम (चन्द्रमा) पुत्र बुध के आश्रम के निकट चक्कर काटने लगी। बुध सोम पर आसक्त हुआ। और उसके साथ सहवास कर पुरूरवा को जन्म दिया। ऋषियों के अनुरोध पर यज्ञ देवता ने इला को फिर से सुघुम्न बना दिया।"

विष्णु पुराण में मनु के पुत्रों का विवरण निम्न प्रकार है—

(अ) गुरू की गाय के वध के कारण पृशध्र शूद्र हो गए।

(ब) कृश से क्षत्रिय पैदा हुए।

(स) नेदिष्ट के पुत्र नाभाग वैश्य हुए।

यह सूर्यवंश की कहानी है। विष्णु पुराण में अन्य समानांतर कथा भी है जिसके अनुसार चन्द्रवंश का उदय अत्रि से बताया जाता है। जैसे कि मनु से सूर्यवंश आरंभ हुआ।

"अत्रि ब्रह्मा के पुत्र और सोम (चन्द्रमा) के पिता थे। ब्रह्मा ने सोम (चन्द्रमा) को वनस्पति, ब्राह्मण और तारागण का साम्राज्य दिया। राजसूय यज्ञ के उपरांत सोम ने गर्वान्वित हो देव पुरोहित बृहस्पति की पत्नी तारा का हरण कर दिया। ब्रह्मा, ऋषिगण और देवताओं के समझाने पर भी उसे लौटाने को सहमत न हुए। उषाण ने सोम का पक्ष लिया और अंगिरा के शिष्य रूद्र ने बृहस्पति का। देवों ने एक पक्ष और दैत्यों ने दूसरे पक्ष की सहायता की और दोनों पक्षों में भीषण युद्ध हुआ। ब्रह्मा ने मध्यस्था की और तारा को बृहस्पति के पास लौटाने के लिए सोम को बाध्य किया। तारा लौटायी गई लेकिन तब तक गर्भ धारण कर चुकी थी। उसने बुध को जन्म दिया। पूछताछ करने पर उसने सोम को बुध का पिता स्वीकार किया। मनु पुत्री इला को इसी बुध से पुरूरवा नामक पुत्र की प्राप्ति हुई। पुरूरवा के 6 पुत्र हुए जिनमें आयुस ज्येष्ठ थे। आयुस के पाँच पुत्र नहुष, क्षात्रबुद्ध, रभा, राजी और अनेनस हुए। क्षात्रबुद्ध के एक पुत्र सुनाहार हुए। सुनाहोत्र के कासलेस और गृतसमद तीन पुत्र हुए। गृतसमद का सौनक पुत्र हुआ जिसने चार वर्ण की वर्ण-व्यवस्था का आरंभ किया। कासलेस के काशीराज पुत्र हुए और उनके पुत्र दीर्घन्तमा तथा दीर्घत्तमा के पुत्र धन्वन्तरि हुए।"

विश्व की उत्पत्ति की इन कथाओं की तुलना इस किताब के द्वितीय अध्याय में चर्चित विवरण से निम्नांकित दो विचार स्पष्ट होते हैं।

(1) एक वृतांत सांसारिक है और दूसरा नैसर्गिक।
(2) एक कहता है कि मनु मनुष्य थे और उनसे सभी प्राणी पैदा हुए, और दूसरा ब्रह्मा या प्रजापति द्वारा सृष्टि की रचना मानता है।
(3) एक ऐतिहासिक सत्य है और दूसरा दैविक।
(4) एक में प्रलय का वर्णन है दूसरा इस विषय में मौन है।
(5) एक का लक्ष्य चातुर्वर्ण्य का वर्णन है तो दूसरे का लक्ष्य समाज के आदि उदगम की व्याख्या है।

ये मौलिक भिन्नताएँ हैं विशेष रूप से चातुर्वर्ण्य के संबंध में। सांसारिक विचार चातुर्वर्ण्य को देवी मान्यता है जब कि नैसर्गिक विचार इसके प्रतिकूल है। यह सही है कि रामायण और पुराणों में दो अलग विचार-धाराओं को मिला कर यह सिद्ध करने का प्रयास किया गया है कि मनु से ही चातुर्वर्ण्य व्यवस्था का जन्म हुआ लेकिन यह कोशिश जान बूझ कर और पहले प्रतिपादित विचार का अनुसरण है। इन दोनों विचारों में ऐसी बुनियादी भिन्नता है कि इस चेष्टा के बाद भी दोनों विचारों में भिन्नता स्पष्ट है। हमारे सामने के दो सिद्धांत स्थापित होते हैं।

पहला यह कि यह पुराणों द्वारा प्रचारित दैविक व्यवस्था है और दूसरा यह कि यह नैसर्गिक और मनु के पुत्रों में विकसित हुआ। इनका परिणाम इतना विचित्र है कि दोनों सिद्धांतों में मौलिक मतभेद है। खेद है कि शोध-कर्ताओं का ब्राह्मण साहित्य में वर्णित इन दो परस्पर विरोधी सिद्धांतों पर ध्यान नहीं गया। फिर भी इनके अस्तित्व और यथार्थ की अवहेलना नहीं की जा सकती। इन

दो विरोधी मतों की भिन्नता का अर्थ है दो अलग आर्य जन श्रेणियाँ। एक चातुर्वर्ण्य को मानती थी और दूसरी इस व्यवस्था से सहमत नहीं थी। बाद में दोनों मिल कर एक हो गई।

IX

मेरे नृवंशशास्त्र (एंथ्रोपोलोजी) संबंधी विचार पर तीसरा और अकाट्य तर्क सर हरबर्ट रिस्ले द्वारा—भारतवासियों का वर्ष 1901 में किया गया सर्वेक्षण है। इसके अनुसार शीर्षाभिसूचक तालिका से निष्कर्ष निकलता है कि भारतवासी (1) आर्य, (2) द्रविड़, (3) मंगोल और (4) सीथियन नामक चार विधि जातियों के मिश्रण हैं। उन्होंने इनके मूल स्थान का भी सविस्तार विवरण दिया गया हैं उनका सर्वेक्षण सामान्य है। डॉ. गुहा ने उनके इस विचार की मीमांसा सन् 1936 में की। इस सर्वेक्षण का भारतीय नृविज्ञान में महत्त्वपूर्ण योगदान है। उन्होंने (डॉ. गुहा) जो मानचित्र तैयार किया है उससे भारतीय लोगों के शिरोमाप मामले में अच्छा खासा प्रकाश पड़ता है। डॉ. गुहा के अनुसार भारतीय लंबे सिर वाली और छोटे सिर वाली दो जातियों के मिश्रण हैं। लंबे सिर वाली जाति देश के मध्यवर्ती भाग तथा छोटे सिर वाली सीमावर्ती क्षेत्रों की निवासी थीं। इस विचार की पुष्टि भारत के विभिन्न भागों में प्राप्त मानव खोपड़ियों से होती है। डॉ. गुहा कहते हैं—"उपरोक्त क्षेत्र के प्रागैतिहासिक अवशेष वैसे तो अति अल्प हैं किंतु सिंधु घाटी को छोड़ कर तत्कालीन भारतीय-प्रजाति—इतिहास की रूपरेखा दृष्टिगोचर होती है। ईसा से चार करोड़ वर्ष पहले भारत के उत्तर पश्चिम में लंबे सिर और पतली नाक वाली जाति का प्रभुत्व था। इसके साथ ही लंबे चेहरे तथा चपटी नाक वाली एक अन्य बलिष्ठ मानव जाति के अस्तित्व का भी पता चलता है। हालाँकि दोनों की नासिकाओं में कम ही अंतर था।"

"हड़प्पा में मिली मानव खोपड़ियों से एक तीसरी श्रेणी चौड़े सिर के मानव के अस्तित्व का पता चलता है।"

संक्षेप में भारतीय प्रजाति लम्बोत्तरे सिर वाली या भूमध्यसागर के क्षेत्र की ओर छोटे सिर वाली या 'अल्पाइन' क्षेत्र की है।

भूमध्यसागर क्षेत्र की जाति के विषय में कहा जाता है कि यह भारत में यूरोप से आई जो आर्य भाषा बोलती थी। यह माना जाता है कि ये भूमध्यसागर के क्षेत्र से भारत आए। इसके स्थान निर्धारण से यह स्पष्ट हो जाता है कि यह निश्चय ही अल्पाइन जाति के पश्चात् भारत में आई होगी। इसी प्रकार अल्पाइन जाति के संबंध में साक्ष्य जुटाने पड़ेंगे। पहला प्रश्न यह है कि अल्पाइन जाति का मूल निवास कहाँ था और दूसरा यह कि वह कौन-सी भाषा बोलते थे। प्रो. रिप्ले के अनुसार यह स्थान एशिया में हिमालय के आसपास ही कहीं था। उनका तर्क उन्हीं के शब्दों में इस प्रकार है—

"यह कहने का हमें क्या अधिकार है कि पहले से होने वाला यह आव्रजन है—कोई विजय नहीं है। क्या हर बात से यह संकेत नहीं मिलता कि यह एक क्रमिक शांति पूर्ण आव्रजन था?

प्रायः निर्जन क्षेत्रों में बस जाने के कारण क्या यह संकेत करता है कि आव्रजन एशिया की दिशा से हुआ? इसका प्रमाण महाद्वीप के निवासियों की जानकारी पर निर्भर करता है, विशेष रूप से पश्चिम हिमालय के पामीर पठार के लोगों की जानकारी पर। यह संसार की छत कहलाता है। मैक्समुलर और आरंभिक विद्वानों ने जहाँ इसे आर्य माता का आरंभिक शैशव स्थल बताया है जहाँ ऐसा मानव रहता था जो ठीक उस जाति से मिलता-जुलता है जो अल्पाइन और सेल्टिक में रहती थी—डी उजफाल्वी, टोपीनार्ड और अन्य अनुसंधानकर्ता उनके आसपास के विचित्र क्षेत्रों का निवासी होने का संकेत देते हैं। गाल्चा, लाजिक पर्वत माला और उसके पड़ोस के लोगों की आँखें भरी, बाल काले, अच्छी कद-काठी है, अधिकांश भागों में शिरोमाप 86 है। इस क्षेत्र से इसी शरीरिक श्रेणी के लोगों की श्रृंखला अनवरत रूप से पश्चिम की ओर एशिया माइनर और यूरोप में फैलती गई। अल्पाइन लोगों द्वारा अधिग्रहीत पश्चिम एशिया के व्यापक क्षेत्रों के अनुसंधान का एकमात्र बिंदु यह है कि वह इस प्रजाति की विशिष्टताओं की घनिष्टता पर बल देता है। टैपीनर के अनुसार एशिया से आव्रजन का यह कोई प्रत्यक्ष प्रमाण नहीं है। जब हम चौड़े सिर वाले लोगों के मूल निवास का पता लगाना चाहते हैं तो हमारा ध्यान पहले की ओर जाता है। इस जाति के मूल आधार के धुँधले संकेत मिलते हैं। वह पश्चिमोन्मुख नहीं है क्योंकि अटलांटिक से यह प्रजाति धीरे-धीरे लुप्त हो गई। हमें केवल अफ्रीका नीग्रो जाति के रूप में लंबे सिर वाली जाति का पता चलता है। इस प्रकार अल्पाइन जाति का मूल स्थान पहले और मेडिटेरेनियन जाति का मूल स्थान दक्षिण में सिद्ध होता है।"

प्रायः इस बात पर कुछ गतभेद हैं कि यूरोप में आर्य भाषा का प्रचलन नौर्डिक्स (इंडो जर्मन) या अल्पाइन जाति द्वारा किया गया। किंतु सभी विद्वान् यह स्वीकार करते हैं कि अल्पाइन लोगों की भाषा 'आर्य' थी। अतः अल्पाइन आर्य थे।

X

उपरोक्त तथ्य ऋग्वेद के इस कथन की पुष्टि करते हैं कि नृविज्ञान और ऐतिहासिक दृष्टि से भारत में आर्यों की दो जनजातियाँ थी, न कि एक। वहाँ इस तथ्य से इंकार नहीं किया जा सकता कि ऋग्वेद के प्रमाण साक्ष्य और पाश्चात्य विचार में परस्पर विरोध हैं क्योंकि पाश्चात्य सिद्धांत आर्य प्रजाति की बात कहता है जबकि ऋग्वेद में दो अलग जातियों का वर्णन है। इस प्रकार पाश्चात्य सिद्धांत का ऋग्वेद से इस गहन विषय पर विभेद है। उनके विचार को स्वीकार नहीं किया जा सकता।

इस विरोधाभास से 'आक्रमण' और 'विजय' के संबंध में भी मतभेद पैदा होते हैं। हम नहीं जानते कि आर्यों की किस जाति का आगमन भारत में पहले हुआ। किंतु यदि हिमालय के निकटवर्ती क्षेत्रों के निवास करने वाली अल्पाइन जाति पहले आई थी तो आर्यों के बाहर से आने और आक्रमण करने का सिद्धांत ही गलत सिद्ध हो जाता है। जहाँ तक भारत के मूल

निवासियों पर विजय की बात का संबंध है, इस प्रश्न का उत्तर उतना सरल नहीं है जितना पाश्चात्य विद्वान् समझ बैठे हैं। प्रायः यह संभावना व्यक्त की जाती है कि दास और दस्यु भारत के मूल निवासी थे और आर्यों से अलग जाति थे। आर्यों ने उन्हें पराजित किया, यह तो एक काल्पनिक उड़ान मात्र है। यह भी तो संभव है कि आर्यों ने आर्यों को ही विजित किया हो। अतः इस संदर्भ में किस आर्य जाति के दास और दस्यु जाति पर विजय प्राप्त की उसका अनुसंधान जरूरी है।

जैसा कि स्पष्ट है, यह निष्कर्ष पश्चिमी लेखकों के सिद्धांत तथ्यों के अपर्याप्त अन्वेषण से उतावली में निकाले गए निष्कर्ष पर आधारित हैं। प्राचीन आर्यों की अनुमानित मान्यताओं एवं उनके तथाकथित वंशज भारतीय जर्मन जातियों की मान्यताओं के आधारों में समानता एकरूपता के पहले स्थापित विचार के आधार पर इसको सही मान लिया गया है। यह सिद्धांत केवल कुछ सुनी सुनाई बातों को अंतिम साक्ष्य मान कर निर्धारित किया गया है। वास्तव में गंभीर चिंतकों, शोध-कर्ताओं के लिए अप्रमाणित आधार पर प्रतिपादित यह पश्चात्य सिद्धांत दीर्घकाल तक मान्य रहा है, यह असाधारण है। इस अध्याय में चर्चित नवीन प्रमाणों के समक्ष तो यह टिक ही नहीं सकता। अतः अमान्य है।

6. शूद्र और दास

पिछले अध्याय में यह सिद्ध हो गया है कि पाश्चात्य सिद्धांत कितने निराधार हैं। अब उस सिद्धांत को लेकर एक ही भाग बाकी रह जाता है—शूद्र कौन थे? श्री ए. सी. दास का कथन है—

"दास और दस्यु या तो बनवासी थे या वैदिक आर्य जाति से अलग आर्य आदिवासी थे। उनमें से जो युद्धबंदी हुए उन्हें संभवतः दास बना कर शूद्र जाति बना दिया गया।"

अन्य एक वेदविज्ञ और पश्चिमी देशों के लेखकों के विचारों के समर्थक श्री काणे का विचार है—

"परवर्ती साहित्य में दास का अर्थ खेतिहर दास या केवल मजदूर दास होता है। इसका अभिप्रायः यह है कि ऋग्वेद के अनुसार दासों ने आर्यों का प्रतिरोध किया और फिर वे निरंतर युद्ध में पराजित हुए और उन्हें आर्यों की सेवा करने को विवश होना पड़ा। मनुस्मृति (8.4.13) में उल्लेख है कि शूद्रों को ब्रह्मा ने ब्राह्मणों की सेवा के लिए ही बनाया है। तैत्तिरीय संहिता, तैत्तिरीय ब्राह्मण और अन्य ब्राह्मण ग्रंथों में शूद्रों की स्थिति ऐसी ही बताई गई है जैसी स्मृतियों में है। इसलिए यह मानना होगा कि दास या दस्यु आर्यों द्वारा पराजित हुए और कालांतर में शूद्र जाति में परिवर्तित हो गए।"

इस विचार के अनुसार दास और दस्यु ही शूद्र हैं। साथ ही शूद्र अनार्य थे और वे भारत की प्राचीन सभ्यता की आदिम जाति थे। इसी विचार का हम विश्लेषण करेंगे।

प्रथम बात भी दो प्रकार की है। पहला विचार है कि दास और दस्यु एक ही हैं और दूसरा विचार यह है कि दास और दस्यु ही शूद्र हैं। पहला विचार कि दास और दस्यु एक ही हैं, संदिग्ध है। ऋग्वेद में उनके संबंध में पाए जाने वाले वृतांत निर्णायक नहीं हैं। । कुछ स्थानों पर दासों और दस्युओं के संबंध में किए गए वर्णनों में ऐसा मालूम होता है कि उनमें कोई अंतर नहीं है। शाम्बर, भूषण, वृत्र और पिपू का दास और दस्यु दोनों अर्थ में वर्णन है। दास और दस्यु ही इन्द्र और अन्य देवों के विशेष रूप से अश्विनी कुमारों के शत्रु माने गए हैं। ऐसा भी वर्णन मिलता है कि इन्द्र और देवों ने इन दोनों के नगरों को ध्वस्त कर दिया। दासों और दस्युओं की पराजय से समान प्रभाव पड़ा। अर्थात् प्रकाश का उदय और जल की मुक्ति। दभिति की मुक्ति का वर्णन करते हुए दास और दस्यु दोनों का वर्णन एक साथ किया गया है। एक स्थान पर कहा गया है कि दभिति को दासों से छुड़ाया गया और दूसरे स्थान पर दस्युओं से छुड़ाया गया बताया गया है।

उपरोक्त वर्णनों से मालूम होता है कि दास और दस्यु एक ही थे। जबकि अन्यत्र दोनों का अलग-अलग वर्णन है। ऋग्वेद में 'दास' शब्द 54 बार तथा दस्यु शब्द 78 बार व अलग-अलग आया है। इससे यह तथ्य प्रकट होता है कि दोनों अलग थे, क्योंकि यदि दोनों अलग नहीं थे तो फिर इनके वर्णन में भिन्नता क्यों है? संभावना यही है कि दोनों अलग-अलग समुदायों या जातियों के थे।

जहाँ तक शूद्रों का प्रश्न है यह कहना कि वे भी दासों और दस्युओं की जाति के थे, निराधार है। शूद्र शब्द की व्याख्या करने पर शुक (शोक) और (विजित) मिल कर शोक से विजित अर्थ निकलता है। इस संबंध में वेदांत सूत्र (1.3.34) में जनश्रुति की कथा है। इसमें राजहंसों द्वारा उनके विषय में घृणास्पद वर्णन किए जाने से वे शोक ग्रस्त हो गए। विषणु पुराण में भी इसी प्रकार की कथा है।

उपरोक्त वर्णन कितने प्रमाणित हैं? शूद्र शब्द का मूल स्वतंत्र शब्द न होकर व्युत्पत्ति किया हुआ मानना शब्दों की अनुचित व्याख्या करना है। ब्राह्मणवादी लेखक मिथ्या या झूठ शब्द गढ़ने में प्रवीण है। ऐसा कोई भी शब्द नहीं जिसकी व्युत्पत्ति वे अलग प्रकार से प्रस्तुत न कर सकें। प्रोफेसर मैक्समुलर ने ब्राह्मणवादी लेखकों के द्वारा उपनिषद् शब्द की अलग-अलग प्रकार की व्युत्पत्ति के संबंध में कहा है—

"उपनिषद् शब्द की व्युत्पत्ति को चतुराई से विपरीत व्याख्या के ढाँचे में इस प्रकार गढ़ा गया है कि यह देशी छात्र की समझ से बाहर रहे। किसी भी शब्द के प्रचलित अर्थ जो किसी अशिक्षित की समझ में भी आ जाएँ तो ही उन्हें व्युत्पत्ति का आधार बनाना चाहिए। इस व्युत्पत्ति में आरण्यक शब्द नहीं आता और इसका संबंध उपनिषद् शब्द से न होते हुए भी सामान्य अर्थ में सटीक बैठता है।"

यही बात वेदांत सूत्र और वायु पुराण के 'शूद्र' शब्द के संबंध में प्रकट होती है, जिसमें शूद्र का अर्थ शोक-ग्रस्त लोग स्थापित किया गया है। अतः इस अर्थ को हमें निरर्थक और मूर्खता मान कर अस्वीकृत कर देना होगा।

इस कथन के संबंध में हमारे पास प्रत्यक्ष साक्ष्य हैं कि शूद्र एक कबीले या वर्ग की व्यक्तिवाचक संज्ञा है। यह शब्द किसी प्रकृति का प्रतीक नहीं है जैसा कि कहा गया है।

इस कथन के पक्ष में विभिन्न साक्ष्य मौजूद हैं। सिकंदर के आक्रमण के समय भारत आए इतिहासकारों ने कई स्वतंत्र गणराज्यों का उल्लेख किया है जिनसे सिकंदर को लोहा लेना पड़ा। ऐसे कई स्वतंत्र और प्रभाव संपन्न गणराज्य थे। निःसंदेह इन कबीलों को कई नामों से जाना जाता था। इनमें से एक सोद्री भी था। यह काफी विख्यात कबीला था जिसने सिकंदर का सामना किया। हालाँकि वह उससे पराजित हो गया था। इसे प्राचीन शूद्रों के रूप में मानने वाले बहुत कम हैं। पतंजलि ने अपने महाभाष्य के श्लोक 1,2,3 में शूद्रों का उल्लेख किया है और उनका संबंध 'आभीरों' से बताया है। महाभारत के सभा पर्व के 32वें अध्याय में एक शूद्र गणराज्य का उल्लेख है। विष्णु पुराण, मारकण्डेय पुराण और ब्रह्म पुराण में भी इसे अनेक कबीलों के समान एक कबीला बताया गया है और उन्हें विंध्याचल के दक्षिणी भाग का निवासी कहा है।

II

अब दूसरी बात पर आते हैं और उसके विभिन्न पक्षों का निरूपण करते हैं। इस विषय में दो तथ्य हैं। पहला है, क्या दस्यु और दास शब्दों का प्रयोग अनार्य कबीलों की किसी जाति का सूचक है? दूसरी बात यह है कि मान भी लें कि ऐसा है तो क्या यह स्वीकार करने का कोई अन्य कारण भी है कि वे भारत की मूल जन जाति थे? जब तक इन दोनों का सकारात्मक उत्तर नहीं मिल पाता, तब तक दस्यु और दासों को शूद्र नहीं कहा जा सकता।

जहाँ तक दस्युओं का प्रश्न है ऐसा कोई साक्ष्य नहीं मिलता कि इन्हें अनार्य जाति के रूप में माना जा सकता है। दूसरी ओर इस निष्कर्ष के पक्ष में ऐसे ठोस प्रमाण मौजूद हैं कि दस्यु शब्द उन लोगों के लिए प्रयोग किया गया है जो आर्यों के धर्म का पालन नहीं करते थे। इस संबंध में महाभारत के शांति पर्व के 65वें अध्याय का 23वाँ श्लोक देखा जा सकता है—

दृश्यन्ते मानुषे लीके सर्ववर्णेषु दस्यवः।
लिंगान्तरे वर्तमाना आश्रमेषुचतुर्धवपि।।

अर्थात् "सभी वर्णों और सभी आश्रमों में दस्यु मौजूद है।"

यह कहना कठिन है कि दस्यु शब्द का मूल क्या है? किंतु एक विचार है कि यह भारतीय आर्यों द्वारा भारतीय ईरानियों के लिए कथित 'अपशब्द' हैं यह अस्वाभाविक या अप्रासंगिक भी नहीं है क्योंकि इतिहास में दोनों के बीच हुई संघर्ष का वर्णन मिलता हैं। इसलिए यह बिलकुल संभव है कि भारतीय आर्यों ने अपशब्द के रूप में इस शस्त्र का अपने शत्रुओं के लिए प्रयोग किया होगा और यह वास्तविकता है। अतः दस्यु भारतीय मूलवंश के नहीं हो सकते।

दास शब्द के संबंध में प्रश्न उठता है कि क्या 'जेंड अवेस्ता' में उल्लिखित 'अजिदाहक' का 'दास' से कोई संबंध है। अजिदाहक समास है इस के दो पद हैं। इसके अन्वय करने पर अजि का अर्थ सर्प और दाहक के मूल दाह का अर्थ डंक मारना है। 'अजिदाहक' का अर्थ है डंक मारने वाला सर्प। भारतीय ईरानियों में 'जोहक' एक व्यक्तिवाचक संज्ञा है। यह शब्द यश्ट साहित्य में बहुत स्थानों पर प्रयोग किया गया है। कहा जाता है कि 'जोहक' ने बेबीलोन में सुंदर महल और वैधशाला का निर्माण कराया था। शक्तिशाली शैतान के प्रधान अंगार मैन्यू ने अजिदाहक को विश्व की पवित्रता नष्ट करने के लिए उत्पन्न किया और इस अजिदाहक ने भारतीय ईरानियों के सम्राट यिमा को युद्ध में परास्त कर मार डाला।

यिमा को अवेस्ता में क्षेता कहते हैं जिसका अभिप्राय प्रकाशमान या शासक से है। इसके मूल 'क्षि' के दो अर्थ हैं (1) प्रकाशित रहना (2) शासन करना। यिमा को हवांथवा भी कहते हैं जिसका अर्थ है, बड़े समुदाय का अधिकारी। यह अवेस्ता का यिमा क्षेता फारसी भाषा में जमशेद हो गया। विवाधवंत का पुत्र जमशेद ईरानी इतिहास में फारसी सभ्यता के विकास का महान् नायक हुआ। यह येश्दियद्यान वंश का सम्राट था। यासना हा 9 और 5 (कोयमा याशी) में कहा गया है कि विवंश ही प्रथम मनुष्य था जिसने हशमा (सक ससमा) को भौतिक जगत में लाकर घेरा डाल दिया और वरदान प्राप्त किया। इससे उस 'यिमा' पुत्र की प्राप्ति हुई जो मनुष्यों में सूर्य के साथ प्रकाशमान था और उसके साथ अमरत्व प्राप्त मनुष्य, पशु, पक्षी, फल और सदाबहार पेड, पौधे उत्पन्न हुए। यिमा को व्यक्तित्व दैवी या कभी न मुरझाने वाला हमेशा ताजगी से परिपूर्ण था। उसके राज्य में न अधिक ठंड पड़ती थी और न गर्मी पड़ती थी और न ही जरावस्था, मृत्यु एवं अस्वस्थता किसी को सताती थी।

क्या जेंड अवेस्ता का दाहक ही ऋग्वेद का दास है? यदि नामों की समानता को साक्ष्य मान कर चलें तो निश्चित रूप से दास और दाहक एक ही हैं। संस्कृत के दास शब्द का अवेस्ता में दाह होना स्वाभाविक है। फारसी में साधारण रूप से संस्कृत का 'स' 'ह' हो जाता है। ऋग्वेद के दास और जेंड अवेस्ता के दाहक में शब्दों की समानता का ही एक मात्र प्रमाण प्रस्तुत किया जाए तो इसे केवल अटकल बाजी ही कहा जा सकता है। यासना हा 9 (हार्न याशे की भाँति) अजिदाहक के तीन मुँह, तीन सिर और 6 आँखों का वर्णन है। (ऋग्वेद 10.99.6) में दास के भी तीन सिर और 6 आँखें बताई गई है। इसके साथ ही यदि उपरोक्त के अनुसार दास और दाहक एक माने जाते हैं तो दास भारत के मूल निवासी प्राचीन आदिवासी सिद्ध नहीं होते।

क्या वे असभ्य वनवासी थे? ऋग्वेद से प्रमाणित होता है कि दास और दस्यु आदिम जाति नहीं थे। वास्तव में वे भारतीय आर्यों की अपेक्षा अधिक सभ्य और शक्तिशाली थे। श्री आयंगर ने लिखा है—

"दस्यु नगरों में रहते थे (ऋग्वेद 1.53.8.1, 1.103.3) और उनके अपने सम्राट थे जिनका विवरण मिलता है। उनके पास गौ, घोड़े और रथों (2.15.4) के रूप में बहुत धन था (8.40.6)।

एक सौ फाटकों वाले नगर थे (X.99.8)। इन्द्र ने उनकी सभी संपत्ति लेकर अपने भक्त आर्यों को दे दी, (1.176.4)। दस्यु धनी थे (1.33.4)। मैदानों और पर्वत शिखरों पर उनकी निजी संपत्ति थी (60.69.6)। उनकी वेशभूषा स्वर्ण रत्न जटित होती थी (1.33.8)। वे अनेक दुर्गों के स्वामी थे (1.33.13, 8.17.18)। दस्यु असुर और आर्य देवगण समान रूप से स्वर्ण, रजत और लौह दुर्गों में रहते थे (सं. रा. 6.23; अथर्ववेद 5.28.9; ऋग्वेद 2.20.8)। इन्द्र ने अपने उपासक दिवोदास की प्रार्थना को ठुकराते हुए दस्युओं के पत्थर के सौ दुर्गों को ध्वस्त कर दिया। (5.30.20)। आर्यों की उपासना से तुष्ट होकर अग्नि ने दस्युओं के किलों को जला कर नष्ट कर दिया (7.5.3)। जहाँ आर्यों के पशु बंद थे पत्थरों के उन कारागारों को बृहस्पति ने तोड़ दिया (4.67.3)। दस्युओं के पास आर्यों के समान रथ थे, जिन पर आरूढ़ होकर उन्होंने युद्ध किया (8.24.27, 3.30.5, 2.15.4)।"

दास और दस्यु शूद्रों के समान थे। यह सिद्धांत अनुमान पर आधारित मालूम होता है। यह कपोल कल्पना मात्र हैं यह केवल इसलिए बर्दाश्त कर लिया गया, क्योंकि जिनकी यह मान्यता है वे सम्मानित विद्वान् हैं। जहाँ तक साक्ष्य का प्रश्न है इसका कोई भी अंश साक्ष्य के रूप में प्रस्तुत नहीं किया जा सकता। जैसा कि पहले कहा जा चुका है दास ऋग्वेद में 54 बार और दस्यु 78 बार प्रयुक्त हुआ है। प्रायः दास और दस्यु साथ-साथ प्रयुक्त हुए। शूद्र केवल एक बार प्रयुक्त हुआ है वह भी दास और दस्यु के अर्थ में नहीं। उपरोक्त तथ्यों को देखते हुए यह सिद्ध करना किसी के लिए भी दुष्कर है कि दास और दस्यु अन्य वैदिक साहित्य में लुप्त हो गए हैं। इससे यह अभिप्राय निकलता है कि वैदिक आर्यों द्वारा ये विलीन कर दिए गए। किंतु शूद्र के साथ ऐसा नहीं हुआ। वरन् बाद के पादक साहित्य में इसकी भरमार है। इससे यह स्पष्ट प्रकट होता है कि शूद्र दास और दस्यु के अलग थे।

V

क्या शूद्र अनार्य थे? काणे का कथन है—

"शूद्र और आर्य के बीच ब्राह्मण साहित्य और धर्मशास्त्रों में भी स्पष्ट विमान रेखा मिलती है। तांडय ब्राह्मण में शूद्रों और आर्यों के बीच छदम युद्ध का वर्णन हैं। इसे इस प्रकार प्रदर्शित किया जाता था कि आर्य ही विजयी रहे। आपरत धर्म सत्र (1.1.3.40-41) में वर्णन है कि ब्रह्मचारी भिक्षा माँग कर लाए हुए समय खाद्य पदार्थ को यदि न खा सके तो वह बाकी को किसी आर्य के करीब रख ले अपने गुरू के किसी दास (सेवक) जो शूद्र हो, उसे दे दें। इसी प्रकार गौतम सूत्र (10.69) में शूद्र के लिए अनार्य शब्द प्रयुक्त हुआ है।"

शूद्र और आर्य के बीच सीमा रेखा खींचने के प्रश्न पर सावधानी-पूर्वक निरीक्षण करना होगा। शूद्र अनार्य थे इस तर्क को बल प्रदान करने के लिए निम्न कथन द्रष्टव्य है—

"अथर्ववेद (4.20.4) सहज आँख वाला देव इस पौधे को मेरे दाएँ हाथ पर रख दें। मैं इसके द्वारा शूद्रों और आर्यों दोनों में से हर को देखता हूँ।"

कथक संहिता (34.5) “शूद्र और आर्य चमड़े के लिए झगड़ा करते हैं। देव और असुर सूर्य के लिए झगड़े। देवों ने विजय प्राप्त कर सूर्य को पा लिया। (शूद्रों के साथ झगड़े में) आर्यों की विजय हुई। आर्य वेदी (पूजा स्थल) के अंदर प्रवेश कर गए और शूद्र बाहर हो गए। सूर्य की भाँति आर्यों की चमड़ी श्वेत वर्ण की हो गई।”

वाजसनेयी संहिता (23-30.30)—“जब एक हिरण खेत में जौ की फसल खाता है तो खेत का मालिक उस पुष्ठ हिरन से उसी प्रकार प्रसन्न नहीं होता जैसे आर्य स्त्री के शूद्र की प्रेयसी होने से (उसका पति) प्रसन्नता की अनुभूति नहीं करता।”

जैसे खेत में हिरण के जौ की फसल खाने पर (खेत का मालिक) उसके पुष्ठ होने पर प्रसन्न नहीं होता। उसी प्रकार शूद्र पुरूष किसी आर्य स्त्री को अपनी प्रेयसी बनाए तो (आर्य पति) प्रसन्न नहीं होता। ये ऋचाएँ जिनमें शूद्र और आर्य अलग-अलग बताए गए हैं और शूद्रों को अनार्य कहे जाने वाले विचारों का विरोध किया गया है। अतः उनसे किसी परिणाम पर पहुँचना तर्कसंगत नहीं होगा। मस्तिष्क में दो विचार धारण करने होंगे। प्रथम यह कि पहले कथन एवं ऋग्वेद के साक्ष्य के अनुसार आर्यों की दो श्रेणियाँ थीं— ‘वैदिक’ और दूसरी ‘अवैदिक’। इस तथ्य के आधार पर एक श्रेणी के आर्य के लिए दूसरी श्रेणी वाले को आर्य कहना सरल होगा। हालाँकि दोनों एक-दूसरे से अलग और विपरीत थे। इस प्रकार के वर्णन से कि शूद्र आर्यों के विरोधी थे, यह तात्पर्य नहीं निकलता कि शूद्र आर्य नहीं थे। वास्तविक रूप से वे अलग वर्ग या समूह के आर्य थे।

हिंदूओं के पवित्र ग्रंथों से यह प्रमाणित होता है—

1. अथर्ववेद (19.32.8)—“हे दूर्वा (घास) मुझे ब्राह्मणों, राजन्यों, क्षत्रियों, शूद्रों और आर्यों का तथा उनका जिन्हें हम प्रेम करते हैं एवं हर वह जो देख सकते हैं उनका प्रिय बना दो।”
2. अथर्ववेद (19.62.1)—“मुझे देवों, राजपुरूषों तथा उनका जो शूद्रों और आर्यों को देख सकता है प्रिय बना दो।”
3. वाजसनेयी संहिता (1.18.48)—“(हे अग्नि) मुझे ब्राह्मणों, राजाओं, वैश्यों और शूद्रों जैसा तेज दो। मुझे अधिकाधिक तेज दो।”
4. वाजसनेयी संहिता (20.17)—“जो पाप हमने गाँव में, जंगल में, सभा में अपनी जानकारी से शूद्रों या आर्यों से किया हो, जो भी पाप हम में (दोनों, यज्ञ कराने वाला और उसकी स्त्री) से किसी ने अपने कर्तव्य के दौरान (दूसरों के प्रति) किया हो उसे नष्ट कर दो।”
5. वाजसनेयी संहिता (18.48)—“जैसे मैं जानता, ब्राह्मणों, राजाओं, शूद्रों, आर्यों को व अपने निजी शत्रुओं को आर्शीवाद देता हूँ। वैसे ही देवों व दक्षिणा देने वालों का इस लोक में प्रिय बनूँ। मेरी यह अभिलाषा स्वीकृत हो। मेरा शत्रु मेरे अधीन रहे।”

उपरोक्त कथनों से क्या स्पष्ट होता है? प्रथम में तो आर्यों और ब्राह्मणों में अंतर स्पष्ट होता है। क्या यह कहा जा सकता है कि ब्राह्मण आर्य नहीं थे। दूसरे कथन में शूद्रों के लिए प्रेम और सद्भावना की कामना की गई है। यदि शूद्र मूलवंशीय अनार्य होते तो क्या इस प्रकार की कामना हेतु प्रार्थना संभव होती? इससे यह स्पष्ट नहीं होता कि शूद्र अनार्य थे।

धर्म-सूत्र शूद्रों को अनार्य बताते हैं और वाजसनेयी संहिता शूद्र स्त्रियों पर आक्षेप करती है। ये व्यर्थ की बातें हैं। धर्म-सूत्रों की व्याख्या के संबंध में दो तर्क हैं—प्रथम धर्म-सूत्र तथा अन्य ग्रंथ शूद्रों के विरोधियों द्वारा रचित हैं। अतः इन को प्रमाण के रूप में नहीं माना जा सकता। दूसरी बात यह है कि इन ग्रंथों में दिए गए विवरण तर्कहीन हैं तथा अन्य किताबों में दिए गए विचारों के विपरीत हैं।

धर्म-सूत्रों के अनुसार शूद्र उपनयन संस्कार का अधिकारी नहीं है जब कि गणपति संस्कार के अनुसार उसे इसका अधिकार है।

धर्म-सूत्र शूद्र को वेदाध्ययन का पात्र नहीं मानते। किंतु छान्दोग्योणानिषद (6-1-2) की कथा है—

जनश्रुति शूद्र को रैक्व ने वेदाध्ययन कराया। इससे भी बढ़ कर यह बात है कि कवश ऐलूश ऋषि शूद्र थे। उपरोक्तानुसार और ऋग्वेद के दसवें मंडल में उनके द्वारा रचित अनेक मंत्र हैं।

धर्म-सूत्र कहते हैं कि शूद्र वैदिक उत्सवों और यज्ञ में शामिल होने का अधिकारी नहीं है। पहले मीमांसा के रचियता जैमिनी ने बदरी नामक एक अध्यापक के विषय में (जिसकी रचनाएँ नष्ट हो गई हैं) कहा है कि वह अंतिम मीमांसा शास्त्री हैं। बदरी के अनुसार शूद्र वैदिक यज्ञ कर सकते हैं। भारद्वाज श्रोत सूत्र (5.28) के अनुसार शूद्र यज्ञ में तीन अग्नि प्रज्वलित कर सकता है। इसी प्रकार कात्यायन श्रोत सूत्र (1.4.16) के टीकाकार के अनुसार शूद्र वैदिक संस्कारों का अधिकारी है। धर्म-सूत्र का कहना है कि शूद्र पवित्र सोमरस पान करने का अधिकारी नहीं है, जबकि अश्विनी कुमारों की कथा के अनुसार शूद्र दैवी सोमरस पान का पात्र है। अश्विनी कुमारों की कथा के अनुसार अश्विनी कुमारों ने सुकन्या नामक युवती को स्नान करते समय नग्नावस्था में देखा। वह च्यवन ऋषि की पत्नि थी जो इतने वृद्ध थे कि आज मरे कल मरे। उसके सौंदर्य पर मुग्ध होकर उन्होंने कहा कि हममें से किसी एक को अपना पति चुन लो। अपना सौंदर्य इस प्रकार नष्ट न करो। सुकन्या ने पतिव्रत धर्म का ध्यान रखते हुए उनके प्रस्ताव को अस्वीकार कर दिया। अश्विनी कुमारों ने पुनः सुकन्या को विचलित करने का प्रयास करते हुए उसके सामने यह प्रस्ताव रखा कि वे देवताओं के चिकित्सक हैं और उनके पति को युवा और सुंदर बनाने की क्षमता रखते हैं। अतः वह उनमें से किसी एक को पति के रूप में स्वीकार करें। सुकन्या अपने पति च्यवन के पास गई और अश्विनी कुमारों की शर्तों के विषय में उनकी अनुमति माँगी, च्यवन ने कहा, "ऐसा ही करो। शर्त के अनुसार च्यवन ने युवावस्था और सौंदर्य प्राप्त किया। यहाँ यह प्रश्न उत्पन्न होता है कि क्या अश्विनी कुमार सोमरस पान के अधिकारी थे। च्यवन ने प्रसन्न होकर इन्द्र से अश्विनी

कुमारों को सोमरस देने का आग्रह किया। इन्द्र ने हालाँकि अश्विनी कुमारों के शूद्र होने के कारण सोमरस देने में आनाकानी की किंतु च्यवन ने इन्द्र को समझा बुझा कर सोमरस दिलवा दिया।"

इस कथन के विरूद्ध भी स्पष्ट साक्ष्य हैं कि धर्म-सूत्रों ने शूद्रों को अनार्य घोषित किया है और कहा है कि इन्हें स्वीकार नहीं किया जाए। सबसे पहले यह मनु के विचार के प्रतिकूल है। यह फैसला लेने में कि क्या शूद्र आर्य थे या कि अनार्य मनुस्मृति के निम्नलिखित मंत्र ध्यान में देने योग्य हैं—

"शूद्र स्त्री से उत्पन्न कन्या यदि ब्राह्मण के साथ विवाहित की जाए और आगे भी यहा क्रम जारी रहे तो अपनी सातवीं पीढ़ी में नीच योनी से उद्धार पाकर ब्राह्मण हो जाती है।"

"जिस प्रकार कोई शूद्र ब्राह्मणत्व को और कोई ब्राह्मण शूद्रत्व को प्राप्त होता है उसी प्रकार क्षत्रिय और वैश्य से उत्पन्न शूद्र भी क्षत्रिय और वैश्यत्व को प्राप्त होता है।"

ब्राह्मण से इच्छापूर्वक (अविवाहित) शूद्र कन्या से और शूद्र से ब्राह्मण कन्या से (उत्पन्न पुत्र) इन दोनों में श्रेष्ठ कौन है। ऐसी शंका पर—

ब्राह्मण पुरूष और शूद्र कन्या से उत्पन्न शूद्र पाकादि यज्ञ गुणों के युक्त होने के कारण श्रेष्ठ हैं। शूद्र पुरूष और ब्राह्मण कन्या से उत्पन्न पुत्र प्रतिलोमज होने के कारण अमर्यादित है। यही फैसला है।

उपरोक्त श्लोक संख्या 64 जैसा ही श्लोक गौतम धर्म-सूत्र (22) में भी है। इस श्लोक का ठीक अर्थ विवादास्पद है। इन विवादों के विषय में बुहलर का कथन है—

"मेघ, गब, कुल्ल और राघ जैसे पाश्चात्य विद्वानों के अनुसार श्लोक का अर्थ है—यदि किसी ब्राह्मण की कन्या और शूद्र और उसके उत्तराधिकारी सभी किसी ब्राह्मण से विवाह करें तो छठी पीढ़ी के दंपत्ति ब्राह्मण माने जाएँगे। हालाँकि वह अर्थ हरदत्त की टीका से मिलता है, किंतु नार और नान ने बिलकुल अलग व्याख्या की है। उनके अनुसार पारशव (शूद्र माता ब्राह्मण पिता की संतान) पुत्र अन्य श्रेष्ठ, गुणी, सचरित्र, पारशव कन्या से विवाह करता है और उसके उत्तराधिकारी भी ऐसा ही करते हैं तो छठी पीढ़ी में उत्पन्न संतान ब्राह्मण मानी जाएगी। नन्दन ने भी इस अर्थ को प्रमाणित माना है। बौद्धायन (1.16.13.14) के अनुसार निषाद से निषादी द्वारा उत्पन्न संतान पाँच पीढ़ी के पश्चात् शूद्रत्व से मुक्त हो जाती है या कोई इसे छठी पीढ़ी तक ले जा सकता है। मद्रास की एक नई पांडुलिपि में बौद्धायन के संबंध में लिखा है कि बौद्धायन ने ब्राह्मण पुरूष और शूद्र स्त्री से उत्पन्न संतानों को आर्यों की श्रेणी में पहुँचाने की आज्ञा दी है। यह असंभव नहीं होगा कि मनुस्मृति के श्लोक का अर्थ यह भी हो सकता है। यदि ब्राह्मण पुरूष और शूद्र स्त्री से संतान उत्पन्न होती है तो वह श्रेष्ठ ब्राह्मण पुरूष और पारशव स्त्री निम्न जाति सातवीं पीढ़ी में उच्च जाति में पहुँच जाती है।

व्याख्या कोई भी हो किंतु तथ्य फिर भी स्पष्ट है कि सातवीं पीढ़ी में शूद्र परिस्थिति विशेष में ब्राह्मण हो सकता था। शूद्र यदि आर्य नहीं होते तो इस प्रकार की कल्पना भी नहीं की जा सकती थी।

अर्थ शास्त्रियों के अनुसार शूद्र अनार्य नहीं थे। कौटिल्य का अर्थ शास्त्र इस संबंध में महत्त्वपूर्ण साक्ष्य है। इस प्रथा का उन्मूलन करते हुए कौटिल्य कहता है—

"यदि कोई संबंधी किसी शूद्र को बेच दे या बंधक रख दे जो जन्मजात दास न रहा हो और वयस्क न हो गया हो और जन्म से आर्य हो तो विक्रेता संबंधी को बारह पण अर्थदंड देना पड़ेगा। किसी दास के आर्थिक धोखाधड़ी करने पर या आर्य (आर्यभव) के रूप में अधिकार न देने पर आशा आर्थिक दंड (किसी आर्य को गुलाम बनाने पर दिए जाने वाले दंड की अपेक्षा) देना होगा।

उपर्युक्त राशि पा जाने के पश्चात् भी यदि कोई दास को मुक्त न करें तो उसको बारह पण अर्थ दंड देना होगा। अकारण किसी को बंदी बनाए रखने पर (सम्रोधास चकरामत) भी वही दंड देना होगा।"

"यदि किसी ने अपने को दास के रूप में बेच दिया हो तो उस की संतान आर्य मानी जाएगी। दास ने अपने स्वामी के कार्य में सहयोगी बन कर जितना धन अर्जित किया है वह सब उसके उत्तराधिकारी को दिया जाए।"

इस प्रकार कौटिल्य (चाणक्य) ने अपने अर्थ शास्त्र में शूद्रों को स्पष्ट रूप से आर्य घोषित किया है।

V

यह कहना असत्य नहीं तो व्यर्थ जरूर है कि आर्यों द्वारा दास बनाए गए लोग ही शूद्र कहलाए। इस संबंध में दो तर्क दिए जाते हैं। प्रथम तो ऋग्वेद में दासों को गुलाम दस्यु बताया गया है और दूसरा यह कि दास और शूद्र एक ही हैं।

यह सही है कि ऋग्वेद में शूद्र का दस्यु या सेवक के अर्थ में उल्लेख हुआ है। किंतु इस शब्द का इस अर्थ में प्रयोग केवल पाँच बार हुआ है। इससे अधिक नहीं। साथ ही यदि यह पाँच बार से अधिक प्रयुक्त भी हुआ तो क्या इससे यह सिद्ध होता है कि शूद्र ही दास बनाए गए? जब तक यह सिद्ध नहीं होता कि ये दोनों (शूद्र और दास) एक ही थे तब तक ऐसा फैसला करना कि शूद्र दास बनाए गए, मूर्खता होगी। यह मालूम तथ्यों के विरूद्ध भी होगी।

शूद्र क्षत्रिय राजाओं के राज्याभिषेक में शामिल होते थे। उत्तरकालीन वैदिक ब्राह्मण काल में राजतिलक में जनता सम्राट को मुकुट धारण कराती थी, जो वास्तव में राजा को प्रभुत्व प्रदान करता था। प्रजा के प्रतिनिधियों को 'रत्नी' कहा जाता था क्योंकि उनके पास रत्न होते थे। राजा को प्रभुत्व तभी प्राप्त हो पाता था जब उसे प्रभुत्व के प्रतीक रत्न प्राप्त हो जाते थे। इसके पश्चात् राजा हर रत्नी के निवास स्थान पर जाकर उपहार देता था। यह उल्लेखनीय है कि इन रत्नियों में अनिवार्य रूप से एक शूद्र होता था।

'नीति मयूख' के रचियता नीलकंठ ने बाद के राज्याभिषेक का वर्णन किया है। इसके अनुसार चार वर्षों के मंत्री (ब्राह्मण, क्षत्रिय, वैश्य व शूद्र) नये राजा को राज-मुकुट धारण कराते

थे। तत्पश्चात सभी वर्णों और जातियों के लोग राजा के ऊपर पवित्र जल का अभिषेक करते और द्विज जय-जयकार करते थे।

महाभारत में यह प्रमाण मिलता है कि युधिष्ठिर के राजतिलक समारोह में ब्राह्मणों के साथ शूद्र भी आमंत्रित किए गए थे।

प्राचीन काल में जनपद और पौर नामक दो परिषदें होती थीं। इनमें शूद्र प्रतिनिधियों का ब्राह्मण भी विशेष रूप से सम्मान करते थे।

मनुस्मृति के अध्याय 4 श्लोक 61 तथा विष्णुस्मृति (21, 64) के उस आदेश से कि ब्राह्मण शूद्र द्वारा शासित राज्य में न रहे यह प्रमाणित हो जाता है कि शूद्र भी राजा होते थे। अन्यथा मनु का यह आदेश देना निरर्थक था।

'महाभारत' के शांतिपर्व में भीष्म ने (जो हर जाति और वर्ण के प्रतिनिधित्व में विश्वास करते थे) युधिष्ठिर को यह राजनैतिक उपदेश दिया है—

"राजा को चाहिए कि वेद विद्या के विद्वान् निर्भीक, अंदर बाहर से स्नातक, चार ब्राह्मण, बलवान शस्त्रधारी आठ क्षत्रिय, धन धान्य से संपन्न इक्कीस वैश्य, पवित्र आचरण वाले विनयशील तीन शूद्र, पौराणिक ज्ञान संपन्न आठ गुणों से युक्त एक सूत इन सबको मंत्रिमंडल में शामिल करें।"

इससे सिद्ध होता है कि शूद्र मंत्री होते थे, और ब्राह्मणों की संख्या के बराबर ही प्रतिनिधित्व प्राप्त होते थे।

शूद्र नीच और दरिद्र नहीं होते थे। वे धनी होते थे। यह तथ्य मैत्रयानी संहिता (4-2-7-10) और पंचविश ब्राह्मण (1.11) से सिद्ध होता है।

इस प्रश्न के दो पहलू और हैं। यदि यह मान लिया जाए कि शूद्रों को दास बनाया गया तो प्रश्न उठता है कि शूद्रों को दास बनाने का क्या तात्पर्य था? यदि आर्यों को दास बनाने का ज्ञान पूर्वकाल में न होता या वे आर्यों को दास बनाने के लिए तैयार न होते तभी उनका अभिप्राय स्पष्ट होता। किंतु तथ्य यह है कि आर्यों को दास बनाने का ज्ञान था और उन्होंने आर्यों में से भी दास बनाए। ऋग्वेद (7.86.7), (8.19.36) और (8.66.3) में स्पष्ट प्रमाण मिलते हैं कि आर्यों ने अपने लोगों को भी दास बनाया। फिर प्रश्न उत्पन्न होता है कि उन्होंने विशेष रूप से शूद्रों को दास क्यों बनाया? इससे भी अधिक महत्त्वपूर्ण यह है कि शूद्र दासों के लिए उन्होंने अलग विधानों की रचना क्यों की?

निष्कर्ष यह है कि पाश्चात्य विचारक हमारे प्रश्नों का उत्तर देने में सहायक नहीं है या असमर्थ है कि शूद्र कौन थे और वे भारतीय आर्यों के समुदाय में चतुर्थ वर्ण कैसे बने?

7. शूद्र कौन थे—क्या शूद्र क्षत्रिय थे?

हमारे सामने अब यह प्रश्न है कि शूद्र यदि मूलतः अनार्य नहीं थे तो और कौन थे? मेरे विचारानुसार इसके तीन उत्तर निम्न प्रकार हैं—

1. शूद्र आर्य थे।
2. शूद्र क्षत्रिय थे।
3. शूद्र क्षत्रियों में इतने उत्तम और महत्त्वपूर्ण वर्ण थे कि प्राचीन आर्यों के समुदाय में अनेक शूद्र तेजस्वी और बलशाली राजा थे।

शूद्रों की उत्पत्ति का यह सिद्धांत यदि विस्मयकारी नहीं है तो रोमांचक जरूर है। अधिकतर विद्वान् इस विचार को स्वीकार नहीं करेंगे। किंतु इसकी पुष्टि के लिए यथेष्ट साक्ष्य उपलब्ध है। अतः मैं प्रमाण प्रस्तुत करना अपना कर्तव्य समझता हूँ और उसका फैसला विद्वान् पाठकों के विवेक पर छोड़ता हूँ।

प्रथम साक्ष्य महाभारत के शांतिपर्व (अध्याय 60 के श्लोक 38-40) का है—"हमने सुना है कि प्राचीन काल में पैजवन नामक शूद्र राजा ने अपने यज्ञ में एन्द्राग्नि के विधानानुसार एक सौ सहस्त्र पूर्णपात्र दक्षिणा दी थी।"

इस उदाहरण से निम्नलिखित तीन महत्त्वपूर्ण साक्ष्य प्रकट होते हैं—

1. पैजवन शूद्र था।
2. शूद्र पैजवन ने यज्ञ किया।

3. ब्राह्मणों ने पैजवन के निमित्त यज्ञ कर दक्षिणा ली।

उपरोक्त उद्धरण श्री राय द्वारा महाभारत की भाष्य टीका से लिया गया है। पहली बात तो यह देखनी है कि क्या यह पाठ मूल है या इसमें कुछ अंतर है। इसकी मौलिकता के बारे में श्री राय कहते हैं, "जहाँ तक मेरे संस्करण का प्रश्न है यह रायल एशियाटिक सोसायटी ऑफ बंगाल के पचास वर्ष पुराने संस्करण पर आधारित है जो बंगाल के कुछ विद्वान् पंडितों की सहायता से तैयार किया गया। मेरा ख्याल है इसका संयोजन एक विख्यात अंग्रेज प्राच्य विद ने किया। पूरे भारत से पाडुलिपियाँ मँगाई गई (दक्षिण सहित) और उनका ध्यानपूर्ण मिलान किया गया। वैसे इनका सावधानी से संपादन किया गया लेकिन मैंने सोसायटी के संस्करण में उपलब्ध उसकी हू-ब-हू नकल नहीं की। मैंने ध्यानपूर्वक इसका मिलान महाराज वर्दवान के बंगाली चरित्र से किया जिसका बहुत ध्यानपर्वक संपादन किया गया था। भारत के विभिन्न भागों से 18 पांडुलिपियाँ मँगाई गई (दक्षिण सहित) वर्दवान के पंडितों द्वारा उनका ध्यानपूर्वक मिलान किया गया। उन्हें एक श्लोक वास्तविक लगा।"

महाभारत के समीक्षात्मक संस्करण के बहुश्रुत संपादक प्रोफेसर सुकथानकार ने महाभारत के विभित्र संस्करणों का निरूपण करके निष्कर्ष निकाला है। उनका कथन है—

"द एडिशियो प्रिंसेप (कलकत्ता 1856) एक शताब्दि के बाद भी इसकी सत्यता असंदिग्ध है।"

यदि कोई समालोचक यह कहे वह विषयवस्तु के साक्ष्य के रूप पांडुलिपि देखना चाहता है जिसके आधार पर शूद्रों की उत्पत्ति निर्धारित की गई है तो इसमें कोई हर्ज नहीं है। ऐसा परीक्षण करने के लिए दो बातें जरूरी हैं। पहली यह है कि महाभारत के सभी 18 पर्वो की कोई अकेली संपूर्ण पांडुलिपि नहीं है। हर पर्व पृथक है, परिणामत हर पर्व में भारी अंतर मिलेगा। इसलिए हर पर्व की जितनी पांडुलिपियों को देखा जाए तो यह कहना कठिन होगा कि किसे आधार माना जाए।

ध्यान देने की दूसरी बात यह है कि महाभारत के अलग-अलग दो रूप हैं उत्तरात्य और दक्षिणात्य जो आर्यवर्त की उत्तरापथ और दक्षिणापथ की अलग-अलग विशेषताएँ लिये हैं।

स्वाभाविक है कि पांडुलिपियों का परीक्षण बहुत-सी पांडुलिपियों के उपलब्ध होने पर ही किया जाता है, साथ ही उनका वर्गीकरण दक्षिणात्य और उत्तरात्य के रूप में कर लिया जाए। इन बातों को ध्यान में रखते हुए महाभारत के शांतिपर्व के अध्याय 60 के श्लोक 38 का भी विभिन्न पांडुलिपियों में पाठांतर इस प्रकार है—

1. शूद्र: पैजवनो नाम (कुंभ कोणम) दक्षिणात्य
2. शूद्र: पैलवनो नाम (एम/1: एम/2) दक्षिणात्य
3. शूद्र: यैलननो नाम (एम/3: एम/4) दक्षिणात्य
4. शूद्र: वैजननो नाम (एफ)
5. शूद्रोपि यजने नाम (एल)

6. शूद्र: पौंजलक नाम (टी. सी.) दक्षिणात्य
7. शूद्रों वैभवनो नाम (जी) उत्तरात्य
8. पुरा वैजवनो नाम (ए डल/2)
9. पुरा वैजननो नाम (एम) उत्तरात्य

इन नौ पांडुलिपियों के मिलान से यह परिणाम निकलता है कि क्या ये नौ पांडुलिपियाँ संकलन करने के लिए पर्याप्त है जिनमें अंतर है? यह सही ही है कि महाभारत के विविध पर्वों के नौ से अधिक भाष्य हैं। पूरे महाभारत में से कम-से-कम पांडुलिपियाँ दस ही ली गई हैं। इसलिए यह नहीं कहा जा सकता कि नौ संख्या अपर्याप्त है। ये नौ पांडुलिपियाँ भौगोलिक (उत्तर, दक्षिण) के विभाजन के अनुसार हैं। महा (एम.) 1, 2, 3, 4, और टी. सी. दक्षिणात्य की है। ए. एम. जी. डी/2 उत्तरात्य की हैं। इन पांडुलिपियों के चयन से विद्वान् संतुष्ट होंगे। इस जाँच का यह निष्कर्ष निकलता है कि—

1. पैजवन के वर्णन में विविधता/भिन्नता है।
2. पैजवन के नाम में भिन्नता है।
3. नौ पांडुलिपियों में से 6 उसे 'शूद्र' कहती है एक 'शूद्र' कहती है तथा दो ने उसकी जाति का उल्लेख न कर उसके समय का वर्णन करते हुए 'पुरा' शब्द का प्रयोग किया है।
4. नाम के संबंध में किन्हीं दो पांडुलिपियों में समानता नहीं है। हर का पाठ अलग-अलग है। अब प्रश्न यह है कि सही नाम क्या है? नाम के संबंध में पहली बात यह है कि नाम के अर्थ का प्रश्न उत्पन्न हो। इससे व्याख्या का कोई विवाद नहीं उठता, न संशोधन का और न प्राथमिकता का। प्रश्न यह है कि सही नाम क्या है और कौनसा गलत है जिसके कारण पाठांतर हुआ? इसमें कोई संदेह नहीं कि सही नाम पैजवन है। यह दक्षिणात्य और उत्तरात्य दोनों को मान्य है क्योंकि आठवें क्रम का नाम वैजवन पैजवन के समान ही है। बाकी सब पाठांतर मूल प्रति सही न पढ़ पाने के कारण हुआ है जिसमें लिपिकार ने जो समझ में आया वही लिख दिया। जहाँ तक पैजवन के वर्णन का संबंध है, इस (पैजवन को) 'शूद्र' से 'पुरा' तक का परिवर्तन मात्र संयोग न होकर जान-बूझकर किया गया मालूम होता है। इसकी पृष्ठभूमि में क्या कारण थे, यह कहना कठिन है। फिर भी इससे दो बातें साफ हैं—

1. यह परिवर्तन स्वाभाविक जैसा है, तथा
2. यह 'शूद्र', 'पैजवन' के विपरीत नहीं जाता।

उपरोक्त निष्कर्ष श्लोक 38-40 के पहले वाले श्लोकों के संदर्भ पर आधारित है। देखिए—

"स्वामी चाहे किसी भी संकट या विपत्ति में हो, शूद्र को उसका साथ नहीं छोड़ना चाहिए। स्वामी के निर्धन होने पर शूद्र को उसकी सेवा और भी अधिक लगन से करनी चाहिए। शूद्र की अपनी कोई संपत्ति नहीं होती। उसके पास जो कुछ भी है, उसके स्वामी का है। यज्ञ अन्य तीन

वर्णों के लिए विहित है। शूद्र भी यज्ञ कर सकता है लेकिन वह स्वाहा, स्वधा या अन्य मंत्रों का उच्चारण नहीं कर सकता। वह पाक यज्ञ से देव पूजा कर सकता है। ऐसे यज्ञ की दक्षिणा का पूर्ण पात्र है।"

पूर्ववर्ती श्लोकों के संदर्भ में श्लोक संख्या 38 से 40 का अध्ययन करने पर यह पता चलता है कि पूरा प्रसंग ही शूद्रों के विषय में है। पैजवन की कथा तो एक दृष्टांत ही है। अतः पैजवन के नाम के पहले 'शूद्र' शब्द का प्रयोग अनावश्यक है। इस प्रसंग से अवगत रह कर ही लेखक से पहले 'शूद्र' शब्द का प्रयोग नहीं किया है और उसके प्राचीन-काल में होने के कारण 'पुरा' लिख दिया है और यह स्वाभाविक भी है।

उक्त विश्लेषण से यह स्पष्ट हुआ कि महाभारत के शांतिपर्व में चर्चित व्यक्ति पैजवन था और वह शूद्र था।

II

दूसरा प्रश्न है कि पैजवन कौन था? यास्क निरूक्त में इसका संकेत मिलता है। निरूक्त (1.24) में यास्क कहता है—

सबके मित्र ऋषि विश्वामित्र पैजवन के पुत्र सुदास के पुरोहित थे। सुदास महादानी था। पिजवन का पुत्र पैजवन था। पिजवन अर्थात् उसकी गति अनुक्रमणीय थी।

यास्क निरूक्त से दो महत्त्वपूर्ण बातें स्पष्ट हुईं—

1. विजवन का पुत्र था।
2. सुदास पैजवन का पुत्र था।

यास्क की सहायता से हम स्पष्ट रूप से यह कहते हैं कि महाभारत (शांतिपर्व) में नर्चित पैजवन सुदास का दूसरा नाम मात्र है। यहाँ प्रश्न यह उठता है कि सुदास कौन और हम उसके विषय में क्या जानते हैं? ब्राह्मण साहित्य में हमें सुदास नाम के तीन व्यक्तियों का उल्लेख मिलता है—

एक सुदास का पारिवारिक विवरण ऋग्वेद में इस प्रकार है—

1. ऋग्वेद, 7-18.21—"सैकड़ों साक्षसों के संहारक पराशर और वशिष्ठ ने तेरी अर्चना की। उन्होंने सर्वजन के समक्ष तुझे गौरवांवित किया। उनकी मैत्री की अवहेलना न कर। इस प्रकार धर्मात्माओं के प्रति सुखद प्रभाव उचित होता है।"
2. ऋग्वेद, 7-18.22—"हे अग्नि, दो सौ गौओं और दो रथों का दान करने वाले देववान के पौत्र तथा पैजवन के पुत्र सुदास, जिसके दो पत्नियाँ हैं, या यशगान करते हुए मैं मुख्य पुरोहित के रूप में तुम्हारी प्रदक्षिणा करता हूँ।"
3. ऋग्वेद 7-18.23—"स्वर्ण की जीन से सुसज्जित दुर्गम मार्गों पर त्वरा गति से चलने वाले उत्तम नस्ल के चार अश्व मुझे पैजवन के पुत्र सुदास ने उपहार में दिए। मुझे संतति और भोजन लाभ दो।"

4. ऋग्वेद, 7-18.24—"सातों लोक इन्द्र के समान सुदास की स्तुति करते हैं। उसका यश पृथ्वी से स्वर्ग तक गूँज रहा है। प्रचुर धन के दानी सुदास के लिए बहती हुई नदियों ने युद्ध में युध्यामधि का विनाश कर दिया है।"
5. ऋग्वेद 7-18.25—"हे मरुदगन, जिस प्रकार आपने सुदास के पिता दिवोदास पर कृपा की है, उसी प्रकार युवा सुदास पर भी करो। पैजवन के पुत्र की स्तुति से प्रसन्न हो उसके बल और शौर्य को अक्षुण्ण रखो।"

सुदास नामक दो अन्य व्यक्तियों का विवरण विष्णु पुराण में मिलता है। विष्णु पुराण के चतुर्थ अध्याय में एक सुदास का विवरण राजा सगर के वंशज के रूप में मिलता है।

वंशवृक्ष: राजा सगर से सुदास तक निम्नवत है—

राजा सागर की दो पत्नियाँ कश्यप की पुत्री सुमति तथा विदर्भराज की पुत्री केशनी थीं। संततिहीन रहने पर राजा ने ऋषि आर्व की सहायता माँगी। ऋषि ने वरदान दिया कि उसकी एक पत्नि एक पुत्र को जन्म देगी तथा दूसरी साठ हजार पुत्रों को। फैसला राजा की पत्नियों पर छोड़ दिया गया। केशिनी ने एक पुत्र की इच्छा प्रकट की और सुमति ने अनेक की। केशिनी ने असमंजस नामक पुत्र को जन्म दिया। असमंजस से सगर वंश चला। विनता की पुत्री सुमति ने साठ हजार पुत्रों को जन्म दिया।

असमंजस का पुत्र अंशुमान और अंशुमान का पुत्र दिलीप हुआ। दिलीप के पुत्र का नाम भगीरथ था। वह गंगा को स्वर्ग से धरती पर लाए, अतः उनके नाम पर गंगा भागीरथी कहलायी। भागीरथ का पुत्र श्रुस, उसका पुत्र, नाभाग, उसका पुत्र अम्बरीष और अम्बरीष का पुत्र सिंधुद्वीप हुआ। सिंधुद्वीप का पुत्र आयुतश्व, आयुतश्व का पुत्र प्रसिद्ध जुआरी नल का मित्र ऋतुपर्ण, ऋतुपर्ण का सर्वकाम, सर्वकाग का पुत्र सुदास, सुदास का पुत्र सोदास हुआ। सोदास को मित्रशाह भी कहा जाता है।

विष्णु पुराण के 19वें अध्याय में पुरू के वंशज एक अन्य सुदास का विवरण इस प्रकार है—

"पुरू का पुत्र जनमेजय था" जनमेजय का पुत्र प्राचीन्वत, उसका पुत्र प्रवार, उसका पुत्र मनस्यु, उसका पुत्र भयद, उसका पुत्र सुधम्न, उसका पुत्र बाहुगव, उसका पुत्र सम्मति, उसका पुत्र भाम्पति हुआ। भाम्पति के पुत्र रूद्राश्व के रीतेयु, कोक्षेयु, स्थानदिलेयु ध्रितेयु, जलेयु, स्थलेयु, धनेयु, वनेयु, और व्रतयु दस पुत्र हुए। रीतेयु के पुत्र रतिनार के तीन पुत्र तन्स, अप्रतीर्थ और ध्रुव हुए। दूसरे के पुत्र कण्व वे मेधितिथि हुआ जिससे काण्वायन ब्राह्मण पैदा हुए। तनसु के पुत्र अनिल के चार पुत्रों में दुष्यंत ज्येष्ठ था। दुष्यंत का पुत्र भरत चक्रवर्ती राजा हुआ।

भरत के पत्नियों ने 9 पुत्रों को जन्म दिया। किंतु भरत के यह कहने पर कि वे उसके अंश से उत्पन्न नहीं हुए हैं, इसलिए उन सभी को उनकी माताओं ने मार दिया। कालांतर में भरत ने मरुदगण की स्तुति की। मरुदगण ने प्रसन्न होकर उसे उताध्य की पत्नी ममता के गर्भ से बृहस्पति द्वारा उत्पन्न पुत्र भारद्वाज दे दिया।

भारद्वाज का दूसरा नाम वितथ पड़ा। वितथ का पुत्र भवनमन्यु हुआ। उसके अनेक पुत्र हुए। जिनमें ब्रहत्क्षात्र, महावीर्य, नार और गर्ग प्रमुख हैं। नार के पुत्र संकृति के रूचिराधि और रतिदेव पैदा हुए। गर्ग के पुत्र सिनि के वंशज गाग्य और सैन्य जनम से क्षत्रिय होने पर भी ब्राह्मण बन गए। महावीर्य के पुत्र उरक्षय के तीन पुत्र त्राययुर्ण, पुश्करण और कपि थे। कपि ब्राह्मण बने। ब्रहत्क्षात्र के पुत्र सुहौत्र थे। और सुहौत्र के पुत्र हस्तिन ने हस्तिनापुर नगर बनाया। हस्तिन के अजामेध, द्विमेध तथा पुरुमेध पुत्र हुए। अजामेध का एक पुत्र कण्व था। कण्व का एक पुत्र मेधातिथि तथा दूसरा पुत्र ब्रहदिश था, जिसका पुत्र ब्रहद्वासू, उसका पुत्र अहत्कर्मा, उसका पुत्र जयद्रथ, उसका पुत्र विश्वजीत, उसका पुत्र सेनजित और सेनजित के रूचिराश्व, काश्य, द्रधधनष और वसाहनु हुए। रूचिराश्व के पुत्र पृथसेन के पार और पार के निप नामक पुत्र हुए। निप के सौ पुत्र हुए जिनमें काम्पल्य का शासक समर प्रमुख था। समर के पुत्र परा, सम्परा और सदाश्व थे। परा का पुत्र पृथु था उसका पुत्र सुकीर्ति, उसका पुत्र विभ्रातृ और विभ्रातृ का पुत्र अनुह हुआ। अनुह ने व्यास पुत्र शुक्र की पुत्री कृत्वी से विवाह किया। उससे ब्रह्ममदत्त पैदा हुआ। ब्रह्ममदत्त के पुत्र विश्वसेन, उसका पुत्र उदकसेन, उसका पुत्र भल्लाट हुआ। द्विमिधा का पुत्र यविनार, उसका पुत्र तिमत, उसका पुत्र सत्यकृति, उसका पुत्र धृधनेमि, उसका पुत्र सुपार्श्व, उसका पुत्र ममति, उसका पुत्र सत्रातिमत, उसका पुत्र कृत थे। जिसे ह्रण्यनाम ने योगदर्शन की शिक्षा दी और उसने 24 सहिताएँ रची जिनका उपयोग सामवेद का अध्ययन करने वाले पर्व के ब्राह्मणों ने किया। कृत का पुत्र उग्रयुद्ध जिसने क्षत्रियों के निप वंश को नष्ट कर दिया। उग्रयुद्ध का पुत्र क्षेन्य, उसका पुत्र सुबीर, उसका पुत्र नृपंजय, उसका पुत्र बाहुरथ हुआ। ये पौरव कहलाए। अजामेध की नलिनीनाम की पत्नी थी जिससे नील नाम का पुत्र हुआ, उसका पुत्र शांति, उसका पुत्र सुशांति, उसका पुत्र पुरूजन, उसका पुत्र चकशू, उसका पुत्र हर्याश्व, हर्याश्व के मुदगल, त्रिंजय, वृहदिशु, प्रवीर और कम्पिलय पाँच पुत्र हए। इनके पिता ने कहा कि मेरे पाँच (पंच) पुत्र देश की रक्षा करने में सक्षम हैं इसलिए ये पांचाल कहलाए। मुदगल से मौदगल्य ब्राह्मण वंश चला। उसका एक पुत्र भावाश्व भी था, उसकी दो जुड़वा संतान एक पुत्र और एक पुत्री थी, जिनका क्रमशः दिवोदास और अहल्या नाम थे।

दिवोदास का पुत्र मित्रायु, उसका पुत्र च्यवन, उसका पुत्र सुदास, उसका पुत्र सुदास जिसे सहदेव भी कहते हैं, उसका पुत्र सोमक, जिसके सौ पुत्र थे इनमें जन्तु ज्येष्ठ था, पृष्ठ कनिष्ठ था। पृष्ठ क पुत्र द्रुपद उसका पुत्र धृष्टद्युम्न, उसका पुत्र दृष्टकेतु था। अजामेघ का एक अन्य पुत्र भी था जिसका नाम रिक्ष था। रिक्ष का पुत्र समवरण, उसका पुत्र कुरू हुआ। कुरू के नाम पर कुरूक्षेत्र का नामकरण हुआ। उसके सुधांशु, परीक्षित तथा अनेक पुत्र हुए। । सुधांशु का पुत्र सुहौत्र, उसका पुत्र च्यवन, च्यवन का कितक और कितक का उपरिचार हुआ। उपरिचार (बस) के ब्रहद्रथ, प्रत्याग्र, कुश्मभ, मावेला, मत्स्य आदि सात पुत्र हुए। ब्रहद्रथ का पुत्र कुसाग्र, कुसाग्र का ऋषभ, उसका पुत्र पुष्पावत, उसका पुत्र अत्याधृत, उसका पुत्र सुधन्वा और सुधन्वा का जान्तु हुआ। वृहद्रस्थ

के एक अन्य पुत्र भी था जो जरासिंधु के नाम से विख्यात हुआ। जरासिंधु का सहदेव, सहदेव का सोमपाय और सोमपायु का सुरश्रवा हुआ। वे मगध के राजा थे। संक्षेप में तीनों सुदासों की वंशावली निम्न प्रकार है।

ऋग्वेद में सुदास			विष्णु पुराण में सुदास	
7-18.22 के अनुसार	7-18.23 के अनुसार	8-18.25 के अनुसार	सगरवंश में सुदास	पुरू वंश में सुदास
देवव्रत	पिंजवन	दियोदास-पिजवन	ऋतुपर्ण	बाहवाश्व
पिजवन	सुदास	सुदास	सर्वकाम	दियोदास
सुदास			सुदास	मित्रायु
			सौदास	च्यवन
				सुदास
			मित्रसह	सौदास
				सोमक

उपरोक्त तालिकाओं से दो बातें स्पष्ट हैं—

1. विष्णु पुराण के सुदास का ऋग्वेद के सुदास से कोई संबंध नहीं है।

2. महाभारत में चर्चित पैजवन का साम्य ऋग्वेद के सुदास से है।

पिजवन का पुत्र होने के कारण सुदास को पैजवन भी कहा गया है। जिसका दूसरा नाम दिवोदास था। सौभाग्य से मेरा विवरण प्रो. बेबर से मिलता है। महाभारत के शांतिपर्व के प्रासंगिक श्लोकों पर टिप्पणी करते हुए प्रो. बेबर कहते हैं—

"पैजवन की महत्त्वपूर्ण कथा का वर्णन है। यज्ञ के लिए प्रसिद्ध पैजवन या सुदास ऋग्वेद में विश्वामित्र का संरक्षक और वशिष्ठ का शत्रु बताया गया है। वह शूद्र था।"

प्रो. बेबर ने दुर्भाग्य से इस अंश का महत्त्व नहीं समझा। मेरे लिए यही काफी है कि वह भी समझते हैं कि महाभारत का पैजवन और ऋग्वेद का सुदास, दो अलग व्यक्ति न होकर एक हैं।

III

हम सुदास-पैजवन के विषय में क्या जानते हैं?

सुदास-पैजवन के विषय में निम्नलिखित विवरण मिलते हैं—

(एक) सुदास न तो दास था औ न आर्य। दास और आर्य उसके शत्रु थे। इसका अर्थ यह हुआ कि वह वैदिक आर्य था।

(दो) सुदास का पिता दियोदास वध्रयाश्व का दत्तक पुत्र था। राजा दिवोदास ने तुर्बस और यादु शम्बर पारव और करंज और गुंगू से अनेक बार युद्ध किया। दिवोदास और तुर्यवन में युद्ध

हुआ और तुर्यवन विजयी हुआ। ऐसा मालूम होता है कि युद्ध के समय इन्द्र दिवोदास के विरुद्ध था। सुदास ने अपने पुरोहित भारद्वाज को अनेक उपहार दिए थे।

भारद्वाज ने छल किया और वह दिवोदास के शत्रु तुर्यवन से जा मिले। सुदास की माता के विषय में कुछ भी पता नहीं चलता, किंतु अश्विनी कुमारों की कृपा से प्राप्त उसकी पत्नी का नाम सुदेवी बताया गया है। (तीन) सुदास राजा था तथा उसका राज्याभिषेक ब्रह्मर्षि वशिष्ठ ने किया था।

राजाओं के महाभिषेक उत्सवों को संपन्न करने-कराने वाले पुरोहितों का वर्णन ऐतरेय ब्राह्मण में इस प्रकार मिलता है।

"भृगु पुत्र च्यवन ने मनु के पुत्राति का अभिषेक किया। याति पृथ्वी को जीतता चला गया और अश्वमेध यज्ञ किया।"

"वाजरप्न के पुत्र सामसुषम का अभिषेक सत्रजित के पुत्र शातनिक ने किया। उसने संपूर्ण जगत पर विजय प्राप्त की और अश्वमेध यज्ञ किया।"

"पार्वत और नारद ने अम्बाष्ठय और अभिषेक किया। अम्बाष्ठय ने सर्वत्र विजय पायी और अश्वमेध यज्ञ किया।"

"कश्यप ने भुवन के पुत्र विश्वकर्मा का अभिषेक किया। विश्वकर्मा ने संपूर्ण पृथ्वी को जीता और अश्वमेध यज्ञ किया।" "(राजा ने होता को सारी पृथ्वी दान में दे दी।)" कहा गया है कि पृथ्वी ने विश्वकर्मा की प्रशस्ति में कहा—

"हे विश्वकर्मा कोई पुरूष मुझे इस प्रकार दान में नहीं दे सकता। तुमने मुझे दान में दिया। मैं समुद्र में समा जाती हूँ। उनका कश्यप को दिया गया वचन व्यर्थ गया।"

"वशिष्ठ ने पिजवन पुत्र सुदास का अभिषेक किया। उसने सभी भूमंडल को जीत कर अश्वमेध यज्ञ किया।"

"अंगिरा के पुत्र संवर्त ने मारूत का अभिषेक किया। मारूत ने सभी भूमंडल जीत कर अश्वमेध यज्ञ किया।"

उपरोक्त सूची में वशिष्ठ द्वारा सुदास के अभिषेक किए जाने का स्पष्ट व विशिष्ट उल्लेख है।

सुदास प्रसिद्ध दश राजन (दस राजाओं के) युद्ध का नायक था। इस युद्ध का वर्णन ऋग्वेद के सातवें मंडल के अनेक सुक्तों में मिलता है। सुक्त 83 में कहा गया है—

4. "हे इन्द्र और वरुण, तुमने अपने घातक शास्त्रों से भेद नामक शत्रु को मारते हुए—सुदास की रक्षा की। युद्ध के अवसर पर त्रित्सुओं की प्रार्थना सुनी जिसने उनके लिए मेरी पौरोहित्य फलीभूत हुआ होगा।"

6. "हे इन्द्र और वरुण सुदास और त्रित्सु युद्ध द्वारा द्रव्य की प्राप्ति के लिए तुम्हारी शरण में गए। जब दस राजाओं ने उन पर आक्रमण किया, तुमने उन दोनों (सुदास और त्रित्सु) की रक्षा की।

7. "हे इन्द्र और वरुण, दसों अधार्मिक राजा, संगठित होने पर भी सुदास के समक्ष टिक न सके। द्रव्य युक्त यज्ञ में देवताओं का स्रोत सफल हुआ है। इनके यज्ञ में सभी देवता उपस्थित थे।"

9. "हे इन्द्र और वरुण, तुम में से एक युद्ध में शत्रुओं का संहार करता है तथा दूसरा धार्मिक अनुष्ठानों की सदा रक्षा करता है। हम स्तुति करके तुम्हारा आह्वान करते हैं, हम पर कृपा करो।"

सुक्त 33 के अनुसार—

"पाशधुम्न के पराभव पर सुदास ने मंदिरों को चढ़ावा दिया। उसे ग्रहण करने के निमित्त इन्द्र को आहूत किया। इन्द्र ने त्वरित गति से वयत् के पुत्र पाशधुम्न के भाग का सोम वशिष्ठों पर उंडेल दिया।"

3. सुदास ने उसी प्रकार त्वरित गति से सिंधु नदी को पार कर अपने शत्रुओं का दमन किया। उसी प्रकार वशिष्ठों ने अपनी स्तुति से इन्द्र को दस राजाओं से सुदास की रक्षा करने के लिए तैयार कर लिया।

"प्यास से व्याकुल वर्ध के लिए प्रार्थना करते हुए दशराजन से युद्ध में त्रित्सुओं द्वारा सहायता प्राप्त वशिष्ठ ने इन्द्र को सूर्य की भाँति जाज्वल्यमान बना दिया। इन्द्र ने वशिष्ठ की प्रार्थना सुनी और त्रित्सुओं को विशाल भू-भाग प्रदान किया।"

सुक्त 19 में बताया गया है—

3. "हे इन्द्र, तुमने नैवेद्य अर्पित करने वाले सुदास की हर प्रकार से रक्षा की है। तुमने पुरूकुत्स के पुत्र त्रिसदस्यू और पुरू को धरा पर आधिपत्य स्थापित करने के लिए युद्ध में शत्रुओं से बचाया है।"

6. "हे इन्द्र, दानी सुदास पर तुम्हारी अनंत कृपायें हैं। मैं तुम्हारे दो शक्तिशाली अश्व जोतता हूँ। हमारी स्तुति आप आराध्यों तक पहुँचे।"

सातवें मंडल के सुक्त 18 में कहा गया है—

5. "स्तवनीय इन्द्र ने यरूठणी नदी के गहरे जल को सुदास के लिए तलस्पर्श और पार करने योग्य बना दिया। स्तोता के लिए नदियों के तरंगायित और अवरोधक शाम को दूर किया।"

6. "जल में मछली कीटरद वंधे रहने वाला तुर्वश धन के लिए सुदास के पास गया किंतु मछली की तरह तड़पता रहा और तब भृगुओं तथा द्रहनुओं ने उसका सुदास से साक्षात्कार करा दिया। इन दोनों के सभी पृथ्वी का विवरण किया। सुदास के मित्र इन्द्र ने इस से सुदास की रक्षा की।"

7. "हव्यों के पाचक, कल्याण-मुख, तपस्या से अप्रवृद्ध विषाण हस्त और मंगलकारी व्यक्तियों ने इन्द्र की स्तुति की। इन्द्र ने आर्य की गायों को गौ-तस्करों से छुड़ाया और शत्रुओं को मारा।"

8. "दुष्ट मानस और मन्दमति शत्रुओं ने परूष्णी नदी को खोदते हुए उसके दोनों तटों को गिरा दिया। किंतु इन्द्र की कृपा से सुदास विश्वव्यापी हो गए और सुदास ने चममान के पुत्र कवि को मार दिया।"

9. "परूष्णी नदी का जल सामान्य रूप से गन्तव्य धारा में बहने लगा। सुदास राजा का घोड़ा भी अपने गन्तव्य स्थान को चला गया। इन्द्र ने सुदास के अनेक शत्रुओं को पराजित किया।"

10. "विभिन्न रंगों वाले पशुओं पर आरूढ़ मरूद्रगणों को अपनी पूर्व प्रतिज्ञा के अनुसार उनकी माता पृशणी ने इन्द्र के पास भेजा। मरूद्रगण इन्द्र के पास उसी त्वरित गति से गए जैसे चरवाहे बिना गायें जौ की ओर जाती हैं। मरूतों के नियुत नामक घोड़े की उन्हें वहाँ तेजी से ले गए।"

11. "इन्द्र ने मरूद्रगण की उत्पत्ति राजा की सहायता के लिए की। यशाकांक्षी राजा ने परूष्णी नदी के तट पर 21 मानवों की बलि दी।"

12. "हे इन्द्र तेरे भय से श्रुत कवश वृद्ध और द्रहयूस नदी में बह गए। जिन लोगों ने आपकी स्तुति की और आपकी मित्रता मानी वे समृद्ध हो गए।"

13. "शक्तिपुज इन्द्र ने त्वरित गति से उनके सात (7) अजेय नगर ध्वस्त कर दिए। उसने अनु के पुत्र का निवास स्थान छीन कर त्रित्सु की भेंट कर दिया। हम इन्द्र की कृपा से दुर्भार्षी लोगों पर विजय प्राप्त करें।"

14. "छियासठ हजार छह सौ साठ अनु तथा द्रहयुस यौद्धा महान् सुदास के पशुओं का हरण करना चाहते हैं, इन्द्र के गौरवशाली कृत्य से विनाश को प्राप्त हुए।"

15. "उद्धत प्रित्सु भूलवश इन्द्र से उलझ तो पड़े लेकिन बाद में सारी संपत्ति सुदास के लिए छोड़ कर नदी की तीव्र धारा की भाँति भाग गए।"

16. "इन्द्र ने अपने वरिष्ठ सुदास के शत्रुओं को तहस-नहस कर दिया। इन्द्र ने सुदास के शत्रु जनों को भड़का कर सुदास के विरूद्ध खड़ा कर उन्हें भागने को मजबूर कर दिया।"

17. "इन्द्र ने अकिंचन के दान को पूरा किया, बकरी से सिंह का वध कराया, सूई की नोक से बलि खंभे को कोण काटा और शत्रुओं की लूट से प्राप्त धन संपदा सुदास को सौंपी।'

18. "हे इन्द्र, उपद्रवी भेद ने अपने असंख्य शत्रुओं को दास बना लिया है। वह तुम्हें क्रूर कहने वालों को संरक्षण देता है। इस पर वज्र प्रहार करो।"

19. "यमुना तट के निवासियों और त्रित्सुओं ने युद्ध में मेद का वध करने पर इन्द्र की अभ्यर्थना की। अज, शिशू और यक्ष लोगों ने इन्द्र के निमित्त यज्ञ किया और अश्वों के सिर की बलि दी।"

20. "इन्द्र तेरी सेना और समृद्धि अथाह है। पुरातन और नूतन की गणना उसी प्रकार असंभव है जैसे प्रति प्रभाव की गणना। तूने मन्यमान के पुत्र देवक का हनन किया और शाम्बर को पर्वत से नीचे धकेला है।"

इस युद्ध में सुदास के विरूद्ध लड़ने वाले राजा इस प्रकार हैं—1. शिन्यु, 2. तुर्वाशा, 3. द्रुह्यु, 4. कवश, 5. पुरू, 6. अनु, 7. मेद, 8. शम्बर, 9. वैकर्ण, 10. वैकर्ण (दूसरा), 11. यदु, 12. मत्स्य, 13. पक्थ, 14. भालना, 15. अलीन, 16. विंशानिन, 17. अज, 18. सिनि, 19. शिगृ, 20. यक्षु, 21. यध्यामधि, 22, याद्वा, 23, देवक मन्यामान, 24, च्यमन कवि, 25. सुतुक, 26. उचथ, 27. श्रुत, 28. वृद्ध, 29. मन्यु और 30. पृथ।

स्पष्टतः युद्ध अपने नाम से कहीं बड़ा और भारतीय आर्यों के इतिहास की महत्त्वपूर्ण घटना रहा होगा। युद्ध का विजेता सुदास अपने समय का अनन्यतम नायक कहलाता था तो इसमें कोई अतिश्योक्ति नहीं है। युद्ध का कारण क्या था यह तो ठीक पता नहीं चलता। ऋग्वेद (7.83.7) में सुदास के विरोधी राजाओं को अधर्मी कहा गया है। इस प्रकार संभावना यही है कि यह धर्म युद्ध था।

(चार) सायणाचार्य और लोकोक्ति के अनुसार ऋग्वेद के अधोलिखित मंत्रों के सृष्टा निम्नांकित राजा गण थे—

10.9—बितहव्य (भारद्वाज)

10.75—अम्बरीश (यात्वविष्ट के पुत्र त्रिसरस) के पुत्र सिंधुद्वीप।

10.133—प्रियमेघ का पुत्र सिंधुक्षित।

10.134—पिजवन का पुत्र सुदास।

10.179—युवनास्व का पुत्र मंधातृ।

10-148—असीनर के पुत्र सिवि, दिवोदास के पुत्र काशी नरेश प्रतार्धन तथा रोहिदाश्व के पुत्र वसुमानस को पृथी वैन्य धारक घोषित किया गया है।

उक्त तालिका में सुदास का नाम वैदिक मंत्रों के सृष्टा के रूप में है।

(पाँच) ऋग्वेद (3.53) के अनुसार सुदास ने अश्वमेध यज्ञ किया था—

9. "महामुनि देवगण ने जनक के देवों को आकृष्ट किया। विश्वामित्र ने जब सुदास का यज्ञ संपन्न कराया, तो उन्होंने नदियों के प्रवाह को रोक दिया, इन्द्र और कुशिक प्रसन्न हुए।"

11. "हे कुशिक, तुम आगे बढ़कर सुदास के अश्व का उत्साहवर्धन करो और उसे राज्य की समृद्धि के लिए विजय प्राप्त करने के लिए प्रेरित करो। देवराज इन्द्र ने वृत्र का पूर्व, पश्चिम और उत्तर दिशा में विनाश कर दिया है। इसलिए पृथ्वी के पवित्र स्थलों पर सुदास इन्द्र की पूजा करें।"

(छह) ब्राह्मणों के लिए अपनी दानशीलता के लिए प्रसिद्ध सुदास अतिथिग्य के नाम से पुकारा जाता था। दानशीलता के कारण ब्राह्मण उसका यशोगान कैसे करते थे, ऋग्वेद में देखिए—

47.6—"हे अश्विन अपने रथ में भर कर सुदास को धन दो, सागर या आकाश के मार्ग से धन भेजो जिससे हमें अपार दक्षिणा मिले।"

63.7—"पुरूकुत्स के सात नगरों के विध्वंसक सुदास के विपत्ति निवारक इन्द्र, अब पुरू पर द्रव्य वर्षा करो।"

1.112.19—"हे अश्विन सुदास को तेज और बल प्रदान करने वाली शक्ति के साथ पधारो।"

7.19.3—"इन्द्र, सुदास की स्तुति पर तुमने हर प्रकार की सहायता देकर उसकी रक्षा की। तुमने पुरूकुत्स के पुत्र त्रसदस्यु को बचाया और पुरू की अपने शत्रुओं के वध में तुमने भरसक सहायता की।"

7.20.2—"वृत्र संहारक, इन्द्र, अपने भक्तों की रक्षा करते हैं, सुदास को स्थान (सम्मान) देते हैं तथा अपने भक्तों को धन देते हैं।"

7.25.3—"सुदास को सौ बार सहायता दो। एक सहस मनोवांछित उपहार दो, समृद्धि प्रदान करो। विनाशक शस्त्रों का नाश करो। हमें यश और धन दो।"

7.32.10—"इन्द्र और मारूतों से रक्षित सुदास के रथ को रोकने की शक्ति किसी में नहीं है। वह पशुओं से भरे चरागह में निर्दद्वन्द्व विचरण करता है।"

7.53.3—"हे आकाश और वसुंधरा, सुदास को अथाह धन का उपहार दें।"

7.60.8—आदिति, मित्र और वरूण सुदास को सुरक्षा प्रदान करते हैं, अस्तु हे आराध्यगण, हम देवताओं के प्रति कोई अपराध न करें। हे आर्यमाण, हमें हमारे शत्रुओं से मुक्ति दिलाओ। हे बलशाली देवजन, सुदास को विस्तृत प्रसाद प्रदान करो।

ये ऋग्वेद से संकलित और महाभारत के शांतिपर्व में वर्णित पैजवन के जीवन वृत्त के अंश हैं।

ऋग्वेद से हमें यह मालूम होता है कि उसका वास्तविक नाम सुदास था। महाभारत में उसे शूद्र बताया गया है जो एकदम नई बात है। शूद्र का आर्य होना, शूद्र का क्षत्रिय होना और शूद्र का राजा होना। इससे अधिक विस्मयजनक क्रांतिकारी बात और क्या हो सकती है?

जीवन वृत्त की खोज को समाप्त करने से पहले तीन महत्त्वपर्ण प्रश्नों पर विचार करना जरूरी है—

1. क्या सुदास आर्य था?

2. यदि सुदास आर्य था तो उसकी जाति क्या थी?

3. यदि सुदास शूद्र था तो शूद्र का क्या अर्थ है?

हमें दूसरे प्रश्न से प्रारंभ करना बेहतर होगा। इसके समाधान हेतु हम ऋग्वेद का आश्रय लेते हैं।

ऋग्वेद में त्रित्सु, भरत, तुर्वष, दहयु, यदु, पुरू और अनु आदि अनेक जातियों का वर्णन है। ऋग्वेद में ही साक्ष्यानुसार सुदास का संबंध पुरू, त्रित्सु और भरत जातियों से था। अस्तु हमें अपनी खोज इन्हीं तीन जातियों तक सीमित रखना श्रेयस्कर होगा।

ऋग्वेद में सुदास और त्रित्सुओं का संबंध इस प्रकार दर्शाया गया है—

1. मंत्र 1.63.7 में दिवोदास को पुरू गण का राजा कहा गया है।

2. मंत्र 1.130.7 में दिवोदास पौरव बताया गया है। अर्थात् पुरू का वंशज।

3. मंत्र 7.18.15 के अनुसार सुदास ने त्रित्सुओं के ठिकानों पर धावा बोला। त्रित्सु भाग खड़े हुए और उनकी संपत्ति सुदास के हाथ लगी। अर्थात् सुदास त्रित्सु नहीं बताया गया।

4. मंत्र 7.83.6 के अनुसार सुदास और त्रित्सु दसराजन युद्ध में एक पक्ष थे, लेकिन ये अलग-अलग दिखाए गए हैं।

5. मंत्र 7.35.5 और 7.83.4 में सुदास त्रित्सुओं का राजा बताया गया है। त्रित्सु और भरत तथा उनके और सुदास के बीच संबंधों के बारे में ऋग्वेद में निम्न साक्ष्य उपलब्ध हैं।

6. मंत्र 7.33.6 में त्रित्सु और भरत एक बताए गए हैं।

7. मंत्र 7.16.4, 6.19 में सुदास के पिता दिवोदास का भरत से संबंध बताया गया है।

उक्त प्रसंगों से यह स्पष्ट है कि पुरू, त्रित्सु और भरत या तो एक जाति की अलग-अलग शाखाएँ या अलग जातियाँ थीं जो कालांतर में एक हो गई। यह असंभव भी नहीं है। यदि हम मान कर चलें कि तीनों जातियाँ अलग थीं, तब स्वाभाविक रूप से यह प्रश्न उठेगा कि सुदास की जाति क्या थी? पुरू और भरतों से सुदास के पिता दिवोदास के संबंध को देखते हुए यह मानना स्वाभाविक हो जाता है कि सुदास का मूलतः या तो पुरू से संबंध था या फिर भरत से और यह कहना कठिन है। यदि सुदास के पिता दिवोदास को भरत माना जाए तो सुदास भी भरत ही माना जायेगा।

अब प्रश्न उठता है कि भरत कौन थे? क्या ये वे हैं जिनके नाम पर इस देश का नाम भरत भूमि पड़ा? यह एक महत्त्वपूर्ण प्रश्न है क्योंकि अधिकांशतः लोग इस सच्चाई से अवगत नहीं हैं। हिंदू जब भी भारतवर्ष की चर्चा करते हैं उनके मस्तिष्क में दुष्यंत और शकुंतला का पुत्र भरत रहता है वे अन्य किसी भरत के नाम को जानते तक नहीं। अतः वे यह मानते हैं कि दुष्यंत पुत्र भरत के नाम पर ही इसका नाम भारत पड़ा।

दो भरत जातियाँ एक-दूसरे से अलग हैं। एक तो दुष्यंत पुत्र भरत है जिसका वर्णन महाभारत में आता है और दूसरे भरत ऋग्वेद में वर्णित मनु के वंशज हैं, जिनमें सुदास भी है। इस देश का नाम ऋग्वेद के भरतों के नाम पर ही भारत पड़ा न कि दुष्यंत के भरत के नाम पर। यह भगवत पुराण में स्पष्ट किया है—

प्रियंवदो नाम सुतो मनोः स्वायंभुवतस्य ह।
तस्याग्रीध्रस्ततो नाभिऋषभश्च सुतस्ततः।।
अवतीर्ण पुत्रशतं तस्यासी द्रहयपारगम्।
तेषां वे भरतों ज्येष्ठों नारायणपरायणः।
विख्यातं वर्षमेतद्यन्नाम्ना भारतमुत्तप्रम्।।

अर्थात्—"खुदभु के पुत्र मनु के एक पुत्र प्रियंवद थे। उनके पुत्र अग्नीध हुए। अग्नीध के पुत्र नाभि और नाभि के पुत्र ऋषभ हुए। ऋषभ के एक और वेद विद पुत्र हुए जिनमें नारायण के परम भक्त भरत ज्येष्ठ थे। उन्हीं के नाम पर इस देश का नाम भारत पड़ा।"

उपरोक्त से पता चलता है कि सुदास किन प्रतापी राजाओं का वंशज था।

अब यह पता करना है कि सुदास आर्य था या नहीं। भरत आर्य थे, अस्तु सुदास भी आर्य ही होगा।

ऋग्वेद के मंत्र 7.18.7 से सुदास के आर्य होने में संदेह उत्पन्न होता है। क्योंकि इससे ऐसा मालूम होता है कि त्रित्सु आर्य नहीं थे। उनके अनुसार इन्द्र ने त्रित्सुओं से आर्यों की गायों को छुड़ाया और त्रिस्तुओं को मार कर आर्यों की रक्षा की। अतः त्रित्सु आर्यों के शत्रु थे। त्रित्सुओं को अनार्य कहे जाने पर ग्रिफिथ महाशय भी चक्कर में पड़ गए। वह उक्त मंत्र के शाब्दिक अर्थ के कारण हुआ क्योंकि वह भूल गए कि ऋग्वेद में धर्म एवं जाति के आधार पर दो अलग आर्य जातियों का वर्णन है। तथ्यों के प्रकाश में ऐसा मालूम होता है कि इस मंत्र की रचना के समय त्रित्सु और आर्य धर्म के आधार पर एक नहीं हो पाए थे। फिर भी इसका यह आशय कदापि नहीं कि ये आर्य नहीं थे। वे आर्य थे। यह भी निर्विवाद सिद्ध है कि त्रित्सु आर्य थे। सुदास भरत रहा हो या त्रित्सु वह आर्य था।

अंतिम प्रश्न है 'शूद्र' का क्या अर्थ है। सुदास के शूद्र सिद्ध हो जाने से शब्द का अर्थ बदल गया है। पूर्व के गवेषकों के लिए यह नई खोज आश्चर्यजनक है क्योंकि वे असभ्य और जंगली आदिम जातियों को ही शूद्र मान कर चले हैं। इसका कारण यह रहा है कि वैदिक आर्यों की सामाजिक संरचना का पूरी तरह गवेषणा पूर्ण अध्ययन नहीं हुआ। प्राचीन समाज जाति, उपजाति, कुल और गोत्र के आधार पर अनेक छोटे-छोटे समूहों में विभाजित था। अतः यह कहना कठिन है कि शूद्र किस जाति, कुल या वंश का नाम था।

किसी एक कुल के लोग जब एक ही वंश परंपरा के आधार पर किसी अन्य कुल में शामिल हो जाते हैं तो उनका एक बड़ा समुदाय बन जाता है और उनके सामाजिक हित तथा तीज त्यौहार समान होते हैं तो वह एक बिरादरी बन जाती है। यह बंधन कुछ शिथिल होता है और उनके संसर्ग औपचारिक या उठ बैठ से अधिक कुछ नहीं होते। यह बिरादरी भाव नातेदारी में विकसित हो जाता है तो इसे एक विस्तृत समुदाय समझा जाता है। नातेदारी बिना आंशिक विभेद के भी हो सकती है और पूरा कुल दो कुलों का जुड़ाव बन जाता है। ये सभी वर्ग चाहे कुलगत हो बिरादरी से संबंधित हो या नातेदारी के, उनमें एक रिश्ता बन जाता है।

निःसंदेह वैदिक आर्यों में भी ऐसे सामाजिक समुदाय थे। यह नामावलियों से स्पष्ट होता है जैसा कि प्रो. सेनार्ट ने बताया है—

"वैदिक मंत्रों में बाह्य और सामाजिक संबंधों के विषय में अनिश्चय है। हमें उनके विषय में कम-से-कम इतना पता है कि आर्य समुदाय में अनेक कबीले या जन थे जो कुलों में विभाजित थे। उनमें 'विशों' का प्रचलन था। फिर वे परिवारों में विभक्त हो गए। इस संबंध में ऋग्वेद की शब्दावली में कहीं-कहीं अपूर्णता है। परंतु सामान्य तथ्य स्पष्ट है। सजाति और जाति भाई का अथर्ववेद के 'विश' शब्द से संकेत मिलता है। जन का व्यापक महत्त्व है जो कुल का स्वरूप है यही जाति बना। 'वा', 'वृजन', 'व्रज', 'व्रत' कबीलों के विभाजनों का पर्याय हैं आर्य लोगों के विषय में तत्कालीन युगों के मंत्रों मे प्रसंग आए हैं कि ये कबीलों की परंपराओं के संगठनों में विभाजित थे। तत्कालीन नामों की परंपरा से प्रकट होता है कि ये घुमंतु थे।"

बहरहाल हमारे पास ऐसी कोई सूचना नहीं है कि उपर्युक्त में से क्या कुल है, क्या बिरादरी है और उसका किस कबीले से संबंध है? इन हालातों में यह नहीं कहा जा सकता कि शूद्र किसी कुल का नाम है या बिरादरी का या किसी कबीले का। फिर भी प्रो. बेबर के विचार बड़े रोचक हैं। वह शतपथ ब्राह्मण के एक कथन (1.1.4.12) का उल्लेख करते हैं कि यज्ञशाला के आह्वान के लिए यजमानों से क्या कहा जाता था? ब्राह्मण को 'जल्दी आ' क्षत्रिय को 'जल्दी आ' वैश्य को 'जल्दी आ' और शूद्र को 'दूर हट' कहा जाता है। प्रो. बेबर के अनुसार—

"पूरा परिच्छेद अति महत्त्वपूर्ण है जिससे पता चलता है (रोथ ने अपने जर्नल के प्रथम खंड के पृष्ठ 83 में जो कहा है उसके विपरीत) कि शूद्र आर्यों के यज्ञ में भाग लेते थे। उनकी भाषा समझते थे: हालाँकि बोल नहीं पाते थे। बाद की बात से अनुमान होता है कि यह जरूरी नहीं कि इसका निष्कर्ष यही है। परंतु इसकी बहुत संभावना है और मैं उनकी बात मानने को तैयार हूँ कि शूद्र आर्य कबीले के ही थे जो पहले भारत आया।"

उनके इस निष्कर्ष पर हम यह विचार करने को विवश हैं कि शूद्र आर्य ही थे। संदेह का एक ही मुद्दा है कि क्या शूद्र कोई कबीला था? यह तो असंदिग्ध है कि वे आर्य और क्षत्रिय थे।

8. वर्ण तीन हैं या चार?

I

आदिकाल से ही आर्य समुदाय में वर्ण-व्यवस्था मौजूद रही है। जिसे सभी हिंदू तथा पश्चिमी विद्वान् स्वीकार करते हैं यदि पिछले अध्याय में वर्णित इस आधार को कि शूद्र क्षत्रिय थे, स्वीकार किया जाए तो यह सिद्धांत गलत है। यदि ऐसा है तो कभी केवल तीन ही वर्ण थे, अर्थात् ब्राह्मण, क्षत्रिय और वैश्य। इससे एक समस्या का समाधान हो तो दूसरी समस्या उत्पन्न हो जाती है। पता नहीं इसका महत्त्व कोई समझेगा या नहीं। यह कहा जाता है कि जब तक यह सिद्ध न हो जाए कि आदि काल में केवल तीन वर्ण थे तब तक यह नहीं माना जा सकता कि शूद्र क्षत्रिय थे। सौभाग्यवश इसका प्रमाण मौजूद है कि आर्यों में आदिकाल में केवल तीन ही वर्ण थे।

कोई सिद्धांत मिल जाता जिससे मैं यह समस्या हल करने का वायदा निभा पाता किंतु इससे एक और समस्या हो जाती है। सौभाग्य की बात है इस बारे में मुझे पुख्ता सबूत मिले हैं कि शुरू में आर्यों के केवल तीन ही वर्ण थे।

पहला प्रमाण ऋग्वेद का है। मैं उसी का विश्वास करता हूँ। कुछ विद्वानों का विचार है कि ऋग्वेद के काल में वर्ण-व्यवस्था नहीं थी। उनका विचार है कि ऋग्वेद में 'पुरूष-सुक्त' बहुत समय बाद का क्षेपक है।

यदि यह मान भी लिया जाए कि 'पुरूष-सुक्त' बाद का क्षेपक है तब भी यह नहीं माना जा सकता कि ऋग्वेद के समय में वर्ण-व्यवस्था नहीं थी। ऋग्वेद के साथ इस व्यवस्था का विरोधाभास है क्योंकि 'पुरूष-सुक्त' के अलावा कई स्थानों में ऋग्वेद में ब्राह्मण, क्षत्रिय और वैश्य का वर्णन एक साथ आया है। ब्राह्मणों का जिक्र एक वर्ण के लिहाज से पंद्रह बार और क्षत्रियों का नौ बार आया है, परंतु 'शूद्र' का नाम इस अर्थ में कहीं नहीं आया कि वह एक वर्ण का नाम है। यदि किसी विशेष वर्ण का नाम 'शूद्र' होता, तो ऋग्वेद में उसका जिक्र जरूर आता। इससे यही परिणाम निकालता है कि 'शूद्र' नाम का कोई चौथा वर्ण नहीं था।

दूसरा प्रथम तैत्तिरीय और शतपथ ब्राह्मण का है। दोनों ब्राह्मणों में केवल तीन वर्णों का उल्लेख है। शूद्रों के अलग वर्ण का कोई जिक्र नहीं है।

शतपथ ब्राह्मण (2.1.4.11) में कहा है—भूः कह कर प्रजापति ने पृथ्वी को बनाया, भुवः कह कर वायु और स्वः से आकाश को बनाया। ये तीनों शब्द और ब्रह्मांड एक साथ ही बने। तीनों के साथ अग्नि को बनाया। भूः उच्चारण करके ब्राह्मण को बनाया, भुवः कह कर क्षत्रिय को और स्वः से वैश्य को बनाया। सबके साथ अग्नि को बनाया, भूः कह कर प्रजापति ने खुद को बनाया. भवः से प्राणियों को और स्वः से पशुओं को बनाया। दुनिया प्रजापति, प्राणि और पशुओं की है और अग्नि तीनों की है। तैत्तिरीय ब्राह्मण (3.12.9.2) में लिखा है—

"सारी सृष्टि ब्रह्मा से पैदा हुई। ऋग्वेद से वैश्व बने, ऋग्वेद से क्षत्रिय और सामवेद से ब्राह्मण पैदा हुए। ऐसा प्राचीन समय में कहा गया है।"

ऋग्वेद और दोनों ब्राह्मण ग्रंथों से बढ़ कर क्या प्रमाण हो सकता है। जिनकी मान्यता वेदवत है दोनों श्रुति हैं। दोनों में केवल तीन वर्णों का उल्लेख है। शूद्र का अलग वर्ण होना या चतुर्थ वर्ण होने का कोई कथन नहीं है। मेरे कथन पर इससे बढ़ कर कोई प्रमाण नहीं हो सकता कि मूलतः तीन ही वर्ण थे।

II

मेरा ऐसा प्रमाण है। लेकिन इसके प्रतिकूल 'पुरूष-सुक्त' है जिसमें कहा गया है कि चार वर्षों का आदि काल से अस्तित्व है। किसे सही मानें? मीमांसा के सिद्धांतों के अनुसार तो 'पुरूष-सुक्त' के चार वर्ण और उक्त ब्राह्मण ग्रंथों के अनुसार तीन वर्ण के सिद्धांत दोनों को मानना पड़ेगा। परंतु यह अनुचित बात है। वर्ण तीन भी है और चार भी, ऐसा कहने का कोई अर्थ नहीं है। अतएव इतिहासकारों के विचार को मानना पड़ेगा कि कौन पहले बना? क्या 'पुरूष-सुक्त' असली ऋग्वेद के बाद बना? इसके लिए 'पुरूष-सुक्त' तथा बाकी ऋग्वेद की भाषा का मिलान करना पड़ेगा। सभी विद्वानों का विचार है कि 'पुरूष-सुक्त' बाद का बना है।

कोलबुक का कथन है—"यह मंत्र अर्थात् 'पुरूष-सुक्त' के छंद तथा शैली और भाषा बाकी ऋग्वेद की प्रार्थनाओं से सर्वथा अलग है। यह अधिक अर्वाचीन मालूम होता है। यह उस समय बना होगा जब कि संस्कृत भाषा और व्याकरण काफी परिष्कृत हो गई। इसकी भाषा से यही पता चलता है कि पहले अधिकांश मंत्र सहज लोक भाषा में लिखे गए और वेदों का वर्तमान संकलन उस समय का है जब छंदों का प्रयोग होने लगा और पुराणों तथा काव्यों में गेय मंत्र का श्लोक लिखे जाने लगे।"

प्रो. मैक्समुलर का विचार है—"इसमें संदेह की गुंजाइश नहीं है। उदाहरणार्थ नौवें मंडल का 90वाँ मंत्र लक्षण और शैली की दृष्टि से अर्वाचीन है। इसमें यज्ञ के कर्मकांड की संपूर्ण झलक है, इसमें तकनीकी दार्शनिक शब्दावलि है, इसमें तीन ऋतुओं का क्रम इस प्रकार है वसंत, ग्रीष्म और शरद। ऋग्वेद का मात्र यही प्रसंग है जहाँ चार वर्ण गिनाए गए हैं। इस संकलन के अर्वाचीन होने की सशक्त संभावनाएँ है। उदाहरणार्थ ग्रीष्म का ऋग्वेद में अन्यत्र उल्लेख नहीं है। प्राचीन वैदिक मंत्रों में वसंत शब्द भी नहीं मिलता। ऋग्वेद (10.161.4) में इसकी एक बार आवृति है, जहाँ तीन ऋतुएँ शरद, हेमंत और वसंत ही कही गई हैं।"

प्रोफेसर वेबर का कहना है—"'पुरूष-सुक्त' ऋग्वेद के मंत्रों में सबसे बाद का जुड़ा मालूम होता है। यह उसकी सामग्री से स्पष्ट है। फिर साम संहिता में इससे कोई मंत्र नहीं लिया गया। यह भी एक प्रमाण है। नवगेय सिद्धांत में हालाँकि निश्चयात्मक रूप से नहीं, फिर भी उसने पहली अर्चिका के सातवें प्रपाथक में पहले पाँच मंत्र ही लिए हैं। यह एक विशिष्टता है।"

III

यह एक तर्क है जो हमें यह फैसला लेने में मदद करता है कि 'पुरूष-सुक्त' बाद में बना या पहले। इसके लिए यह देखना जरूरी होगा कि वेदों की कितनी संहिताओं ने 'पुरूष-सुक्त' को अपनाया है। अध्ययन करने पर वेद और संहिताओं की स्थिति इस प्रकार हैं—

इसके सामवेद में केवल 5 मंत्र हैं। श्वेत यजुर्वेद और यजुर्वेद की वाजसनेयी संहिता में 'पुरूष-सुक्त' के मंत्र हैं परंतु दोनों में बहुत अंतर है। ऋग्वेद में 'पुरूष-सुक्त' के केवल 16 मंत्र है परंतु वाजसनेयी संहिता में 22 मंत्र हैं। कृष्ण यजुर्वेद की तीन संहिताएँ तैत्तिरीय, कठ और मैत्रायनी में से किसी में भी 'पुरूष-सुक्त' नहीं है। केवल अथर्ववेद में ही 'पुरूष-सुक्त' ज्यों-का-त्यों शामिल किया गया है।

अलग-अलग वेदों में 'पुरूष-सुक्त' के मंत्रों की संख्या, क्रम और पाठ तीनों क्रम से नहीं है, वाजसनेयी संहिता में अंतिम 6 मंत्र अधिक हैं। ऋग्वेद, सामवेद तथा अथर्ववेद में नहीं पाए जाते। इसी प्रकार अथर्ववेद के सुक्त का 16वाँ मंत्र न ऋग्वेद में पाया जाता है, न यजुर्वेद में। पंद्रह मंत्र भी तीनों वेदों में समान नहीं है और न ही उनका क्रम एक समान है। यह भिन्नता निम्नलिखित सूची से प्रकट होगी। इस सूची 7 इस चिन्ह (×) का तात्पर्य है, नहीं पाए जाते और चिन्ह (+) का अर्थ है, पाठांतर है। देखिए—

यजुर्वेद	ऋग्वेद	सामवेद	अथर्ववेद
1	1	3	1
2	2	5	4
3	3	6	3
4	4	4	2
5	5	7	9
6	8	×	10
7	9	×	11
8	10	×	14
9	7	×	13
10	11	×	12
11	12	×	5
12	13	×	6
13	14	×	7
14	6	×	8
15	15	×	15
16+	16	×	16+
17	×	×	×
18	×	×	×
19	×	×	×
20	×	×	×
21	×	×	×
22	×	×	×

स्थिति यह है कि यदि 'पुरूष-सुक्त' प्राचीन होता तो अन्य वेदों में इस तरह की स्वतंत्रता के साथ उसकी काट-छाँट का अवसर न होता।

विभित्र वेदों में 'पुरूष-सुक्त' का स्थान भी बहुत महत्त्व रखता है। इसके अलावा 'पुरूष-सुक्त' ऋग्वेद के मिश्रित भाग में पाया जाता है। यदि यह पुराना होता तो क्या उसके साथ छेड़छाड़ की जा सकती थी? क्या इसमें ऐसी काट-छाँट की जा सकती थी। विभिन्न वेदों में 'पुरूष-सुक्त' का स्थान अलग-अलग है। ऋग्वेद में यह विविध रूप में दिया गया है। अथर्ववेद में यह पूरक परिशिष्ट है। इसमें भेद क्यों है?

अस्तु इस गड़बड़ का परिणाम यह निकलता है कि—

1. चूँकि 'पुरूष-सुक्त' कृष्ण यजुर्वेद की तैत्तिरीय संहिता, कठ और मंत्रायनी संहिता में नहीं पाया जाता, इससे यह सिद्ध है कि इन संहिताओं के बाद यह सुक्त ऋग्वेद में जोड़ा गया।

2. चूँकि यह ऋग्वेद तथा यजुर्वेद के परिशिष्ठ भाग में डाला गया है, इससे यह सिद्ध होता है कि यह इसके बाद बना।

3. चूँकि और वेदों के सुक्तों में मनमानी काट-छाँट और पाठांतर किया गया है, इससे सिद्ध होता है कि यह प्राचीन मंत्र नहीं था और न ही इसकी उतनी प्रतिष्ठा थी। इन बातों से साझा साक्ष्य मिलते हैं जो प्रो. मैक्समुलर और अन्य विद्वानों के पक्ष में जाते हैं कि 'पुरूष-सुक्त' क्षेपक है।

IV

'पुरूष-सुक्त' के मंत्रों की रचना शैली में भी अंतर है। सब मंत्र तो एक सिलसिले में है परंतु मंत्र 11 और 12 प्रश्नोत्तर के रूप में हैं। ये दो मंत्र वर्णोत्पत्ति को बताते हैं। एक व्याख्यात्मक क्रम में यह व्यवधान क्यों आया। ऐसा मालूम होता है कि वे दो मंत्र बाद में सुक्त के बीच जोड़ दिए गए। अतएव केवल 'पुरूष-सुक्त' बाद में ही नहीं जोड़ा गया। उसमें समय-समय पर और मंत्र भी जुड़ते रहे। कुछ विद्वानों का तो यह भी विचार है कि 'पुरूष-सुक्त' तो क्षेपक है ही उसके कुछ मंत्र और भी बाद में इसमें जोड़े गए।

कुछ लोगों का तो यहाँ तक कहना है कि 'पुरूष-सुक्त' प्रपंच है, जाली है और ब्राह्मणों ने अपनी श्रेष्ठता को बघारने के लिए इसमें जोड़े हैं। पुरोहितों ने कई जालसाजियों की ऐसे प्रपंच ब्राह्मणों ने बहुधा रचे हैं। प्रोफेसर मैक्समुलर का कथन है कि ऋग्वेद में 'अग्रे' का 'अग्ने' बना दिया गया, जिससे विधवाओं के जलाने का अर्थ निकलने लगा।

ईस्ट इंडिया कंपनी के समय में एक अभियोग में वादी के समर्थन में एक स्मृति ही रच दी गई। इसलिए कोई विस्मय नहीं कि 11वें और 12वें मंत्र रच कर जोड़ दिए गए और बाद में चौथा वर्ण टपक पड़ा और वेद में चातुर्वर्ण्य की प्रतिस्थापना हो गई।

V

क्या 'पुरूष-सुक्त' ब्राह्मण ग्रंथों के पहले बने? यदि 'पुरूष-सुक्त' ऋग्वेद का भाग है तो यह ब्राह्मणों से पहले बना होना चाहिए। यदि ऋग्वेद ब्राह्मण ग्रंथों से पहला है तो 'पुरूष-सुक्त' भी पहले का ही होना चाहिए। अतएव इसका भी अलग से अनुसंधान उचित है।

प्रो. मैक्समुलर ने वैदिक साहित्य का क्रम इस प्रकार बताया है—

पहले वेद फिर ब्राह्मण और फिर सूत्र बने। यदि यह कथन सही है तो 'पुरूष-सुक्त' ब्राह्मणों से पहले बना। प्रश्न यह उठता है कि क्या प्रो. मैक्समुलर के सिद्धांत को अक्षरशः मान लिया जाए? यदि माना जाए तो इससे दो परिणाम निकलते हैं—

1. ऋग्वेद के समय में चार वर्ण थे, परंतु शतपथ ब्राह्मण के समय केवल तीन ही वर्ण रह गए, या

2. यह कि शतपथ ब्राह्मण में पूरी व्याख्या नहीं है।

पहला परिणाम तो प्रत्यक्षतः असंभव है। इस तरह पहला प्रश्न व्यर्थ है। दूसरा भी इसलिए मानने योग्य नहीं है, क्योंकि दोनों ब्राह्मणों में 'पुरूष-सुक्त' के विषय में मतभेद हैं। वर्ण-व्यवस्था पूर्ण रूप से वर्णित है। अतएव मैक्समुलर का कथन मानें तो चारों वैदिक संहिताओं के बनने के बाद ब्राह्मण बने, सर्वथा निराधार है और मानने योग्य नहीं है। इसके विपरीत बेलवलकर और रानाडे का कहना है कि कुछ अंश वेदों के पहले और कुछ बाद में बने। अस्तु ब्राह्मण ग्रंथों का कुछ अंश भी वेदों की समाप्ति के पहले बनना असंभव भी नहीं है। यदि यह ठीक है तो ऐसा मालूम हाता है कि ब्राह्मण ग्रंथ शतपथ और तैत्तिरीय ब्राह्मण जिनमें केवल तीन वर्णों का वर्णन है, 'पुरूष-सुक्त' से पहले बने। 'पुरूष-सुक्त' के विश्लेषण से क्या निष्कर्ष निकलता है? 'पुरूष-सुक्त' ऋग्वेद में एक क्षेपक है। इसलिए यह कोई तर्क नहीं कि आर्य समुदाय में शुरू में ही चार वर्ण थे।

उपरोक्त तर्कों के आधार पर मेरे इस सिद्धांत में शूद्रों की उत्पत्ति पर कोई समस्या नहीं है, जैसा कि अध्याय के आरंभ में कहा गया है। यदि कोई समस्या आती भी है तो इसका कारण यह समझ लेना है कि 'पुरूष-सुक्त' मान्य है। यह बता दिया गया है कि यह कल्पना निराधार है। इसलिए मुझे ऐसा समझने में कोई कठिनाई नहीं है कि आर्यों के केवल तीन वर्ण थे और शूद्र दूसरे वर्ण-क्षत्रिय से संबद्ध थे।

9. ब्राह्मण बनाम शूद्र

इस सिद्धांत के प्रतिपादन से समस्या हल नहीं होती कि शूद्र क्षत्रिय थे और बाद में अपनी स्थिति से गिर कर चौथा वर्ण हो गए। इससे एक अन्य प्रश्न यह उठता है कि वे सामाजिक प्रतिष्ठा से कैसे च्युत हुए?

यह समस्या नई है। यह पहले नहीं उठी। इसका उत्तर किताबों से नहीं मिल सकता। मैंने ही यह प्रश्न पहली बार उठाया है। यह प्रश्न शूद्रों के विषय में मेरे सिद्धांत पर आधारित है। इसका संतोषजनक उत्तर देने का दायित्व भी मेरा है। मुझे विश्वास है कि मैं संतोषजनक उत्तर दे सकता हूँ। मेरा उत्तर यह है कि शूद्रों तथा ब्राह्मणों के संघर्ष के कारण शूद्र नीचे आ गए। इस बात के पर्याप्त प्रमाण मिलते हैं।

I

शुद्ध राजा सुदास तथा वशिष्ठ में, जो ब्राह्मण थे, विवाद हुआ। परंतु इस विवाद का किताबों में जो वृतांत दिया गया है यह भ्रामक है। मैंने उसे स्पष्ट और व्यवस्थित ढंग से सुलझाने का प्रयत्न किया है।

विवाद समझने से पहले वशिष्ठ और विश्वामित्र का संबंध जानना जरूरी है। वशिष्ठ तथा विश्वामित्र में सर्वदा विरोध और शत्रुता रही है। कोई ऐसी घटना नहीं है जिसमें यदि उन दोनों

में से कोई एक पक्ष में हो तो दूसरा दूसरे पक्ष में न हो। मैं कुछ घटनाओं का उल्लेख करना चाहूँगा।

यह किस्सा हरिवंश पुराण में इस प्रकार है—

"इस बीच वशिष्ठ सत्यव्रत के पिता के गरू होने के कारण अयोध्या नगर और राजमहल का प्रबंध करने लगा। परंतु मूर्खतावश या दुर्भाग्यवश वशिष्ठ के प्रति सत्यव्रत का क्रोध और बढ़ता गया। सत्यव्रत को उसके पिता द्वारा राज्याधिकार से वंचित कर देने पर वशिष्ठ ने उसका साथ नहीं दिया। सत्यव्रत ने कहा था कि विवाह सप्तपदी पर पूर्ण होता है। जब मैंने कन्या का अपहरण किया तो सातवीं भाँवर नहीं पड़ी थी, तथापि सर्व धर्मों के ज्ञाता वशिष्ठ ने मेरा समर्थन नहीं किया। अतएव सत्यव्रत वशिष्ठ से रुष्ठ थे। हालाँकि वशिष्ठ का आचरण धर्मानुकूल था। सत्यव्रत को राजा की आज्ञा से जो मौनव्रत धारण कराया गया था, उसका उद्देश्य भी उसकी समझ में नहीं आया। राजा ने यह काम कुल मर्यादा के लिए किया था। महामुनि वशिष्ठ ने ऐसा करने से राजा को न रोका और इसके बजाए उसके पुत्र को राजा बनाने का निश्चय कर लिया। सत्य ने बारह वर्ष का प्रायश्चित पूरा कर लिया और जब खाने के लिए कोई मांस न रहा तो भूख, मूर्खता और क्रोधवश उसने वशिष्ठ की कामधेनु गाय को जो सब इच्छित पदार्थों को देने वाली थी, मार डाला और उसका मांस खुद खाया और विश्वामित्र के लड़के को भी खिलाया। इससे क्रोधित होकर वशिष्ठ ने उसका नाम त्रिशंकु रख दिया, क्योंकि उसने तीन पाप किए थे। चूँकि त्रिशंकु ने विश्वामित्र की स्त्री की मदद की थी. इसलिए वे इस पर कृपालु हो गए।

उन्होंने उससे वरदान माँगने को कहा। त्रिशंकु ने कहा, कि "मैं सशरीर स्वर्ग जाना चाहता हूँ। जब बारह वर्ष की अनावृष्टि का अंत हुआ, तो विश्वामित्र ने त्रिशंकु को राजगद्दी पर बैठा कर यज्ञ कराया तथा देवताओं और वशिष्ठ के विरोध करने पर उसे संदेह स्वर्ग पहुँचा दिया।"

दूसरा किस्सा त्रिशंकु के पुत्र हरिश्चन्द्र का है। यह विष्णु पुराण तथा मार्कण्डेय पुराण में लिखा है। किस्सा इस प्रकार है—

"एक समय राजा हरिश्चन्द्र जब शिकार खेल रहे थे उन्होंने कुछ स्त्रियों का रूदन सुना। स्त्रियाँ विश्वामित्र की तपस्या से व्याकुल हो रो रही थीं। क्षत्रिय धर्म से वशीभूत होकर निस्सहाय की रक्षा करने हेतु तथा गणेश की वशीभूत हो राजा चिल्लाए, "यह कौन पापी है जो मुझ जैसे प्रतापी राजा के सम्मुख आग को कपड़े में बाँध रहा है। वह आज मेरे शरों से विंध कर मृत्यु को प्राप्त होगा।" यह सुन कर विश्वामित्र को क्रोध आया और क्रोध के कारण उनका विज्ञान नष्ट हो गया। उनके क्रोध से भयभीत होकर राजा पीपल के पत्तों की भाँति काँपता हुआ उनके सामने खड़ा हो गया और निवेदन किया मैं ब्राह्मणों को दिए हुए राजधर्म का पालन कर रहा था अर्थात् निस्सहाय की रक्षा और शत्रुओं का दमन और याचना की जो माँगेंगे उसे मुँह माँगा दान देंगे चाहे सोना, पुत्र, स्त्री शरीर, जमीन, राज्य और पुण्य लाभ ही क्यों न हो। विश्वामित्र ने संपूर्ण राज्य माँग लिया, जिसमें राजा का शरीर, उनकी स्त्री और पुत्र न थे। राजा ने सहर्ष देना स्वीकार किया। मुनि

ने कहा—"आप आभूषण उतार दो और अपनी स्त्री और पुत्र को बल्कल वसन धारण करा कर राज्य के बाहर निकल जाओ।" जब राजा जाने लगे, तब विश्वामित्र ने राजसूय यज्ञ कराने की दक्षिणा माँगी। राजा ने कहा, "इस शरीर, स्त्री और पुत्र के अलावा मेरे पास क्या है?" इस पर राजा ने एक मास का समय माँगा और प्रजा को विलाप करते छोड़ कर काशी चले गए। विश्वामित्र ने भी वहाँ पहुँच मास समाप्त होने से पहले ही अपनी दक्षिणा माँगी। तब शैव्या ने राजा से कहा, "मुझे बेच दो।" राजा बेहोश हो गए और रानी भी बेहोश हो गई। विश्वामित्र उनको होश में लाए। दक्षिणा माँगी और कहा "सूर्यास्त से पहले दक्षिणा न मिली तो शाप दे दूँगा। राजा ने अपने को धिक्कारते हुए अपनी स्त्री को बेच दिया। एक धनी ब्राह्मण ने उसे दासी के तौर पर खरीद लिया। लड़का भी 'माँ' कहता अपनी माँ के साथ चला गया। रानी के आग्रह पर ब्राह्मण ने लड़के को भी खरीद लिया।" राजा विश्वामित्र के पास आए और जो कुछ स्त्री और पुत्र के मूल्य में पाया उन्हें दे दिया। विश्वामित्र इतने कम धन से संतुष्ट न हुए, तो राजा ने अपने को भी बेचने को कहा। तब धर्म चाण्डाल का रूप धारण कर आए और राजा को खरीदना चाहा। राजा सूर्यवंशी होने के कारण चाण्डाल का नीच काम करने को तैयार न हुए और विश्वामित्र से कहा—"आप खुद मुझे दास के तौर पर खरीद लीजिए।" विश्वामित्र ने कहा—"अच्छा यदि ऐसा है तो तू मेरा दास है और मैं तुझे एक लाख मुद्राओं के बदले चाण्डाल को बेचता हूँ।"

चाण्डाल सहर्ष यह धन चुकता कर देता है और दुःखी हरिश्चन्द्र को अपने निवास स्थान पर ले जाता है। चाण्डाल उसे श्मशान जाकर कफन चुराने का काम करने के लिए कहता है। वह बताता है कि इससे उसे 2/6 भाग प्राप्त होगा जो उस (चाण्डाल) का होगा और 1/6 भाग राजा को मिलेगा। राजा ने इस भयानक क्षेत्र में नीच कर्म करते हुए बारह वर्ष व्यतीत किए जो उसे सौ वर्षों के बराबर लगे। वह तब सो जाता तो उसे अपने जीवन के विषय में अनेक स्वप्न आते हैं। जब वह जागा तब उसकी पत्नी अपने पुत्र का अंतिम संस्कार कराने आई, जो सर्प दंश से मर गया था। पहले तो पति पत्नी ने एक-दूसरे को नहीं पहचाना, क्योंकि उनकी आकृति कष्ट सहते-सहते विकृत हो गई थी। हरिश्चन्द्र ने उसके विलाप से तुरंत पहचान लिया कि वह उसकी पत्नी ही है, जो दुर्भाग्य की मारी हुई है। वह बेहोश हो जाता है। रानी भी उसे पहचान लेती है, वह भी बेहोश हो जाती है। जब उनकी मूर्छा भंग होती है तब वे दोनों रोने लगते हैं। पिता अपने पुत्र की मृत्यु पर और रानी अपने पति की अधोगति पर रोती है। वह उसके गले से लिपट जाती है और कहती है, "मैं विभ्रम में हूँ, क्या यह स्वप्न है या यथार्थ है? यदि यह यथार्थ है, तब उन्हें धर्म का बोध हो रहा है, जो इसका आचरण करते हैं। हरिश्चन्द्र को अपने पुत्र की चिता में आग लगाने से पहले तो बिना स्वामी के लिए शुल्क लिए हिचक होती है। लेकिन बाद में वह हर परिणाम को भुगतने और ऐसा करने का निश्चय कर लेता है और अपने को ढाँढस दिलाता है कि "यदि मैंने दान दिए हैं और ऋषि-मुनियों को मेरे यज्ञ कर्म आदि से संतोष है तब मैं स्वर्ग में अपने पुत्र और अपनी पत्नी से जाकर मिलूँगा। रानी भी उसी प्रकार मरने का फैसला कर लेती है। जब हरिश्चन्द्र

अपने पुत्र को चिता पर रख कर भगवान श्री नारायण कृष्ण परमात्मा का स्मरण और ध्यान कर रहे थे तभी धर्म के आगे-आगे सभी देवतागण विश्वामित्र के साथ वहाँ उपस्थित हो गए। धर्म राजा को आवेश में कठोर कर्म करने से वर्जित करने लगे। इन्द्र ने घोषणा की कि राजा, उसकी पत्नी और उसके पुत्र ने अपने सत्कर्म से स्वर्ग जीत लिया है। देवताओं ने आकाश से अमृत व पुष्पों की वर्षा की और राजा का पुत्र पुनः जीवित हो उठा तथा स्वस्थ हो गया।

"स्वर्गिक वस्त्र और मालाओं से आभूषित हो राजा और रानी ने अपने पुत्र को गले लगा लिया। हरिश्चन्द्र ने कहा कि जब तक मुझे अपने स्वामी चाण्डाल की अनुमति नहीं मिल जाती और उनको प्रचुर धन नहीं दे देता, तब तक मैं स्वर्ग नहीं जा सकता। धर्म तक राजा को यह रहस्य बताते हैं कि मैंने खुद ही धर्म का स्वरूप धारण कर रखा था। तब राजा पुनः कहता है कि मैं तब तक यहाँ से विदा नहीं ले सकता, जब तक मेरी प्रजा को मेरे साथ स्वर्ग चलने की अनुमति नहीं होती, क्योंकि मेरे पुण्य में उसका भी अंश है चाहे वह एक दिन के लिए ही चले। इसे इन्द्र स्वीकार करते हैं। विश्वामित्र राजा के पुत्र रोहिताश्व को राज सिंहासन पर आसीन कराते हैं और तब हरिश्चन्द्र उनके साथी और अनुयायी एक साथ स्वर्गारोहण करते हैं। इस चरमोत्कर्ष के बाद जब वशिष्ठ ने यह वृतांत गंगा के जल में बारह वर्षों तक निवास करने के बाद सुना, जो हरिश्चन्द्र के कुल पुरोहित थे, तो वह उस कलेश के कारण बहुत क्रुद्ध हुए, जो श्रेष्ठ राजा को भोगना पड़ा, जिसके गुणों और ईश्वर तथा ब्राह्मण भक्ति की वह प्रशंसा करते थे। उन्होंने कहा कि जब विश्वामित्र ने अपने सौ पुत्री का वध किया था तब उन्हें इतना क्रोध नहीं आया था। उन्होंने विश्वामित्र को बगुला बन जाने का श्राप दे दिया। उन्होंने कहा कि वह दुष्ट व्यक्ति ब्राह्मण द्रोही मेरे शाप से बुद्धिमान जीवों के समाज से बहिष्कृत हो जाए तथा अपनी बुद्धि खोकर वक बन जाए। विश्वामित्र ने इसके बदले वशिष्ठ को शाप दे दिया और उन्हें अरि नामक पक्षी बना दिया। इन नए रूपों में दोनों में भयंकर युद्ध हुआ। अरि आकाश में दो सहस्त्र योजन अर्थात् 18,000 मील ऊपर उड़ सकता था और वक 3090 योजन तक आकाश में उड़ सकता था। जब अरि ने अपने पंजों से आक्रमण किया, तब वक ने भी अपने प्रतिद्वंद्वी पर वैसे ही आक्रमण किया। इन दोनों के डैनों की फड़फडाहट से भयंकर चक्रवात आए, पर्वत चूर्ण होने लगे। सारी पृथ्वी काँपने लगी। समुद्र में जल तट के ऊपर की तरफ चढ़ने लगा, पृथ्वी टूट कर पाताल की ओर जाने लगी। इन दोनों के युद्ध से अनेक जीवों की मृत्यु हो गई। इस भयंकर अव्यवस्था को देख कर वहाँ सभी देवताओं सहित ब्रह्मा उपस्थित होते हैं और दोनों प्रतिद्वंद्वियों को युद्ध बंद करने का आदेश देते हैं। इस आदेश पर दोनों को भयंकर क्रोध आता है, लेकिन ब्रह्मा उनको उनके मूल रूप में प्रतिष्ठित कर देते हैं और परस्पर शांति रखने की सलाह देते है।"

अन्य प्रकरण, जिसमें ये एक-दूसरे के विरोधी दिखाए गए हैं अयोध्या के राजा से संबंधित है। कथा इस प्रकार है—

"अम्बरीष एक यज्ञ करा रहा था तो इन्द्र बलि पात्र को उठा ले गया। पुरोहित ने कहा कि यह एक अमंगल है जो यह प्रकट करता है कि राजा का शासन कुशासन ग्रस्त है और इसके लिए बहुत बड़े प्रायश्चित की जरूरत है और वह प्राश्यश्चित है मानव की बलि। बहुत अधिक तलाश के बाद राजर्षि अम्बरीष एक ब्राह्मण ऋषि ऋचीक के पास गए जो भृगु के वंशज थे। अम्बरीष ने ऋचीक से कहा कि वह बलि के लिए अपना एक पुत्र बेच दे, जिसके लिए उन्हें एक लाख गाएँ दी जाएँगी। ऋचीक ने उत्तर दिया कि वह अपने ज्येष्ठ पुत्र को तो नहीं बेचेंगे, उनकी पत्नी ने कहा कि वह छोटे बेटे की नहीं बेचेगी। उसने कहा कि बड़े पुत्र पर सामान्यतः पिता का दुलार होता है और छोटे पर माता का। तब मँझले पुत्र शनुशेप ने कहा कि इस प्रकार तो उसी को बेचा जाना है और राजा से कहा कि वह मुझे ले चलें। एक लाख गाय, एक करोड़ स्वर्ण मुद्राएँ ढेर सारे आभूषण शनुशेप के एवज में दिए गए। तब वे पुष्कर होकर जा रहे थे तो अपने मामा विश्वामित्र से मिले जो अन्य ऋषियों के साथ वहाँ यज्ञ कर रहे थे। शनुशेप उनकी गोदी में गिर पड़ा और उसने अपने मामा से अपनी विवशता का वर्णन करते हुए दया की भीख माँगी।

विश्वामित्र ने उसे सांत्वना दी और अपने पुत्रों पर इस बात के लिए दबाव डाला कि उनमें से कोई एक शनुशेप के स्थान पर बलि चढ़ जाए। इस प्रस्ताव पर मधुसयंद तथा राजर्षि के दूसरे पुत्र सहमत न हुए। उन्होंने दृढ़तापूर्वक कहा कि आप यह कैसे कह सकते हैं कि आपका अपना पुत्र बलि चढ़ जाए और उस के स्थान पर किसी अन्य को बचा लिया जाए? हम इसे ठीक नहीं समझते। यह इसी प्रकार हुआ जैसे कि कोई अपना ही मांस खाए। राजर्षि को इस पर बड़ा क्रोध आया और उन्होंने अपने पुत्रों को शाप दिया कि वे अत्यंत नीच जातियों में पैदा हों, जैसे वशिष्ठ के पुत्र उत्पन्न हुए हैं, और वे हजारों वर्षों तक कुत्ते का मांस खाएँ। तब उन्होंने शनुशेप से कहा कि तब तुम रस्सियों से बंध जाओ, तुम्हारे गले में लाल डोरी पड़ी हो, जब तुझे सुगंधित लेप चढ़ाए जाएँ और जब विष्णु के बलि स्तंभ के निकट ले जाए जाए, तब तुम अग्नि से प्रार्थना करना और अम्बरीश के कान में इन दो श्लोकों को पढ़ना तुमको सफलता मिलेगी। तब शनुशेप ने अम्बरीश से यज्ञ करने के लिए कहा। जब शनुशेप को लाल वस्त्र पहनाकर बलि चढ़ाने के लिए ले जाया गया तो उसने इन्द्र और विष्णु का आह्वान किया सहस्त्र चक्षु वाले इन्द्र उस पवित्र मंत्र से प्रसन्न हुए और शनुशेप को लम्बा जीवन दान दिया।

अंतिम किस्सा है जिसमें ये एक-दूसरे के विरोधी दिखाए गए हैं राजा कल्माषपाद से संबंधित है। घटना महाभारत के आदि पर्व में है—

"कल्माषपाद इक्ष्वाकु वंश का राजा था। विश्वामित्र उसके पुरोहित होना चाहते थे। परंतु उस वशिष्ठ को पुरोहित बनाना बेहतर समझा। एक दिना राजा शिकार खेलने गए और शिकार खेलते हुए भूख प्यास से बहुत थक गए। मार्ग में वशिष्ठ के ज्येष्ठ पुत्र शक्ति राजा को मिले। राजा ने रास्ता छोड़ने को कहा। शक्ति ने नम्रता पूर्वक कहा—हे राजा रास्ता मेरा है। "प्राचीन नियम है कि राजा को ब्राह्मण के लिए रास्ता छोड़ देना चाहिए।" दोनों में इस बात पर झगड़ा हो गया। दोनों में

कोई भी झुकने को तैयार नहीं हुआ। राजा ने मुनि को चाबुक से मारा। मुनि ने शाप दिया—तुम नरभक्षी राक्षस हो जाओ। उस समय कल्माषपाद के पुरोहित पद के दावे को लेकर विश्वामित्र और वशिष्ठ में शत्रुता थी। विश्वामित्र ने राजा का पीछा किया, परंतु वशिष्ठ के पुत्र शक्ति को देख वह अंतर्ध्यान हो गए। राजा शाप सुन कर शक्ति से प्रार्थना करने लगे। विश्वामित्र ने अवसर पाकर एक राक्षस को आज्ञा दी कि वह राजा के अंदर प्रविष्ट हो जाए ताकि राजा और शक्ति में संधि न होने पाए। विश्वामित्र उस देश से चले गए। ब्राह्मण के शाप और विश्वामित्र के आदेश से राक्षस राजा में प्रविष्ट हो गया। इसी समय राजा के पास एक भूखा ब्राह्मण आया। राजा ने उसके खाने के लिए नर मांस भेजा। इस पर क्रोधित होकर ब्राह्मण ने राजा को वैसा ही शाप दिया। उन पर दोनों शापों के प्रभाव से राजा शक्ति को भी खा गया। विश्वामित्र के आदेश से राजा वशिष्ठ के अन्य लड़कों को भी खा गया। जब वशिष्ठ ने यह सुना तो बड़ी धीरता से इस विपत्ति को सहन किया, वशिष्ठ ने अपने शरीर को छोड़ना निश्चय किया। वह मेरू पर्वत के शिखर से कूद पड़े। परंतु वह पत्थरों पर ऐसे गिरे जैसे कोई रूई पर गिरता है। जब इस प्रकार प्राण नहीं निकले तो जंगल की आग में घुस गए। अग्नि ने जंगल को तो जलाया लेकिन ऋषि को नहीं। फिर उन्होंने अपने शरीर पर पत्थर बाँधकर खुद को समुद्र में फेंका, परंतु लहरों ने उन्हें किनारे की बालू पर फेंक दिया। तब वह अपनी कुटी पर वापस आ गए। परंतु उसे खाली देख कर फिर दुःख से विव्हल हो गए। वर्षा ऋतु के कारण विपासा नदी खूब चढ़ी हुई थी। उन्होंने हाथ पैर बाँध कर अपने शरीर को नदी में फेंक दिया किंतु नदी ने भी उन्हें किनारे पर धकेल दिया। फिर शतदु (सतलुज) नदी में जिसमें अनेक मगर थे अपने को फेंक दिया। ब्राह्मण के तेज को देख कर मगर सैकड़ों दिशाओं में भाग गए। जब वशिष्ठ ने देखा कि वे किसी प्रकार नहीं मरते वे अपनी कुटी पर चले आए।"

इन दोनों ऋषियों के विवाद के ये केवल तीन उदाहरण हैं। झगड़ा बराबर चलता रहा। महाभारत के शल्य पर्व से पता चलता है कि विश्वामित्र ने वशिष्ठ को काटने की भी चेष्ठा की थी। यथा—"वशिष्ठ तथा विश्वामित्र में कड़ी शत्रुता थी। वशिष्ठ का विस्तृत आश्रम स्थान, तीर्थ में था। विश्वामित्र का आश्रम उसके पूर्व में था। ये दोनों घोर तपस्या कर रहे थे। अपनी शक्ति एक-दूसरे को प्रदर्शित कर रहे थे। विश्वामित्र ने वशिष्ठ की शक्ति देख कर सोचा और यही ध्यान करते रहे कि सरस्वती वशिष्ठ को बहा कर मुझे दे दें। तो मैं उसे मार डालूँ। ऐसा ध्यान करके और क्रोध में लाल नेत्र करके विश्वामित्र ने नदियों की रानी (सरस्वती) को बुलाया। तब सरस्वती हाथ जोड़ कर डरते काँपते विधवावेश में विश्वामित्र के पास आई और बोली—क्या आज्ञा है। क्रोधित विश्वामित्र ने कहा—"वशिष्ठ को जल्दी यहाँ बहा लाओ, ताकि मैं उसे मार डालूँ।" कमलाक्षी सरस्वती डर के मारे घबराई हुई हाथ जोड़ खड़ी रही। मुनि ने फिर वही आज्ञा दी। सरस्वती ने विचारा, यह संकल्प कितना पाप पूर्ण है। परंतु विश्वामित्र के शाप के डर से वशिष्ठ के पास गई और सब कुछ कह सुनाया। वशिष्ठ ने उसे घबराई, पीली पड़ी और डरी हुई देख कर कहा—मुझे मुनि के पास ले चल, कहीं वे तुझे शाप न दे दें। तब वह वशिष्ठ को ले चलीं। सरस्वती ने सोचा ये

ऋषि कितने महान् हैं। मुझे इनका कृपा पात्र बनना चाहिए। उन्होंने कौशिक मुनि को किनारे पर तपस्या करते देखा। वह किनारे को बहा कर ले गई वशिष्ठ जब बहने लगे तो उन्होंने सरस्वती की स्तुति की—हे सरस्वती, तुम ब्रह्मा के कमण्डल से निकल कर संपूर्ण पृथ्वी पर बहती हो। स्वर्ग में रह कर बादलों को पानी देती हो। तुम बल, तेज, यश, बुद्धि का प्रकाश हो। तुम वाणी हो, तुम स्वाहा हो, यह संसार तुम्हारे अधीन है। "तुम चार रूप से सर्व प्राणियों में निवास करती हो।" जब विश्वामित्र ने देखा कि वशिष्ठ बहे जा रहे हैं तो उनका वध करने के लिए अस्त्र ढूँढने लगे। ब्रह्म हत्या से बचने हेतु सरस्वती वशिष्ठ को पूर्व की ओर बहा ले गई। इस प्रकार विश्वामित्र की आज्ञा का पालन भी हो गया और वशिष्ठ भी बच बए। यह देख कर विश्वामित्र ने सरस्वती को शाप दिया कि हे नदियों में श्रेष्ठ सरस्वती तूने मुझे धोखा दिया इसलिए तेरे पानी के साथ रक्त भी बहेगा। शाप ग्रस्त सरस्वती रक्तिम जल के साथ एक वर्ष तक बहती रही। जहाँ वशिष्ठ का आश्रम था, वहाँ असुर लोग आकर रक्तपात और नृत्य करने लगे। ऋषियों ने सरस्वती की यह दशा देख कर उसे शाप से मुक्त कराया।" विश्वामित्र और वशिष्ठ की शत्रुता केवल दो पुरोहितों की शत्रुता नहीं थी, यह शत्रुता एक ब्राह्मण पुरोहित और एक क्षत्रिय पुरोहित की थी। वशिष्ठ ब्राह्मण और विश्वामित्र क्षत्रिय थे। वे राजवंश के क्षत्रिय थे। ऋग्वेद (3.33.11) में विश्वामित्र को कुशिक का पुत्र बताया गया है। विष्णु पुराण में विश्वामित्र का और अधिक वृतांत है। कहा गया है विश्वामित्र गाद्यी के पुत्र थे जो राजा पुरूरवा के वंश के थे। हरिवंश पुराण में भी इस कथा का वर्णन है।

ऋग्वेद (3.1.21) से मालूम होता है कि विश्वामित्र के वंश में पुश्त-दर-पुश्त यक्षाग्नि जलाई जाती थी। ऋग्वेद से यह मालूम होता है कि विश्वामित्र ने इस वेद की बहुत-सी ऋचाओं को बनाया था और वे राजर्षि माने जाते थे। उन्होंने ऋग्वेद (3.62.10) में परम् पावत्र गायत्री मंत्र बनाया था। वे क्षत्रिय कुल भरत के वंश के थे। यह मालूम होता है। कि ब्राह्मण और क्षत्रियों में निम्नलिखित बातों के झगड़ा था—

1. दान लेने का अधिकार। ब्राह्मणों का दावा था कि दान लेना केवल ब्राह्मणों का ही अधिकार है।

2. वेद पढ़ाने का अधिकार। ब्राह्मणों का दावा था कि क्षत्रिय केवल वेद पढ़ सकता है। उसको वेद पढ़ाने का अधिकार नहीं है। वेद पढ़ाने का अधिकार केवल ब्राह्मणों को ही है।

3. यज्ञ कराने का अधिकार। ब्राह्मणों का यह कहना था कि क्षत्रिय केवल यज्ञ करा सकता है यज्ञ कर नहीं सकता। यज्ञ करने का अधिकार केवल ब्राह्मणों को है।

इन तीनों में विशेषतः झगड़े में ये दोनों एक-दूसरे के विरोधी रहे। इसकी पुष्टि त्रिशंकु की कथा से होती है। यह कथा रामायण में इस प्रकार कही गई है—

इक्ष्वाकु वंश में राजा त्रिशंकु की इच्छा हुई कि ऐसा यज्ञ किया जाए जिससे इसी शरीर से स्वर्ग प्राप्त हो। उसने वशिष्ठ को बुलाया। वशिष्ठ ने कहा कि यह असंभव है। त्रिशंकु दक्षिण की ओर गया जहाँ वशिष्ठ के सौ पुत्र तपस्या करते थे और उनसे भी इस बात की प्रार्थना की। राजा

ने बड़ी नम्रता से प्रार्थना की—"हम अपने पुरोहित को संकट के समय का सहायक समझते हैं। वशिष्ठ के बाद हम तुम्हीं लोगों को कल देवता समझेंगे।" उन लोगों ने उत्तर दिया—"मूर्ख तुम्हारे गुरू ने ठीक बात बताई थी। उनकी बातों को ठुकरा कर तुम दुसरों के पास आए हो। वह इक्ष्वाकु कुल के सबसे बड़े और मान्य गुरू हैं। जब वशिष्ठ ने इंकार कर दिया तो हम उसे कैसे कर सकते हैं? हे मूर्ख राजा, तुम अपनी राजधानी को वापस जाओ। वशिष्ठ त्रैलोक्य के गुरू होने योग्य हैं। हम उनका अनादर नहीं कर सकते।" राजा ने कहा—"चूँकि वशिष्ठ और आप लोगों ने मेरी प्रार्थना नहीं मानी, अतः कोई और उपाय किया जाएगा।"

ऐसा सुन कर उन लोगों ने राजा को शाप दिया कि चाण्डाल हो जा। इस शाप के असर से राजा की सूरत एक चाण्डाल की हो गई। तब अपने दुर्भाग्य पर पश्चाताप करता हुआ राजा विश्वामित्र के पास गया। विश्वामित्र को उस पर दया आई। उन्होंने वादा किया कि हम एक ऐसा यज्ञ कराएँगे, जिससे इसी चाण्डाल की सूरत से तू स्वर्ग जा सकेगा। चूँकि तू कौकिश के पास आया है, अतः स्वर्ग तेरे हाथ में है। विश्वामित्र ने यज्ञ की सारी तैयारी करने की आज्ञा दी। यह भी कहा कि संपूर्ण महार्षियों और वशिष्ठ के पुत्रों को भी नियंत्रण दो। विश्वामित्र के शिष्यों ने आकर संदेश दिया कि वशिष्ठ को छोड़ कर सब ब्राह्मण इकट्ठे हो रहे हैं। वशिष्ठ के सौ पुत्रों ने जो कठोर शब्द कहे हैं।, उनको आप सुनें। उन्होंने कहा—"जिस यज्ञ का करने वाला चाण्डाल और कराने वाला क्षत्रिय है उसमें देवता और ब्राह्मण कैसे शामिल हो सकते हैं? चाण्डाल का अन्न खाकर ब्राह्मणों को स्वर्ग की प्राप्ति कैसे हो सकती है? विश्वामित्र ने यह सुन कर क्रोध-वश शाप दिया कि वशिष्ठ के सब लड़के भस्म हो जाएँ और सात जन्म तक अछूत के घर जन्म लें। वशिष्ठ को उन्होंने शाप दिया—निषाद हो जाओ।" जब शाप फलीभूत हो गया, तब उन्होंने यज्ञ कराया। अन्य ब्राह्मणों ने भी ऋषि के भय से यज्ञ में भाग लिया। याज्ञिप विश्वामित्र थे और ऋत्विज अन्य ब्राह्मण थे।

विश्वामित्र और वशिष्ठ की लड़ाई में सुदास ने भी भाग लिया। सुदास के पुरोहित वशिष्ठ थे। वशिष्ठ ने उसका राज्याभिषेक कराया था। वशिष्ठ ही ने दस राजाओं पर विजय प्राप्ति में उसकी सहायता की थी। इस पर भी सुदास ने वशिष्ठ को इस पद से निकाल कर विश्वामित्र को नियुक्त कर दिया। विश्वामित्र ने यज्ञ कराया। इससे विश्वामित्र और वशिष्ठ की शत्रुता बढ़ गई। एक और घटना घटी, जिससे यह शत्रुता और भी बढ़ गई। सुदास ने वशिष्ठ के ज्येष्ठ पुत्र शक्ति को अग्नि में डलवा दिया, जिससे वह भस्म हो गया। यह कथा सात्यायन ब्राह्मण में लिखी है, लेकिन उसमें ऐसे उत्पीड़न का कोई कारण नहीं बताया है। परंतु सद्गुरू ने ऋग्वेद की कात्यायन अनुक्रमणिका की टीका में कुछ प्रकाश डाला है। सद्गुरू शिष्य का कहना है कि सुदास ने एक यज्ञ किया। यहाँ पर विश्वामित्र और शक्ति का शास्त्रार्थ हो गया। शक्ति ने उन्हें मूक बना दिया। विश्वामित्र हार गए।

ऐसा मालूम होता है कि विश्वामित्र ने अपमान का बदला लेने के लिए सुदास से शक्ति को अग्नि में डलवा दिया। इस बात पर वशिष्ठ तथा सुदास की शत्रुता तो होनी ही थी। यह शत्रुता

सुदास के पुत्र और वशिष्ठ के पुत्रों में भी चली। तैत्तिरीय संहिता में कहा गया है—"पुत्र की मृत्यु के बाद वशिष्ठ ने सुदास के पुत्रों से बदला लेने के लिए पुत्रोत्पत्ति की इच्छा की। उन्होंने यज्ञ किया और पुत्र प्राप्त करके सुदास से बदला लिया। यही बात कौशीतकी ब्राह्मण से भी सिद्ध होती है।"

वशिष्ठ ने अपने पुत्रों के वध के बाद सोचा, मैं संतान और पशुओं से संपत्र बनने के लिए सुदास को नीचा दिखाऊँगा। उन्होंने आहतियाँ दीं। वशिष्ठ ने यज्ञ किया और सुदास को हराया।

II

राजाओं और ब्राह्मणों के विवाद का केवल एक उदाहरण अर्थात् सुदास और वशिष्ठ विवाद नहीं है। पुराणों में राजाओं और ब्राह्मणों के और भी विवादों का वर्णन हैं उन कथाओं का उल्लेख भी सार्थक मालूम होता है। पहली कथा राजा बेन की है। हरिवंश पुराण में इस कथा का उल्लेख इस प्रकार है—

अंग नाम के एक प्रजापति थे। ये अत्री वंशज थे। उनका लड़का प्रजापति बेन था, जो कर्तव्य-परायण था। वह मृत्यु की पुत्री सुनीति से उत्पन्न हुआ था। यह पुत्र अपने मातृवंश के कारण अपना कर्तव्य छोड़कर अति कामी और विलासी बन गया। वह वेद को नहीं मानता था। उसके राज्य में लोग धर्म-ग्रंथ नहीं पढ़ते थे और यज्ञ नहीं होता था। उसने आज्ञा दी थी कि यदि कोई यज्ञ करें तो मेरे नाम से और मेरे हेतु करें। तब मरीचि आदि ऋषियों ने उसे ऐसा करने से रोका और कहा कि तुम अग्नि के यज्ञ के अनाधिकारी हो, तुम्हें ऐसा नहीं करना चाहिए। उसने मूर्खतावश ऋषि का मजाक उड़ाते हुए कहा—"कर्तव्य को बताने वाला मैं हूँ। मैं किसी की आज्ञा मानूँ? मेरे जैसा तेजस्वी और धर्मात्मा पृथ्वी पर कौन है? तब ऋषि लोग क्रुद्ध हो गए। उन लोगों ने बेन को पकड़ कर उसकी वाम जँघा का मंथन किया। उससे एक काले रंग का नाटा पुरूष पैदा हुआ और हाथ जोड़कर खड़ा हो गया। अत्रि ने उसे क्रुद्ध होता देखकर बैठने के लिए कहा। उसी से निषाद वंश पैदा हुआ।"

दूसरा राजा जिसका ब्राह्मणों से विवाद था, पुरूरवा था। यह इला का पुत्र और वैवस्वत मनु का पौत्र था। उसके विवाद का वर्णन महाभारत के आदि पर्व में इस प्रकार है—

"पुरुरवा इला का पुत्र था। उसका राज्य तेरहों द्वीपों में था परंतु राज्य के मद में उसने ब्राह्मणों से वैर मोल ले लिया, और उनके आभूषण लूट लिए। ब्रह्म लोक से आकर सनतकुमार ने उसे समझाया पर वह न माना। उसका विवेक सत्सा के कारण नष्ट हो गया था। तब ऋषियों ने उसे शाप देकर मार डाला।" तीसरी कथा नहुष की है। नहुष पुरुरवा का पौत्र था। नहुष के साथ ब्राह्मणों के टकराव का वर्णन महाभारत में दो जगह है। एक वन पर्व और एक उद्योग पर्व में। उद्योग पर्व का वर्णन इस प्रकार है—

वृत्रासुर को मारने के बाद इन्द्र ब्रह्म हत्या के डर से पानी में जाकर छिप गए। इससे बड़ा हाहाकार मचा। तब ऋषि और देवताओं ने नहुष से प्रार्थना की कि आप कुछ दिनों के लिए

देवताओं के राजा बन जाएँ। पहले तो नहुष ने अपनी असमर्थता प्रकट की, फिर बाद में राजी हो गए। राजा नहुष बहुत धर्मात्मा था, परंतु इन्द्र बनने के बाद वह बहुत कामी हो गए। उन्होंने इन्द्राणी को देखा। वह इन्द्राणी की प्राप्ति की अभिलाषा करने लगे। इन्द्राणी ने अंगिरा बृहस्पति की शरण ली। उन्होंने इन्द्राणी की रक्षा का वचन दिया। नहुष इस पर अप्रसन्न हुए, परंतु देवताओं ने समझाया कि परस्त्री गमन पान है। किंतु नहुष ने एक न सुनी।

उन्होंने कहा—"इन्द्र ने जब अहिल्या के साथ भोग किया था और बहुत अत्याचार किए थे तब आप लोगों ने इन्द्र को क्यों नहीं रोका। नहुष के जिद करने पर देवतागण इन्द्राणी को लेने गए, परंतु बृहस्पति ने उसे नहीं जाने दिया। बृहस्पति की सलाह से इन्द्राणी ने कुछ समय माँगा, ताकि यह पता चल जाए कि इन्द्र कहाँ हैं? इन्द्राणी अपने पति की खोज में निकल पड़ी। उपाश्रुति की सहायता से पता चला कि इन्द्र हिमालय के उत्तर में एक झील के बीच कमल दंड में रह रहे हैं। इन्द्राणी ने इन्द्र से नहुष के दुर्विचारों का वर्णन किया और प्रार्थना की कि आप अपने राज्य में वापस आएँ और मेरी रक्षा करें। इन्द्र नहुष की शक्ति से डरते थे। उन्होंने तुरंत आने से इंकार कर दिया। उन्होंने इन्द्राणी को एक उपाय बताया कि वह कहे कि नहुष यदि ऋषियों के कंधे पर पालकी रखवा कर आएँ तो इन्द्राणी उसके साथ भोग विलास को राजी हो जाएगी। इन्द्राणी ने वैसा ही संदेश नहुष के पास भिजवा दिया कि एक ऐसी अद्भुत पालकी जिसका न तो विष्णु ने, न रूद्र और न ही असुरों ने प्रयोग किया हो और जिसे ऋषि मुनि मेरे लिए उठा कर लाएँ भी मैं आपके साथ सहवास करूँगी।" नहुष ने सोचा कि चाहूँ तो ब्रह्मांड नष्ट हो जाए, तब सप्तर्षि और ब्राह्मणों को मेरी पालकी ले जाने में क्या हर्ज है। अतएव नहुष की आज्ञा से सब ऋषिगण उसकी पालकी लेकर चले।

पालकी ले जाते हुए ऋषियों ने नहुष से पूछा कि क्या वह उन ब्राह्मण ग्रंथों का आदर करते है जिनके मंत्र राजा के लिए बलि के समय गाए जाते हैं, राजा ने कहा, 'नहीं' उससे नहुष का ऋषियों से विवाद हो गया और उसने ऋषियों के सिर पर लात मार दी। ऋषियों ने क्रुद्ध होकर उसे शाप दिया—"तू दस हजार वर्ष के लिए सर्प हो जा।" नहुष फौरन सर्प हो गए, कश्यप ने इन्द्र से कहा—"ब्राह्मणों के शाप से नहुष का पतन हो गया, अब आप स्वर्ग में आएँ।"

चौथी कथा राजा निमि की है। यह कथा विष्णु पुराण में इस प्रकार है—

निमि ने वशिष्ठ से कहा कि एक ऐसा यज्ञ कराओ, जिसमें एक हजार वर्ष लगे। वशिष्ठ ने कहा कि पाँच सौ वर्ष का काम हम इन्द्र से पहले ही ले चुके हैं। उसके बाद हम लौटेंगे। यह समझ कर कि राजा ने इसे स्वीकार कर लिया है वशिष्ठ चले गए। जब लौटकर जाए तो वशिष्ठ ने देखा कि गौतम ऋषि यज्ञ करा रहे हैं। इस अपमान से रूष्ट होकर वशिष्ठ ने निमि को शाप दिया कि वह निंद्रावस्था में मनुष्य शरीर छोड़ देगा। निमि जब जागे और उन्हें पता चला कि वशिष्ठ ने उन्हें शाप दिया है तो उन्होंने वशिष्ठ को भी शाप दिया और मर गए। यज्ञ से देवताओं ने प्रसन्न होकर कहा, हम फिर निमि को जीवन दान दे सकते हैं। राजा ने अस्वीकार किया।

तब देवताओं ने निमि को पलक पर रहने का स्थान दिया। इसलिए पलक गिरने में लगने वाले समय को 'निमेष' कहते हैं।

"ये विवाद मनुस्मृति में भी आते हैं।"

मैक्समुलर की किताब 'सेक्रेड बुक्स ऑफ इस्ट' के अनुसार मनुस्मृति में कहा है कि "गर्व त्याग देने से ऋषियों को भी राज्य प्राप्त हुआ हैं और गर्व के कारण राजाओं का नाश हुआ है, जैसे बेन, नहुष का पुत्र सुदास, समुख और निमि।"

दुर्भाग्य से इन घटनाओं के संदर्भ में शूद्रों की स्थिति का अहसास ही नहीं किया गया। इस का यह कारण है कि किसी ने यह नहीं सोचा कि यह टकराव ब्राह्मणों और शूद्रों के बीच था। अन्यों को शूद्र नहीं बताया गया बल्कि उन्हें इक्ष्वाकु वंश का कहा गया है। यह कहना उचित है कि वे सब शूद्र थे। मनु तक को इस बात का एहसास नहीं था। उन्होंने भी इस संघर्ष को ब्राह्मण बनाम क्षत्रिय कहा है। डा. म्यूर भी यह नहीं समझ पाए कि सुदास शूद्र था और यह कहते हुए कि यह संघर्ष क्षत्रियों और ब्राह्मणों के बीच था, घिसे-पिटे सिद्धांत का प्रमाण दिया है। एक दृष्टि से यह उचित है क्योंकि शूद्र क्षत्रियों की ही एक शखा थे। यह कहना अधिक उचित होता है कि यह संघर्ष ब्राह्मणों और शूद्रों के बीच था। जो गलती एक बार हो गई हो वह होती ही चली आई और भारतीय आर्य समुदाय का यह वास्तविक सत्य गर्दी-गुबार से ढँक गया। इसी भ्रान्ति को दूर करने के लिए इस अध्याय को यह नाम दिया गया है ताकि ब्राह्मणों और शूद्रों के संघर्ष को समझा जा सके और यह बात समझ में आ सके कि क्षत्रिय किस प्रकार दूसरी सीढ़ी से गिर कर वर्ण-व्यवस्था की चौथी सीढ़ी पर आ गए।

10. शूद्रों का पतन

ब्राह्मणों ने शूद्रों को वर्ण-व्यवस्था के दूसरे स्थान से गिरा कर चौथे स्थान पर धकेल देने के लिए क्या हथकंडे अपनाए?

अब तक यह सिद्ध हुआ कि शूद्र मूलतः द्वितीय वर्ण-क्षत्रिय वर्ग के एक अंग थे और उनके साथ ब्राह्मणों का द्वेष इतना बढ़ चुका था कि ब्राह्मणों ने शूद्रों को उनके दूसरे वर्ण से अपदस्थ पर चौथे वर्ण में पहुँचा दिया। शूद्रों का दर्जा गिराने के लिए वे क्यों प्रेरित हुए, इस प्रश्न पर विचार करना होगा। यहाँ यह प्रश्न उठता है कि शूद्रों के पराभव के लिए ब्राह्मणों ने क्या हथकंडे अपनाए? उन्होंने शूद्रों को समाज की दृष्टि में हेय बनाने और अपने अपमान का बदला चुकाने की क्या तरकीब खोजी?

उनके हथकंडों का जवाब शूद्रों का उपनयन संस्कार करने से इंकार करना है। मुझे इसमें कोई संदेह नहीं है कि इसी नीति से उन्होंने उनका स्थान हेय बनाया।

कदाचित यहाँ यह जान लेना भी प्रासंगिक होगा कि 'उपनयन' क्या है तथा भारतीय आर्यों के समाज में इसका क्या महत्त्व था। इसकी जानकारी के निमित्त उपनयन संस्कार विधि का वर्णन किया जाना उचित रहेगा।

प्रारंभ में उपनयन संस्कार एक साधारण-सा संस्कार होता था। बालक समिधा (एक प्रकार का ऋण) लेकर आचार्य के पास जाता था और विद्याध्ययन हेतु ब्रह्मचारी बनने की याचना करता था तथा अध्ययन के लिए उसके पास रहने का अनुरोध करता था। समय के साथ-साथ

इसका विस्तार होता गया। आश्वलायन गृह सूत्र में 'उपनयन' के वर्णन से इसके विस्तार का पता चलता है।

"बालक का सिर मुंडित हो। वह नवीन वस्त्र पहने हो, यदि ब्राह्मण हो तो मृग चर्म धारण किए हो, क्षत्रिय हो तो सरू चर्म पहने हो और यदि वैश्य हो तो बकरे का चर्म धारण किए हो। यदि वस्त्र पहने हों तो वह रंगीन हो—ब्राह्मण के लिए केसरिया, क्षत्रिय के लिए लाल, वैश्य के लिए पीला। वह मेखला पहने और छड़ी लिए हो। बालक गुरू का हाथ पकड़े और गुरू घी का हवन करें और अग्नि के उत्तर में पूर्व-मुख हो आसीन हो। बालक गुरू के सामने पश्चिम की ओर मुँह करके बैठे। गुरू अपनी तथा बालक की अंजलि में जल भर कर ऋग्वेद के मंत्र (5.82.1) का पाठ करें और अपने हाथ का जल बालक की अंजलि के पानी में डाल दें। फिर 'सावित्री' की आज्ञा से 'अश्विनी कुमारों को बाँह से' और पूषण को हाथों से, मंत्र पढ़कर बालक के हाथ पकड़े। सावित्रि ने तेरा हाथ पकड़ा, मंत्र पढ़ कर दुबारा बालक के हाथ पकड़े, 'अग्नि तेरा गुरू है' कह कर तीसरी बार बालक का हाथ पकड़े। गुरू के इंगित करने पर बालक सूर्य की ओर देखे। गुरू तब "देवी सावित्री यह ब्रह्मचारी है इसकी रक्षा करो।" मंत्र का पाठ करें। तदुपरांत गुरू कहे—"तू किसका ब्रह्मचारी है।" "तू प्राण का ब्रह्मचारी है।" मैं तुझे प्रजापति को देता हूँ। फिर ऋग्वेद के (3-8-4) मंत्र का पाठ करते हए बालक को दाहिनी ओर घुमा कर उसका हृदय छुए। तब ब्रह्मचारी चुपचाप अग्नि में लकड़ी रख दे। श्रुति के अनुसार प्रजापति का कार्य चुप रह कर करना चाहिए। कुछ लोग अग्नि का मंत्र पढ़ते हैं—हम यह लकड़ी इसलिए रखते हैं कि आप बढ़ें और ब्राह्मण द्वारा हम भी वृद्धि प्राप्त करें, स्वाहा। लकड़ी रख कर अग्नि को छू कर बालक तीन बार कहे—"मैं तेज से अभिशिक्त होता हूँ, अग्नि मुझे बुद्धि, वंश और बल दे। सूर्य मुझे, बुद्धि वंश और बल दे।" "हे अग्नि आप तेज हैं—मैं तेजस्वी होऊँ, आप बल हैं—मैं बलशाली होऊँ, आप जलाने की शक्ति रखती हैं—मैं भी भस्म करने की शक्ति से संपन्न होऊँ। इसके उपरांत शिष्य गुरू का चरण स्पर्श करें और कहे—"मुझे सावित्री पढ़ाए, पढ़ाए, पढ़ाए।" गुरू बालक को धीरे-धीरे गायत्री मंत्र पढ़ाए और कहे—"मैं तेरा मन कर्तव्य में लगाता हूँ। तुम्हारा मस्तिष्क मेरे मस्तिष्क के समान हो। तुम एकाग्रचित होकर मेरी आज्ञा का पालन करो। बृहस्पति तुम्हें मेरी सेवा में लगाए।" उसके बाद बालक की कटि में मेखला बाँधे और दंड (छड़ी) पकड़ाए। तदुपरांत ब्रह्मचारी के कर्म समझाए "ब्रह्मचारी हो, पानी पीओ, सेवा करो, दिन में शयन न करो, गुरू पर विश्वास रख कर वेदाध्ययन करो।"

प्रातः और सांय भिक्षाटन करना, यज्ञ के लिए लकड़ियाँ चुनना, भिक्षाटन में प्राप्त सामग्री गुरू को देना और दिन में विश्राम न करना।

उपनयन संस्कार का समापन गुरू द्वारा बालक को मंत्र पढ़ाने के साथ होता है। यहाँ यह कहना कठिन है कि उपनयन से पहले गायत्री मंत्र का पढ़ाया जाना जरूरी क्यों है?

उपनयन संस्कार के उपरोक्त वर्णन से दो बातें स्पष्ट होती हैं—

1. उपनयन का अभिप्राय एक व्यक्ति को आचार्य के पास वेदाध्ययन के निमित्त भेजना था और वेद-पाठ गायत्री से शुरू होता था।

2. दूसरे यह कि उपनयन संस्कार के लिए कुछ वस्तुएँ बहुत जरूरी होती थीं जो इस तरह हैं—

(1) दो वस्त्र जिनमें एक शरीर के नीचे के भाग के लिए जिसे वास कहा जाता था और दूसरा शरीर के ऊपरी भाग का वस्त्र जो उत्तरीय कहलाता था।

(2) दंड (छड़ी) और

(3) मेखला या कमर में बाँधने के लिए मूंज की रस्सी।

यदि इस वर्णन का आज के उपनयन संस्कार से तुलना करें तो आश्चर्य होगा कि प्राचीन काल के उपनयन संस्कार में यज्ञोपवीत (जनेऊ) का कोई उल्लेख नहीं है। आधुनिक उपनयन का मुख्य ध्येय यज्ञोपवीत धारण करना मात्र ही रह गया है और इस यज्ञोपवीत (याज्ञवलक्य इसे ब्रह्मसूत्र कहता है) की भूमिका इतनी प्रबल हो चुकी है कि इससे बनाने तथा प्रयोग के लिए विस्तृत नियमावली तक तैयार कर ली गई है।

यज्ञोपवीत में नौ-नौ बालिश्त के तीन तार होते हैं। हर तार एक देवता के लिए होता है।

यज्ञोपवीत सीने से ऊपर या नाभि के नीचे तक न हो। एक व्यक्ति एक बार में एक से अधिक यज्ञोपवीत धारण कर सकता है।

यज्ञोपवीत हर वक्त धारण करना चाहिए। जनेऊ पहने बिना भोजन करना या जनेऊ दाहिने कान पर टाँगे बिना मल-मूत्र विसर्जित करने पर स्नान करना, प्रार्थना करना, व्रत करना, आदि प्रायश्चित करने पड़ेंगे। नौ तंतुओं के नौ देवता हैं। देवता स्मृति के अनुसार ये हैं, ओंकार, अग्नि, नाग, सोम, पितृ, प्रजापति, वायु, सूर्य, विश्वदेव। इसमें कुछ परिवर्तन भी आए। मेधातिथि का कहना है कि इष्टी, पशुबली, सोम यज्ञ, तीन सूत्रों का एक ही यज्ञोपवीत हो परंतु इसकी तीन श्रेणियाँ हों अहिन, एका और सूत्र तीन अग्नियाँ हों सात सोमसमस्व और सात फेर हों।

ब्रह्मचारी केवल एक जनेऊ पहने, एक स्नातक और गृहस्थ दो जनेऊ पहने यदि कोई दीर्घजीवी होना चाहे तो दो से अधिक जनेऊ पहने। स्नातक को सदा दो जनेऊ पहनने चाहिए। गृहस्थ 10 जनेऊ तक जितने चाहे पहन सकता है। द्वद्व दूसरे व्यक्ति का यज्ञोपवीत, तथा वस्तुएँ जैसे जूते, माला, आभूषण या कमंडल आदि धारण करना वर्जित है।

यज्ञोपवीत तीन प्रकार से (1) निवीत (2) प्रसन्वित तथा (3) उपवीत धारण करने का प्रावधान है। जब इसे गले में हृदयस्थल से दो अंगुल नीचे और नाभि से दो अंगुल ऊपर पहनते हैं तो यह निवीत कहलाता है। उपवीत बाएँ कंधे से दायीं ओर तो दाएँ कंधे से बाई ओर धारण करने से प्रसन्वित कहा जाता है।

यज्ञोपवीत का प्रारंभ कैसे हुआ। इसके विषय में तिलक महोदय का विचार है—

वैदिक ग्रंथों में प्रजापति को ओरियन अर्थात् मृगशिरा कहा जाता है, अन्यथा उसे यज्ञ भी कहा जाता है। अतः कटि प्रदेश में धारण किया जाने वाला पट प्रजापति के नाम पर स्वाभाविक रूप से यज्ञोपवीत कहलाता है। अब यह ब्राह्मणों का जनेऊ कहलाने लगा है। यहाँ यह प्रश्न उठता है कि जनेऊ ओरियन से कमर बंद (पटुका) का स्वरूप है। मुझे यह निम्नलिखित आधार पर सही मालूम होता है—

स्थानीय शोध-कर्ताओं के अनुसार यज्ञोपवीत यज्ञ उपवित शब्द की संधि है। परंतु इस विषय में मतभेद है। संयुक्त शब्द का अर्थ 'यज्ञ' का उपवीत है या 'यज्ञ के लिए उपवीत'। होत्रियों ने एक स्मृति के अनुसार परमात्मा को यज्ञ कहा है। उनका यह उपवीत है, अतः यज्ञोपवीत कहा गया है। जनेऊ धारते करते समय 'यज्ञोपवीत परमपवित्र प्रजयतेयत्सहजं पुरस्ताब्र' मंत्र पढ़ा जाता है।

यह मंत्र किसी संहिता में उपलब्ध नहीं है। बोधायन ने इसे ब्रहमोपनिषद में लिखा है। यह मंत्र हाओमा येष्ट के समान है जिसका अर्थ है—"यज्ञोपवीत उच्च और पवित्र है। यह ब्रह्मा के साथ ही उत्पन्न हुआ है।" पुरस्ताब्र शब्द अवेस्ता में 'पोरवानिस' शब्द का समानार्थी है तथा डॉ. हॉग द्वारा उठाए गए प्रश्न का यह निश्चय कर समाधान हो जाता है कि 'सहज' प्रजापति के अंग से उत्पन्न हुआ है, यह 'मेन्युतस्तेम' का समानार्थी है। यह समानता संयोगवश ही नहीं है। मेरे मतानुसार जनेऊ को ओरियन के पट से लिया गया मालूम होता है। उपवीत अर्थात् बुनना वस्त्र है धागा नहीं। इसलिए ऐसा मालूम होता है कि कमर बंद पट का स्वरूप अधोवस्त्र ही यज्ञोपवीत का वास्तविक स्वरूप हैं और प्रजापति के नाम से जुड़ा होने के कारण पवित्र माना गया है।"

तिलक महोदय का विचार निःस्संदेह रोचक है। किंतु इससे कुछ कठिनाइयाँ हल नहीं हो पातीं। साथ ही इससे 'उत्तरीय' और 'वास' से यज्ञोपवीत का संबंध भी स्पष्ट नहीं हो पाता। क्या यज्ञोपवीत उपरोक्त दो वस्त्रों के अलावा था? यदि ऐसा है तो उपनयन संस्कार के प्राचीन वर्णन में इसका उल्लेख क्यों नहीं किया गया। यदि जनेऊ की उपरोक्त वस्त्रों का विकल्प है तब उपनयन में वस्त्र धारण करने का उल्लेख क्यों है।

अब मैं एक दूसरा सिद्धांत प्रस्तुत करता हूँ। यज्ञोपवीत संस्कार गोत्राधिकार के लिए किया जाता है। इसका उद्देश्य एक व्यक्ति को एक विशेष गोत्र से जोड़ना होता था। उपनयन से इसका संबंध नहीं है। उपनयन तो वेदाध्ययन के निमित्त किया जाता था। अधिकांश लोग यह नहीं जानते थे कि प्राचीन आर्य विधान के अनुसार पुत्र को जन्म से ही पिता का गोत्र देने के लिए पिता को एक विशेष संस्कार कराना पड़ता था और तभी पुत्र अपने पिता के गौत्र का अधिकारी बनता था। इस संबंध में आर्यों के समाज में दो नियम प्रचलित थे। एक अशुचिता का नियम था और दूसरा गोद लेने का। किसी की मृत्यु होने पर अशुचिता की अवधि निकटस्थ संबंधी के लिए और दूरस्थ संबंधी के लिए अलग-अलग होती थी। यदि पुत्र का यज्ञोपवीत नहीं हुआ है तो अशुचिता (सूतक) मात्र कुछ दिन के लिए ही होती थी। जहाँ तक गोद लेने का प्रश्न है, कोई ऐसा

व्यक्ति गोद नहीं लिया जा सकता था जिसका यज्ञोपवीत हो चुका हो। इन दोनों नियमों से क्या तात्पर्य है? अशुचिता की अवधि पत्र के लिए अल्प इसलिए होती थी कि यज्ञोपवीत न होने के कारण वह औपचारिक रूप से अपने पिता का गौत्र धारण नहीं कर सका था। गोद लेने का अर्थ गोद लेने वाले पिता के गोत्र से संबंधित हो जाता था। यज्ञोपवीत होने पर पुत्र पिता के गोत्र का हो जाता था।

उक्त दोनों नियमों से स्पष्ट हो जाता है कि यज्ञोपवीत का संबंध गोत्र से था न कि उपनयन से। इस बात की पुष्टि जैन साहित्य से भी होती है। आचार्य रविसेन द्वारा रचित पदम पुराण के चतुर्थ पर्व के श्लोक 87 में यह उल्लेख है।

"हे भगवान, आपने हमें क्षत्रिय, वैश्य और शूद्र की उत्पत्ति बता दी। अब हम उन लोगों की उत्पत्ति जानना चाहते हैं जो यज्ञोपवीत धारण करते हैं।"

"जो यज्ञोपवीत धारण करते हैं। यह वाक्य महत्त्वपूर्ण है। निःसंदेह यह अभिव्यक्ति ब्राह्मण के लिए है। इससे यह स्पष्ट हो जाता है कि एक समय था जब केवल ब्राह्मण ही यज्ञोपवीत धारण किया करते थे, अन्य जातियाँ या वर्ण नहीं, क्योंकि गोत्र ब्राह्मणों में ही होते थे। इससे यह तथ्य प्रकट हुआ कि यज्ञोपवीत संस्कार पुत्र को पिता के गोत्र में लाने या पिता के गोत्र से संबंध स्थापित करने के लिए किया जाता था। इसका यज्ञोपवीत उपनयन संस्कार से कोई संबंध नहीं था। उपनयन तो वेदाध्ययन के निमित्त होता था।

यदि यह सही मान लिया जाए तो यज्ञोपवीत और उपनयन संस्कार अलग-अलग थे जो कालांतर में एक हो गए। यह एकीकरण स्वाभाविक भी है। यदि पुत्र बिना यज्ञोपवीत विद्याध्ययन हेतु जाता था तब आचार्य द्वारा उसको अपने गोत्र में शामिल करने का भय रहता था। इस भय के निराकरण के लिए ही लोग अपने पुत्रों को यज्ञोपवीत संस्कार के उपरांत ही वेदाध्ययन के लिए भेजते थे। संभवतः यही कारण था कि कालांतर में ये दोनों यज्ञोपवीत और उपनयन संस्कार एक साथ होने लगे। कुछ भी हो उपनयन का संबंध वेदाध्ययन से है।

III

मुझे अपने सिद्धांत का आधार ठोस लगता है। फिर भी लोगों को संदेह तो होगा ही। उक्त विचार के संबंध में निम्नांकित शंकाएँ उठना स्वाभाविक मालूम होता है।

1. क्या उपनयन न होना शूद्रत्व की पहचान है?
2. क्या शूद्र कभी उपनयन के अधिकारी थे?
3. उपनयन से वंचित रहना शूद्रों के पतन का कारण कैसे हैं?
4. शूद्रों का उपनयन बंद करने का ब्राह्मणों को क्या अधिकार था?

इन संभावित शकांओं का समाधान प्रस्तुत करना मेरा दायित्व है।

IV

पहली शंका के समाधान के लिए सबसे पहले यह जान लेना जरूरी है कि भारत के न्यायालयों ने शूद्रों की पहचान के लिए क्या मानदंड निर्धारित किए हैं।

इस संदर्भ में पहला उदाहरण प्रिवी काउंसिल द्वारा सन् 1937 ई. में एक मुकदमें (7. एम.आई.ए. 18) में दिया गया फैसला है।

इसमें यह मामला उठाया गया था कि क्या उस समय भारत में क्षत्रिय थे। एक पक्ष का तर्क था कि क्षत्रिय थे दूसरे पक्ष का तर्क था क्षत्रिय नहीं थे। क्षत्रियों का अस्तित्व न मानने वाले पक्ष का तर्क ब्राह्मणों द्वारा प्रचारित इस सिद्धांत पर आधारित था कि ब्राह्मण परशुराम ने क्षत्रियों का संहार कर दिया था तथा जो बच गए थे उनका मूलोच्छेदन मगध के शूद्र राजा महापदम नंद ने कर दिया था। अतः क्षत्रियों का संपूर्ण विनाश हो गया। केवल ब्राह्मण और शूद्र बचे हैं। प्रिवी काउंसिल ने इसे ब्राह्मणों की कपोल कल्पना कह कर रद्द कर दिया और क्षत्रियों का अस्तित्व स्वीकार कर लिया। हालाँकि प्रिवी काउंसिल ने कोई ऐसा मानदंड स्थापित नहीं किया जिसके आधार पर क्षत्रियों और शूद्रों का अलग-अलग अस्तित्व स्थापित हो सके। फिर भी यह फैसला दिया कि हर मामले को उसके तथ्यों के आधार पर तय किया जाए। दूसरा मामला (आई. एल. आर. 10 कलकत्ता 688) को लेकर था कि बिहार के कायस्थ क्षत्रिय हैं या शूद्र। बिहार के कायस्थों ने प्रार्थना की थी कि उनकी स्थिति बंगाल, उत्तर-प्रदेश तथा बनारस के कायस्थों की स्थिति से अलग है। अतः ये क्षत्रिय हैं। उच्च न्यायालय ने श्रेष्ठता के दावे को खारिज करते हुए उन्हें शूद्र ही माना। इलाहाबाद उच्च न्यायालय ने (मुकदमा नं. आई. एल. आर. 12 इलाहाबाद 3283 में) उपरोक्त फैसला को अविश्वसनीय माना। न्यायाधीश महमूद ने अपने फैसले के पृ. 334 पर कहा—

"दोनों निचली अदालतों ने यह विचार प्रकट किया मालूम होता है कि इस क्षेत्र की पढ़ी लिखी जाति कायस्थ जिससे ये पक्ष संबद्ध हैं, शूद्रों की श्रेणी में आती है जैसा कि मनु ने अपनी स्मृति में या अन्यत्र व्यवस्था दी है। मैंने इस विचार की मान्यता पर उठाए गए विचारणीय संदेहों पर गौर किया। यह प्रश्न इसी कारण विचारणीय नहीं है कि यह एक जातीय मुद्दा है बल्कि यह समाज के एक महत्त्वपूर्ण वर्ग पर हिंदू विधान लागू करने का प्रश्न है। मैं नहीं समझता कि इस मामले पर प्रिवी काउंसिल के न्यायाधीशों का श्री नारायण मित्र बनाम श्री मुक्ति किरण, सुंदूरी दास या महाशीवा शशिनाथ घोष बनाम श्रीमती कृष्णा सुंदुरी दास के संबंध में दिया गया फैसला लागू करने को कहूँ। दोनों ही मामले बंगाल की निचली अदालत में दायर किए गए थे कि लोअर बंगाल के कायस्थों को ऊपरी भारत जैसे उत्तर पश्चिम प्रांत और अवध की 12 कायस्थों की जातियों से अलग माना जाए, न ही मैं यह समझता हूँ कि विद्वान् मुख्य न्यायाधीश और मेरे मित्र टाइरेल का चौधरी हजारी लाल बनाम विष्णु दयाल सन 1886 की पहली अपील संख्या 113

जिस पर 15 जून 1887 को फैसला दिया गया के मामले में दिए गए कथित फैसले को स्वीकार करूँ जो खुद इस मामले में मान लिया गया फैसला था। मैं इसे खारिज करता हूँ।"

तीसरा मुकदमा (20 कलकत्ता डब्ल्यू. एन. 901 वर्ष 1916) इस विवाद को लेकर था कि बंगाल के कायस्थ शूद्र हैं या क्षत्रिय। उच्च न्यायालय ने उन्हें शूद्र करार दिया। इस फैसला के विरूद्ध प्रिवी काउंसिल ने बंगाल के कायस्थों का मामला ज्यों-का-त्यों ही छोड़ दिया। वर्ष 1916 से 1926 की अवधि में कलकत्ता उच्च न्यायालय ने अपने दो फैसलों में बंगाल के कायस्थों को शूद्रों की तान्ती और डोम जातियों से वैवाहिक संबंध स्थापित करने के आधार पर शूद्र घोषित कर दिया।

उक्त न्यायिक फैसलों से कायस्थों की स्थिति में अधोपतन आया। वर्ष 1926 में (आई. एल. आर. आर. 6 पटना 506) में न्यायाधीश ज्वाला प्रसाद ने हर स्मृति और पुराण का गहन अध्ययन किया, जिनमें कायस्थों का वर्णन था और अपने 47 पृष्ठ के फैसला में कलकत्ता उच्च न्यायालय के फैसला से अलग विचार प्रकट करते हुए बिहार के कायस्थों को क्षत्रिय घोषित किया।

मद्रास उच्च न्यायालय में वर्ष 1924 में (48 मद्रास—1) एक विरोधी वादी तंजौर राज्य के रिसीवर ने दायर किया था जिसमें मद्रास में 1918 में यह विवाद उठा था कि क्या मराठा कायस्थ हैं या शूद्र। मराठा साम्राज्य के संस्थापक शिवाजी के भाई बेंकोजी, जो मराठा थे, (जिनका नाम एकोजी था) द्वारा दायर किया गया था। तंजौर राज्य के महाराज तथा उनके सभी दूर पास के उत्तराधिकारी बचाव पक्ष में थे। मद्रास उच्च न्यायालय ने 229 पृष्ठ के फैसला में मराठों को शूद्र माना, क्षत्रिय नहीं, जैसा कि बचाव पक्ष का कहना था।

मराठों से संबंधित 1928 का (आई. एल. आर. 52 बम्बई 497) एक और विवाद था। न्यायालय ने एक फैसला दिया। बम्बई प्रेसीडेंसी में मराठाओं के तीन वर्ग हैं—(1) पाँच परिवार, (2) छियानवें परिवार तथा (3) अन्य। प्रथम दोनों परिवार वैधानिक रूप से क्षत्रिय है।

मराठों से संबद्ध अंतिम मुकदमा (आई. एल. आर. (1927) 52 मद्रास 492 में अदालत ने कहा—बम्बई प्रेसीडेंसी में मराठों की तीन श्रेणियाँ हैं—(1) पाँच घर (2) छियानवें घर तथा (3) अन्य। पहली दो श्रेणियाँ क्षत्रियों की हैं।

अंतिम मुकदमें में यह विवाद था कि क्या मदुरै के यादव क्षत्रिय हैं या शूद्र हैं। यादवों ने क्षत्रिय होने का दावा किया था। मद्रास उच्च न्यायालय ने इसे अस्वीकार कर उन्हें शूद्र करार किया।

यह न्यायालय प्रक्रिया संदिग्ध है क्योंकि इसमें नगण्य परिणाम उद्घाटित हुए हैं कि क्षत्रिय कौन हैं और शूद्र कौन हैं। बिहार के अपर प्रोविंस (जो अब उत्तर प्रदेश में है) और बनारस के कायस्थ क्षत्रिय हैं और बंगाल के शूद्र हैं। मद्रास उच्च न्यायालय ने सभी मराठों को शूद्र माना जबकि बम्बई उच्च न्यायालय ने मराठाओं के पाँच परिवार और छियानवों परिवारों को क्षत्रिय

करार दिया तथा अन्य को शूद्र। यादव समाज को कृष्ण का वंशज होने के कारण क्षत्रिय माना जाता था किंतु उच्च न्यायालय ने उन्हें शूद्र माना है।

हमारा मुख्य ध्येय यह देखना है कि उपरोक्त मुकदमों का फैसला देते समय न्यायालयों ने किन प्रमाणों और मानदंडों को दृष्टिगत रखा। ये निम्नलिखित हैं—

1. मुकदमा संख्या आई. एल. आर. 10 कलकत्ता 688 में ये मानदंड अपनाए गए—

(क) दास शब्द का उपनाम के रूप में प्रयोग करना।

(ख) यज्ञोपवीत (जनेऊ) धारण करना।

(ग) यज्ञ-हवन करने का अधिकार (सामर्थ्य)।

(घ) अशुचिता की अवधि।

(ङ) अवैध पुत्र के उत्तराधिकारी होने या न होने की अर्हता।

(2) मुकदमा संख्या आई. एल. आर. पटना 606 के अनुसार जन ख्याति को प्रमुख आधार माना गया। यदि ख्याति के आधार पर कोई समुदाय क्षत्रिय है तो उसे क्षत्रिय माना जाता था।

(3) मुकदमा संख्या 48 मद्रास—1 में विभिन्न मानदंडों का ध्यान रखा गया जिसमें प्रथम जातिगत चेतना, द्वितीय उपनयन संस्कार जनेऊ धारण करने से मिला था। तीसरा मानदंड यह था कि सभी गैर-ब्राह्मण जातियाँ शूद्र हैं जबकि वे खुद को क्षत्रिय या वैश्य सिद्ध न करें।

(4) मुकदमा संख्या आई. एल. आर. बम्बई—497 में (1) जाति गत चेतना, (ii) रीति रिवाज तथा (ii) अन्य जातियों द्वारा उक्त भावना को स्वीकार करना, मानदंड अपनाए गए।

विषय से अलग कोई भी विद्वान् विभिन्न न्यायालयों द्वारा अपनाए गए मानदंडों को उचित नहीं मान सकता। अशुचिता की अवधि अप्रासंगिक है। यज्ञ की पात्रता प्रासंगिक होते हुए भी मान्य नहीं है। जातिगत चेतना को भी सम्पुष्ट मानदंड नहीं माना जा सकता। जैसे—उपनयन संस्कार के मानदंड अलग हैं। इसे न्यायालयों के समुचित तरीके से प्रस्तुत नहीं किया है। लेकिन इस में कोई संदेह नहीं कि उपनयन संस्कार को ठीक से समझा जाए और समुचित ढंग से उपभोग में लाया जाए तो यह युक्तिसंगत है। एक जाति अपरिहार्य परिस्थितियों में दीर्घकाल तक अपने धार्मिक अनुष्ठानों को संपन्न न करा पाने पर अपनी स्थिति से च्युत हो जाती है। न्यायालयों ने उपनयन के संबंध में प्रचलित प्रथाओं और अधिकार में भेद न कर युक्ति मुक्त वर्णन नहीं किया है। फिर भी उपनयन का प्रमाण ठीक हो सकता है। प्रायः अदालतें यह मान कर चली हैं कि प्राचीन समय में जो सही था वह आज भी सही है। अतएव इसमें उत्पन्न गोरख-धंधों से एक ही जाति कहीं क्षत्रिय और कहीं शूद्र मानी गई है। प्रमाण यह नहीं कि अमुक जाति यज्ञोपवीत धारण करती है या नहीं। प्रश्न यह है कि उसे इसका अधिकार है या नहीं। अतः यह निर्भीक रूप से कहा जा सकता है कि उपनयन धारणा करने का अधिकार वास्तविक है और उससे यह स्पष्ट होता है कि अमुक व्यक्ति शूद्र है या क्षत्रिय है।

V

दूसरी आपात्त पूर्णतः निराधार है। प्रायः हर समाज प्रारंभ में एक होता है और कालांतर में अनेक भागों में विभाजित हो जाता है। अतः यह मान लेना कि आर्यों ने प्रारंभ सही जातिगत आधार पर शूद्रों और स्त्रियों को उपनयन से वंचित कर दिया था अनुचित मान्यता है। यह तर्क संगत हो सकता है किंतु इस संबंध में परिस्थिति जन्म तथा स्पष्ट प्रमाण सुलभ है कि शूद्र और स्त्रियाँ भी यज्ञोपवीत धारण करने के अधिकारी थे। प्राचीन समाज में उपनयन सभी के लिए अनिवार्य था। इसके लिए निम्नलिखित बातों को ध्यान रखा जाए—

गूंगे, बहरे और मूर्ख तथा नपुंसक भी जनेऊ धारण करने के अधिकारी थे। उनके लिए अलग प्रक्रिया थी। गूंगे, बहरे और मूर्ख के लिए उपनयन संस्कार ग्रहण करने हेतु एक विशेष क्रिया विधि थी। यह अन्य से अलग थी। सब मंत्र आचार्य द्वारा धीरे से पढ़े जाते थे। अंतर केवल समिधा, यज्ञ, वस्त्र, मृगछाल देने, मेखला, बाँधने तथा छड़ी धारण करने में था। लड़का अपना नाम उच्चारित नहीं करता था। यही विधि नपुंसकों, नेत्रहीनों तथा मिर्गी और कुष्ठ रोगियों के लिए प्रयुक्त होती थी।

क्षत्रियों, वैश्यों तथा रथकारों, अम्बष्ठों आदि संकर जातियों के उपनयन के नियमों से स्पष्ट है कि 6 अनुलोम जातियों को भी उपनयन का अधिकार था। पतितसावित्रिकों को उपनयन का अधिकार था। उपनयन की उपयुक्त आयु ब्राह्मण पुत्र के लिए आठवाँ वर्ष, क्षत्रिय पुत्र के लिए ग्याहरवाँ वर्ष और वैश्य पुत्र के लिए 12 वर्ष थी। फिर भी यह संस्कार विशेष परिस्थितियों में क्रमश 16वें, 21वें तथा 24वें वर्ष में हो सकता था। इस आयु तक उपनयन न होने पर व्यक्ति को गायत्री मंत्र के उच्चारण का कुपात्र माना जाता था। इसे 'पतितसावित्रिक' या सावित्री पतित कहा जाता था। नियमों की कठोरता के कारण निर्धारित आयु निकल जाने पर न तो कोई इसका उपनयन कर सकता था और न उन्हें वेद पढ़ा सकता था और न यज्ञ करा सकता था। यहाँ तक कि उनके साथ सामाजिक व्यवहार (यथा वैवाहिक संबंध आदि) भी स्थापित. नहीं कर सकता था। इतने पर भी नियत प्रायश्चित करने पर उपनयन हो सकता था।

ब्रह्मघ्न (जिस के पितामह और पिता का उपनयन न हुआ हो) भी प्रायश्चित करने पर उपनयन करा सकता था। नियमानुसार यदि किसी का पिता तथा पितामह का उपनयन न हुआ तो उन तीनों पीढ़ियों को ब्रह्म हत्यारे कहते थे। उन के घर कोई भोज ग्रहण नहीं करता था। फिर उनके चाहने पर तथा विधिपूर्वक प्रायश्चित करने पर उनका उपनयन हो जाता था।

इसी प्रकार यदि किसी व्यक्ति के वंश में पितामह के समय से उपनयन नहीं हुआ हो तो वह 12 वर्ष तक ब्रह्मचारी जीवन व्यतीत कर उपनयन करा सकता था। हालाँकि वह वेदाध्ययन से वंचित रह जाता था, किंतु उनका पुत्र 'पतित-सावित्रिक' की भाँति उपनयन संस्कार करा कर आर्य जैसा बन सकता था।

व्रात्यों का भी उपनयन होता था। व्रात्य आर्य थे या अनार्य यह कहना अत्यंत कठिन है। वे पतित जीवन व्यतीत करते थे। वे न तो ब्रह्मचर्य का पालन करते थे और न कृषि करते थे। उनका कोई अपना व्यापार भी नहीं था फिर भी इस पर कोई विवाद नहीं है कि वे आर्य और अनार्य दोनों ही थे। यह भी सही है, कि ब्राह्मण उन्हें आर्यों में शामिल करना चाहते थे। व्रात्यस्तोम करने पर उनका उपनयन हो सकता था। व्रात्यस्तोम चार प्रकार का होता था। (1) सभी ब्रात्यों के लिए। (2) अभिशप्तों के लिए जिन्होंने घृणित पाप किए हैं और ब्राह्म जीवन यापन करने के लिए दण्डित किए गए। (3) व्रात्य जीवन व्यतीत करने वाले कम आयु वालों के लिए तथा (4) व्रात्य जीवन यापन करने वाले वृद्धों के लिए। चारों व्रात्यस्तोमों में सोदास्तोम सब को करना पड़ता था जिससे उन्हें उच्चस्थिति प्राप्त होती थी। व्रात्यस्तोम यज्ञ के उपरांत उनका व्रात्यजीवन समाप्त हुआ समझा जाता था और आर्यों से उनके सामाजिक संबंध स्थापित हो सकते थे। उपनयन से उन्हें वेदाध्ययन का अधिकार भी मिल जाता था।

व्रात्यत्व शुद्धि संग्रह में नियत प्रायश्चित के बाद बारह पीढ़ी के उपरांत भी उसे शुद्धिकरण का प्रावधान है।

बोधायन (2.10) ने तो एक वृक्ष विशेष (अस्वथ्था पेड़) के उपनयन तक की बात कही है। इससे उपनयन के प्रचलन की व्यापकता का पता चलता है।

इस परिप्रेक्ष्य में विश्वास कर लेना कठिन है कि क्या आर्यों ने प्रारंभ से ही शूद्रों और स्त्रियों को उपनयन से वंचित कर रखा था? इस संदर्भ में भारतीय ईरानियों का उदाहरण देना युक्ति संगत होगा, जिनके साथ भारतीय आर्यों से सांस्कृतिक और धार्मिक आचार पर निकटस्थ संबंध थे। ईरानियाँ में सभी वर्ग के स्त्री पुरूष यज्ञोपवीत धारण करते थे फिर आलोचक जवाब दें कि भारतीय आर्यों में इस भेद का कारण क्या है?

हमें परिस्थिति व अन्य साक्ष्यों पर निर्भर करने की जरूरत नहीं है, क्योंकि प्रत्यक्ष प्रमाण मौजूद हैं कि आर्यों में भी स्त्रियों और शूद्रों को उपनयन का अधिकार था। हिंदू धर्म शास्त्र के अनुसार स्त्रियों का उपनयन होता था। वे न केवल वेद-पाठ करती थीं। बल्कि वेदाध्ययन हेतु पाठशालाएँ भी चलाती थीं। यही कारण है कि स्त्री पहले मीमांसा पर भाष्य लिखे गए हैं।

जहाँ तक शूद्रों का प्रश्न है, इस पर भी अनुकूल प्रमाण है। राजा सुदास का राज्याभिषेक ऋषि वशिष्ठ ने किया था। उसने राजसूय यज्ञ किया था। सुदास शूद्र था। वह यज्ञोपवीत धारण करता होगा, क्योंकि उपनयन के उपरांत ही वह इन संस्कारों का अधिकारी बन सकता था। यह स्पष्ट है कि शूद्र भी उपनयन के अधिकारी थे। मैक्समुलर द्वारा उद्धृत संस्कार गणपति में शूद्र उपनयन के अधिकारी है।

स्त्रियों और शूद्रों के मामले में केवल एक भिन्नता है। स्त्रियों का उपनयन बंद किए जाने के बारे में एक तर्कसंगत व्याख्या है। परंतु शूद्रों के विषय में कोई स्पष्टीकरण नहीं है। यह तर्क दिया गया है कि स्त्रियों का उपनयन आठ साल की आयु तक होता था और विवाह की आयु इसके

बाद होती थी परंतु कालांतर में विवाह की आयु घटते-घटते आठ साल हो गई तो उपनयन संस्कार स्वतंत्र रूप से न होकर विवाह संस्कार में मिल गया और धीरे-धीरे समाप्त हो गया। यह सही है या गलत, यह दूसरी बात है किंतु शूद्रों का उपनयन होता था। स्पष्टीकरण सही हो या गलत, यह अलग सवाल है। शूद्रों का उपनयन कैसे बंद हुआ इस संबंध में कोई स्पष्ट सिद्धांत उपलब्ध नहीं है।

जो लोग मेरे तर्कों के बावजूद अपनी आपत्ति पर डटे रहते हैं उन्हें कमजोरी का अहसास करना होगा। प्रश्न है शूद्रों को अधिकार क्यों नहीं है? पोंगा-पंथी यही कहेंगे कि आरंभ से ही उपनयन शूद्रों के लिए है ही नहीं। लेकिन वे इसका कोई कारण या आधार नहीं बताते। उनका कहना केवल यही होता है कि शूद्र अनार्य होने के कारण उपनयन के अधिकारी नहीं हैं। चूँकि यह सिद्ध किया जा चुका है कि शूद्र अनार्य नहीं आर्य हैं, इसलिए यह तर्क निराधार है। अब प्रश्न यह है कि शूद्रों को प्रारंभ से ही उपनयन का अधिकार न होने की बात तार्किक तथा प्रामाणिकता के आधार पर वेद विधान के प्रतिकूल है तो अमान्य है। अब हम इस बात पर विचार करेंगे कि शूद्रों को उपनयन का अधिकार था जो बाद में छीन लिया गया। यह अधिकार क्यों और कैसे छीना गया, इस पर विचार बाद में करेंगे।

VI

तीसरी आपत्ति तो व्यर्थ की है। ऐसी आपत्ति वही कर सकता है जिसे उपनयन संस्कार का ज्ञान ही नहीं है।

आर्य अपने अनुष्ठानों को संस्कार कहते थे। गौतम धर्म-सूत्र (8.14-24) में निम्नलिखित 40 संस्कारों का वर्णन है—

गर्भाधान पुंसवन, सीमान्तोन्नयन, जातकर्म, नामकरण, अन्नप्राशन, कौल, उपनयन, चार वेद व्रत, खान या संवर्तन, विवाह, पाँच दैनिक महायज्ञ (देव, पितृ, मनुष्य, भूत और ब्रह्म के लिए) सात पाकयज्ञ (अस्तक, पर्वनास्थालियाकस्थ, श्राद्ध, श्रावणी, अग्रहायणी, चैत्री, (अस्वयुजी) सात हविर्यज्ञ (अग्नियाध्येय, अग्निक्षेत्र, दशपूर्णमास, अग्रायण, चातुर्मास, निरुद्धपासबंध तथा सौत्रु मणि) सात सोमयज्ञ (अग्निस्तोम, अत्याग्निस्तोम, उक्त्थ्य, सुदासिन, वाजयेय, अतिरत्र और अप्तोय)।

बाद में संस्कारों और संकीर्ण भावनाओं में अंतर आ गया। यथार्थ में संस्कार यज्ञ का नाम था। उसे सही अर्थों में नहीं लिखा गया और ये बाद में घटा कर सोलह रह गए।

संस्कारों के संबंध में कोई विस्मय नहीं है। हर समाज संस्कारों को स्वीकार करता है। ईसाइयों में भी बपतिस्म, कन्फरमेशन, मेट्रोमेनी, एक्ट्रीम अंकशण, यूकेरिस्ट आदि होते हैं। ये सामाजिक न होकर धार्मिक होते हैं। प्रारंभ में भारतीय आर्यों और ईसाइयों के संस्कार अलग होते हैं। ईसाई मान्यताओं के अनुसार उनके संस्कार विशुद्ध धार्मिक होते थे जो ईश्वर की कृपाकांक्षा

के अनुष्ठान हैं। पहले मीमांसा के रचनाकार जैमिनी के मतानुसार संस्कारों के दो रूप होते हैं। उनसे दुष्कर्मों का क्षय और सद्गुणों का उदय होता है। उपनयन अन्य संस्कारों की भाँति धार्मिक था। शूद्रों का उपनयन बंद कर देने से इसके महत्त्व में अभूतपूर्व परिवर्तन आया जो सामाजिक महत्त्व का विषय बन गया।

आर्य या अनार्य सभी उपनयन के पात्र थे। उनके लिए सामाजिक महत्त्व का कोई स्थान नहीं था। यह सभी के लिए समान संस्कार था। यह मुट्ठी भर लोगों का विशेषाधिकार नहीं था। जब शूद्र इससे वंचित कर दिए गए तो यह प्रतिष्ठा का चिन्ह बन गया और इसका वर्जन दासत्व की निशानी बन गया। शूद्रों को उपनयन से वंचित करने से आर्य समुदाय में एक नया अध्याय जुड़ गया। इससे शूद्र अपने से ऊपर वाले वर्णों को श्रेष्ठ समझने लगे और उच्च वर्ग शूद्रों को हीन मानने लगा। शूद्रों के पतन में यज्ञोपवीत की अधिकारहीनता एक सूत्र था।

उपनयन के बारे में कुछ और भी बातें हैं। पहले मीमांसा के अवलोकन से पता चलता है कि इसमें जो नियम निर्धारित किए गए, कि किसी व्यक्ति को कोई भी संपत्ति उपलब्ध कराने का अर्थ है कि वह उसका उपयोग यज्ञ के लिए करेगा। दूसरे शब्दों में जो व्यक्ति यज्ञ नहीं करा सकता उसे संपत्ति का अधिकार नहीं है। यज्ञ कराने की पात्रता उपनयन संस्कार है। इसका अर्थ यह हुआ कि संपत्ति के स्वामी वही हो सकते हैं जो उपनयन के पात्र हैं।

पहले मीमांसा का दूसरा नियम है कि यज्ञ तभी संपन्न हो सकता है जब वेद मंत्रों का पाठ किया जाए। इसका अर्थ यह हुआ कि यज्ञकर्ता वेदपाठी हो। यदि किसी व्यक्ति ने वेदाध्ययन नहीं किया है तो वह यज्ञ नहीं कर सकता। वेदों का अध्ययन मात्र वही कर सकते हैं जिनका उपनयन संस्कार हुआ हो। दूसरे शब्दों में ज्ञान और अध्ययन की पात्रता वेदों का अध्ययन उपनयन के माध्यम से ही संभव है। यदि उपनयन न हो तो ज्ञान का मार्ग अवरुद्ध है। उपनयन मात्र एक संस्कार ही नहीं है। यह संपत्ति और ज्ञानार्जन दोनों का महत्त्वपूर्ण अधिकार है।

जिन्हें इस बात का अहसास नहीं है कि उपनयन की अनिवार्यता से शूद्रों की सामाजिक प्रतिष्ठा को कितना आघात पहुँचता है उन्हें यह समझने में कोई कठिनाई नहीं होगी कि पूर्व मीमांसा में क्या विधान है। जब उपनयन का संबंध शिक्षा और संपत्ति से जोड़ दिया जाए तो उन्हें यह समझने में देर नहीं लगेगी कि शूद्रों के पतन का एक मात्र कारण यही है कि उन्हें उपनयन से वंचित कर दिया गया।

उपरोक्त विवेचन से यह स्पष्ट है कि प्राचीन आर्यों में उपनयन का कितना महत्त्व था। उपनयन से व्यक्ति को सामाजिक प्रतिष्ठा और वैयक्तिक अधिकार प्राप्त होते थे। ब्राह्मणों ने शूद्रों से उपनयन का अधिकार छीन कर उन्हें ज्ञानार्जन और संपत्ति संचय से वंचित कर दिया। उसका सामाजिक पतन हो गया। वह दरिद्र और अज्ञानी हो गए। शूद्रों से बदला लेने के लिए ब्राह्मणों ने शूद्रों के विरुद्ध उपनयन विरोध को एक भीषण अणुबम के रूप में प्रयोग कर उन्हें गर्त में ढकेल दिया और उन्हें श्मशान तुल्य बना डाला।

VII

यह निर्विवाद है कि ब्राह्मण निःसंदेह दूसरों को उपनयन से वंचित करने की शक्ति रखते हैं। हालाँकि इस संबंध में कोई लिखित आदेश नहीं है, तथापि दो तथ्य ध्यान में रखने से शंका का समाधान हो जाएगा। जो आर्य समुदाय के हथकंडों से परिचित नहीं हैं उनके मन मानस में दो बातें सदा घर किए बैठी रहेंगी। (1) उपनयन केवल ब्राह्मण ही करा सकता है तथा (2) अनाधिकृत उपनयन कराने वाला दंड का भागी होगा।

शायद बहुत प्राचीन काल में पिता ही पुत्र को गायत्री पाठ कराता था और वेदाध्ययन गायत्री से प्रारंभ होता था। वेदाध्ययन उपनयन के पश्चात् होने लगा। परंतु यह निश्चित है कि बहुत पहले से ही उपनयन गुरू कराता था। उपनयन के उपरांत बालक आचार्य के घर पर ही रह कर वेदाध्ययन करता था।

"आचार्य कौन हो सकता है और उसकी योग्यता क्या हो? यह प्रश्न पुरातन काल से ही विवाद का विषय रहा है। आचार्य वेद-विद हो। एक ब्राह्मण ग्रंथ में कहा गया है—"जिस आचार्य को शिक्षा से वंचित कर दिया गया है वह नरक में जाता है जो अशिक्षित है नरकगामी है। आचार्य वही हो सकता है जो वेद पारंगत हो।"

आपस्तंभ धर्म-सूत्र (1.1.1.12.13) के अनुसार उपनयन वह आचार्य कराए जो विद्वान् हो। उसकी योग्यताएँ हैं जो वंश परंपरा से विद्वान् हो, जो शांत मस्तिष्क हो। ऐसे आचार्य से वेद-पाठ ब्रह्मचर्य पर्यंत या तब तक कराना चाहिए जब तक कि वह धर्मच्युत न हो जाए।

आचार्य की पहली योग्यता है वह ब्राह्मण होना चाहिए। ब्राह्मण आचार्य न मिलने पर क्षत्रिय या वैश्य गुरू धारण करना चाहिए। यह अपवाद तब प्रचलित था जब वेदाध्ययन और अध्यापक के अधिकार नियत नहीं किए गए थे परंतु यह भेद तब किया गया और यह भेद बहुत पहले कर दिया गया था—जबकि वशिष्ठ और विश्वामित्र के बीच कशमकश चल रही थी। तब आचार्य पद ब्राह्मण के लिए आरक्षित कर दिया गया। वही उपनयन भी करा सकता था। यह व्यवस्था पक्की हो गई थी कि केवल ब्राह्मण ही उपनयन कराएगा। कोई अन्य उपनयन कराएगा तो वैध नहीं होगा।

ब्राह्मणों को यह भी आदेश था कि वह समाज विरोधी अर्थात् ब्राह्मण द्वारा अस्वीकृत धार्मिक कृत्य संपन्न न कराएँ। ऐसा करने वाला ब्राह्मण दंड का भागी होता था। इस संबंध में प्राचीन संहिताओं में अनेक प्रकार के दंडों का प्रावधान मिलता है। पुराने में ऐसी अनेक व्यवस्थाएँ हैं। मैं केवल मनु और पराशर की कृतियों के प्रसंग प्रस्तुत कर रहा हूँ—

मनुस्मृति (3-150) में बताया गया है कि किस श्रेणी का ब्राह्मण यज्ञ हवन करने कराने का पात्र नहीं है। नीचे सूची में उनके नाम दिए गए हैं।

मनुस्मृति (3-156)—"वे ब्राह्मण जो हवन का कव्य नहीं ले सकते मैं उन्हें बताता हूँ। जो शुल्क लेकर पढ़ाएँ और जो शुल्क देकर पढ़े, जो शूद्र विद्यार्थी को पढ़ाएँ और जिसका गुरू शूद्र हो, जो कटुभाषी हो, जो कुल्टा या विधवा का पुत्र हो।"

पाराशर ने कहा है—"वह ब्राह्मण जो दक्षिणा (शुल्क) के लिए शूद्र का यज्ञ कराता है, शूद्र हो जाता है और यज्ञ करने वाला शूद्र ब्राह्मणत्व को प्राप्त कर लेता है।" माधव के अनुसार 'यज्ञ' का पुण्य शूद्र को मिलता है और ब्राह्मण पाप का भागी बनता है।

जो लोग यह प्रश्न करते हैं कि ब्राह्मणों को क्या अधिकार था कि वे शूद्रों को उपनयन से वंचित कर दें। उन्हें ये दो तथ्य समझने चाहिए (1) उपनयन केवल ब्राह्मण की करा सकता था। तथा (2) अनाधिकृत ब्राह्मणों द्वारा अमान्य उपनयन कराने वाला ब्राह्मण दंड का भागी होता था। उपरोक्त दो कारणों से ब्राह्मणों को निःसंदेह यह अधिकार मिल गया कि वे जिसका चाहें उपनयन करें जिनका न चाहें न करें। यह तथ्य है कि ये दोनों ही अधिकार ब्राह्मण की मुट्ठी में थे। ऐसा साफ नहीं लिखा गया है परंतु इसका प्रछन्न आशय यही था। ब्राह्मणों को अपनी इस ताकत का पता था। इसमें संदेह नहीं। उपलब्ध प्रमाणों के अनुसार सोलह उदाहरण सुलभ हैं जिनमें ब्राह्मणों ने विभिन्न जातियों को उपनयन से वंचित करने की चेतावनी दी। इनमें नौ मामलों में कायस्थों को, चार में पांचालों को और एक में पालशे को चेतावी दी गई। इतना ही नहीं सन् 556 से 1904 ई. तक इन्होंने मराठा राजाओं को भी चुनौती दी। यह महत्त्व पूर्ण बात है कि उन्होंने दो मराठा राजाओं को चेतावनी दी। ये घटनाएँ 556 और 1904 ई. में हुई। यह ठीक है कि ये उदाहरण हालाँकि अति प्राचीन नहीं हैं फिर भी इन्हें उदाहरण के रूप में याद किया जाएगा, जिनमें ब्राह्मणों ने उपनयन न कराने के अपने विशेषाधिकार का प्रयोग किया। यह अधिकार अति प्राचीन काल से मिला होगा। इसके प्रमाण हैं। पुरातन काल में सत्यकाम जाबाली ने कहा था कि मनुष्य का वर्ण उसके गुणों, मानसिक एवं चारित्रिक व्यवहार से जाना जाता है। उसके जन्म से नहीं। जाबाली के संदर्भ में जहाँ यह सही है वहीं यह भी सही है कि ब्राह्मणों को उपनयन कराने तथा न कराने का अधिकार बहुत पहले ही मिल चुका था।

ऐसे उदाहरणों की गणना का कोई महत्त्व नहीं है जब तक कि हमें उनमें उपनयन न कराने के प्रमाण न मिल जाएँ। ऐसा करने के लिए हमें हर का विवरण जानना होगा। दुर्भाग्य से उपरोक्त उदाहरणों के संबंध में पूर्ण विवरण नहीं मिले। केवल कुछ फैसला ही सुलभ हैं। अतः वे हमारे काम के नहीं हैं। केवल 'ब्राह्मण बनाम शिवाजी' का विस्तृत एवं पूर्ण विवरण उपलब्ध है। यह विशेष महत्त्वपूर्ण वाला मामला है अतः इसका सविस्तार विवेचन करेंगे। इसके तथ्य रोचक और शिक्षाप्रद हैं और विचाराधीन विषय पर भी यथेष्ट प्रकाश डालते हैं।

यह सर्वविदित है कि शिवाजी ने पश्चिम महाराष्ट्र में स्वतंत्र हिंदू राज्य की स्थापना करने के उपरांत सिंहासनारूढ़ होने हेतु अपने राज्यभिषेक का इरादा किया। शिवाजी और उनके मित्रों की इच्छा थी कि अभिषेक वैदिक रीति से हो, लेकिन इसमें बाधाएँ थीं। प्रथम तो यह कि वैदिक रीति से अभिषेक ब्राह्मणों की इच्छा पर ही निर्भर करता था। ब्राह्मण के सिवाय कोई इसे संपन्न नहीं करा सकता था। दूसरी कठिनाई यह थी कि जब तक शिवाजी अपने को क्षत्रिय सिद्ध न कर दें, राज्याभिषेक असंभव था। तीसरी बाधा यह थी कि उपनयन न हो पाने के कारण राज्याभिषेक

नहीं हो सकता था। तीसरी बाधा इतनी बड़ी नहीं थी क्योंकि व्रात्यस्तोम कराया जा सकता था। पहली कठिनाई शिवाजी के लिए चट्टान जैसी थी। यह थी शिवाजी की सामाजिक स्थिति का प्रश्न कि क्या वे क्षत्रिय थे? मुख्य विरोधी उनका प्रधानमंत्री मोरोपंत पिंगले था। दुर्भाग्य से शिवाजी के सरदारों ने भी उन्हें सामाजिक मान्यता नहीं दी और उसके खिलाफ एक जुट हो गए। क्योंकि उनके अनुसार शिवाजी शूद्र थे। ब्रह्मणों का विचार था कि क्षत्रिय कलियुग में ही नहीं हैं, स्पष्ट रूप से वे क्षत्रिय बन भी नही सके थे क्योंकि वे कलयुग में ही रह रहे थे। उनके अनुसार शिवाजी शूद्र थे। ब्राह्मणों का विचार था कि कलियुग में क्षत्रिय रहे ही नहीं। इस विचार को क्षत्रियों के लिए निर्धारित ग्यारह वर्ष की आयु में शिवाजी का उपनयन न होने से और अधिक बल मिला और वे शूद्र ठहराए गए। विद्वान् गाघभट्ट ने सभी कठिनाइयाँ दूर कर और व्रात्यस्तोम उपनयन संस्कार कराने के बाद 6 जून 1674 को रायगढ़ में शिवाजी का राज्याभिषेक कर दिया। शिवाजी का प्रसंग अनेक दृष्टियों से महत्त्वपूर्ण है। यह इस कारण महत्त्वपूर्ण है इससे यह प्रमाणित है कि (1) उपनयन कराने का अधिकार केवल ब्राह्मण को है तथा उसे कोई अन्य ऐसा करने को बाध्य नहीं कर सकता। शिवाजी एक स्वतंत्र राज्य के शासक थे भी और खुद महाराजा तथा छत्रपति कहलाते थे। अनेक ब्राह्मण उनकी प्रजा थे और फिर भी वे उन्हें अपने राज्याभिषेक के लिए बाध्य नहीं कर सकते थे।

यह इसलिए महत्त्वपूर्ण है कि शिवाजी यह भलीभाँति जानते थे कि ब्राह्मणों द्वारा किया गया संस्कार ही समाज में मान्य है। अतः उन्हें यह साहस न हुआ कि किसी गैर-ब्राह्मण से संस्कार कराते। यदि कराते भी तो उसका कोई सामाजिक या आध्यात्मिक महत्त्व न होता। तीसरी बात यह है कि यह महत्त्वपूर्ण है कि किसी हिंदू का वर्ण निर्धारित करने का अधिकार केवल ब्राह्मण को था। शिवाजी को क्षत्रिय सिद्ध करने के लिए उनके परम मित्र बालाजी अंबाजी मेवाड़ से एक वंशावली लाए जिसमें शिवाजी का संबंध मेवाड़ के सिसोदिया वंश से सिद्ध किया था। यह कहा जाता है कि यह वंशावली जाली थी और मात्र राज्याभिषेक के अवसर के लिए बनवाई गई थी। यदि जन्म पत्री को सही भी मान लिया जाए तो यह कहाँ सिद्ध होता है कि शिवाजी क्षत्रिय थे। शिवाजी के क्षत्रिय होने की बात तो दूर रही यह प्रश्न आता है कि क्या सिसोदिया क्षत्रिय वंश के थे? इसमें प्रर्याप्त संदेह कि राजपूत प्राचीन आर्यों के दूसरे वर्ण क्षत्रियों क वंशज हैं। एक विचार यह है कि राजपूत भारत के आक्रांतता हूणों के वंशज हैं, जो राजपुताना में बस गए थे। ब्राह्मणों ने मध्यभारत में बौद्ध धर्म को कुचलने और नष्ट करने के उद्देश्य से इन्हें अग्नि संस्कार द्वारा क्षत्रिय पद दे दिया। अतः यह अग्नि, कुल क्षत्रिय कहलाए। इस विचार से अनेक विद्वान् शोध-कर्ताओं ने सहमति प्रकट की है। क्रिसेंट स्मिथ कहते हैं—

"यह बात प्रमाणित रूप से सिद्ध हो चुकी है कि स्थानीय राजाओं से हुए युद्धों में राजपुताना और गंगा की घाटी में विदेशी आक्रमणकारी पूर्णरूपेण नष्ट नहीं हुए थे और जो बचे वे स्थानीय समाज में घुल मिल गए और अपने पूर्वज शकों की भाँति हिंदू धर्म और हिन्दू समाज में मिल

कर 'हिंदू' बन गए थे। विदेशी विजेताओं को ब्राह्मणों द्वारा क्षत्रिय या राजपूत कह कर हिंदू धर्म में शामिल कर लिया गया। यह निर्विवाद सत्य है कि पाँचवी और छठी सदी से भारत में आयी इन्हीं जातियों में से उत्तरी भारत में अनेक बर्बर जातियों के सरदार परिवार तथा अनेक प्रसिद्ध राजवंश पनपे। उनके सैनिक आदि गुर्जर जैसी जाति बन गए, जिनकी हैसियत कुछ कम है। इसी प्रकार दक्षिण के गौंड, भर, खारवा, चंदेल, राठौर, गहरवाड़ तथा अन्य प्रसिद्ध राजपूत वंश बन गए। ये अपना वंश सूर्यवंश और चन्द्रवंश से बताते हैं।

विलियम कुक का कहना है—

"हाल की खोजों ने राजपूतों की उत्पत्ति पर यथेष्ठ प्रकाश डाला है। वैदिक क्षत्रियों और मध्यकालीन राजपूतों की खाई को पाटना असंभव है। यह निश्चित हो गया है कि बहुत से राजपूत वंशों की उत्पत्ति का समय शकों और कुषाणों या सन् 480 ई. के आसपास गुप्त साम्राज्य का ध्वंश करने वाले श्वेल हूणों के आक्रमण काल से प्रारंभ होता है। गुर्जर जातियों ने हिंदू धर्म अपना लिया, जिसमें से कालांतर में राजपूत वंश निकले। ब्राह्मणों का प्रभुत्व स्वीकार कर लेने पर इन्हें रामायण और महाभारत के वीरों से जोड़ दिया गया। इस प्रकार राजपूतों का इतिहास बना और इसका कल्पित आरंभिक वंश सूर्य और चन्द्र से संबद्ध कर दिया गया। इन नव क्षत्रियों की सामाजिक प्रतिष्ठा एवं श्रेष्ठता के लिए यह जरूरी था कि कुछ अनुकूल पड़ने वाली कथाओं की रचना की जाए। कथा के अनुसार शुद्धिकरण या प्राचीन ऋषियों के आह्वान पर वैदिक संस्कारों से चार अग्निकुल क्षत्रिय—परमार, परिहार, चालुक्य और चौहान उत्पन्न हुए। इन अग्निकुल पाया ने मध्यभारत में बौद्ध धर्म तथा अन्य विचार विचारांतरों के दमन में ब्राह्मणों की सहायता की।"

डॉ. डी. आर. भंडारकर के अनुसार राजपूत गुर्जरों के वंशज है। गुर्जर विदेशी मूल के थे। अतः राजपूत विदेशियों के वंशज हैं।

राजपूत ब्राह्मण राज्याभिषेक करते थे, राजपूतों की मूल उत्पत्ति से अनभिज्ञ न थे। यदि यह मान भी लिया जाए कि इस विषय में अनजान थे, तब भी वे इस सिद्धांत से जरूर परिचित थे कि कलियुग में क्षत्रिय नहीं रहे।

यदि अपने पूर्ण फैसला के आधार पर ब्राह्मण सिसोदिया अंश और शिवाजी के दावे को अस्वीकार कर देते तो कोई दोष न दे पाता। परंतु ब्राह्मण की फितरत है कि परंपरागत फैसला से पलट जाएँ। वह तो मौका पाकर रंग बदलते थे।

चौथी बात यह है कि उनके सिद्धांत और फैसला ईसाई पादरियों की भाँति बिक्री का सौदा होता है। गाघभट्ट और अन्य ब्राह्मणों को दी गई दक्षिणा के आधार पर यह नहीं कहा जा सकता कि गाघभट्ट का फैसला उचित था। राज्याभिषेक एवं दक्षिणा पर क्या कुछ व्यय किया गया। वैद्य महोदय के शब्दों को देखें—

हर मंत्री को तीन लाख होन, एक हाथी, एक अश्व, वस्त्र और आभूषण उपहार स्वरूप दिए गए। गाघभट्ट को आयोजन संपन्न कराने की दक्षिणा एक लाख रूपया मिली। शिवाजी ने अवसर

के अनुकूल बहुत उपहार बाँटे। सभासद के अनुसार राज्याभिषेक पर सारा खर्च एक करोड़ और 42 लाख होन या 426 लाख रूपये खर्च हुए।

सभासद के अनुसार शिवाजी के राज्याभिषेक के अवसर पर 50,000 वैदिक ब्राह्मण, हजारों की संख्या में योगी, संन्यासी आदि एकत्र हुए थे। इन सब को दुर्ग के नीचे भोजन दिया जाता था। तत्कालीन दस्तावेज से पता चलता है कि राज्याभिषेक के पहले शिवाजी को सोना तथा अन्य हर धातु से तोला गया था। डच रिकार्ड [पी. एस. 3 (1685)] में आयोजन का सविस्तार विवरण प्रस्तुत करते हुए बताया गया है कि शिवाजी का वजन 160 पौंड था। उन्हें सोना, चाँदी, ताँबा, लोहा इत्यादि धातुओं, कपूर, नमक, शक्कर, घी, सुपारी, फलों आदि से तोला गया और उक्त सामग्री ब्राह्मणों में वितरित कर दी गई। उपहार स्परूप अभिषेक के दूसरे दिन हर ब्राह्मण को तीन से पाँच रूपया तथा अन्यों को एक-एक रूपया दक्षिणा दी गई। स्त्रियों और बच्चों को क्रमशः दो-दो और एक-एक रूपया दक्षिणा दी गई। दक्षिणा पर कुल मिला कर डेढ़ लाख होन खर्च हुआ।

आक्सेन्डन ने भी अपनी डायरी (18 मई से 13 जून) में लिखा है कि शिवाजी को स्वर्ण से तोला गया था। उनका वजन 16,000 होन था, यह रकम एक लाख होन के साथ ब्राह्मणों में दक्षिणा के रूप में बाँट दी गई थी।

उपरोक्त डच रिकार्ड के विचारानुसार व्रात्य संस्कार गाघभट्ट को 7,000 होन, ब्राह्मणों तथा अन्यों को 17,000 होन मिले। पाँच जून को शिवाजी ने गंगाजल में स्नान किया और हर उपस्थित ब्राह्मण को 100 होन भेंट किए।

गाघभट्ट को जो रकम दी गई क्या वह मात्र दक्षिणा थी? ऐसा कहा जाता है कि गाघभट्ट को यथेष्ट पारिश्रमिक नहीं मिल पाया। उससे अधिक तो मंत्रियों को मिला। इस संबंध में दो बातें याद रखने योग्य हैं—

1. खुद मंत्रियों ने शिवाजी को राज्याभिषेक पर बहुमूल्य भेंट दी। प्रधानमंत्री मोरोपंत पिंगले ने 7,000 होन तथा अन्य दो मंत्रियों ने 5,000-5,000 होन भेंट किए। मंत्रियों को दिए गए उपहारों में से शिवाजी को दी गई भेंट कम कर दी जाए तो शिवाजी द्वारा मंत्रियों को दिए गए उपहार अल्पमात्र ही रह जाते हैं।

2. शिवाजी के मंत्री उन्हें शूद्र मानते थे। अतः वे राज्याभिषेक के विरोधी थे। इसमें कोई आश्चर्य नहीं यदि कहा जाए कि शिवाजी ने उनका मुँह बंद रखने के लिए बड़ी-बड़ी भेंट उन्हें दी थी। अतः शिवाजी द्वारा मंत्रियों को दिए गए द्रव्य को आधार मान कर नहीं कहा जा सकता कि गाघभट्ट को दक्षिणा से अधिक नहीं मिला। वास्तविकता यह है कि गाघभट्ट ने खुद इतनी कलाबाजियाँ खाई कि उन्हें दी गई दक्षिणा रिश्वत कही जा सकती हैं।

शिवाजी के राज्याभिषेक में महाराष्ट्र के कायस्थ शिवाजी के व्यक्तिगत सचिव बालाजी आवाजी की प्रमुख भूमिका रही। बालाजी ने सबसे पहले शिवाजी के पहले वृतांत के साथ

तीन ब्राह्मणों को बनारस से गाघभट्ट को लिवालाने भेजा। गाघभट्ट ने संदेशवाहकों को एक पत्र के साथ वापस भेज दिया जिसमें शिवाजी को शूद्र बताते हुए राज्याभिषेक के अयोग्य ठहराया गया था। बालाजी ने शिवाजी के क्षत्रिय होने का प्रमाण एकत्र करने का कदम उठाया। यह एक ऐसी वंशावली प्राप्त करने में सफल हुआ जिसमें शिवाजी को मेवाड़ के सिसोदिया शासकों का वंशज बताया गया था। इस प्रमाण के साथ एक कायस्थ संदेशवाहक को पुनः गाघभट्ट के पास भेजा गया। गाघभट्ट रायगढ़ आए और कहा कि उन्होंने प्रमाणों की समीक्षा की है जिसके परिणाम-स्वरूप शिवाजी शूद्र ही ठहरते हैं। इसलिए राज्याभिषेक के अधिकारी नहीं हैं।

इस संबंध में गाघभट्ट ने केवल एक ही कलाबाजी नहीं खाई उन्होंने एक और विचित्र रंग दिखाया और घोषणा की कि वह शूद्र शिवाजी के स्थान पर बालाजी आवाजी का कायस्थ क्षत्रिय होने के नाते अभिषेक करने को तैयार है। गाघभट्ट इस पर भी टिका नहीं रहा और एक और पलटा खाया। और घोषणा की कि शिवाजी क्षत्रिय हैं और वह उनका राज्याभिषेक करने को तैयार है। इतना ही नहीं उसने गाघभट्ट के नाम से एक लेख तैयार किया कि कायस्थ वर्णसंकर हैं। इस बहुरूपियेपन से क्या प्रकट होता है? गाघभट्ट राज्याभिषेक करना नहीं चाहता था पर उसे खरीद लिया गया था। अतः इसमें कोई संदेह नहीं कि उसने अपना फैसला कि शिवाजी क्षत्रिय हैं, रिश्वत का धन लेकर दिया था।

अंत में शिवाजी के संबंध में फैसला की एक बात और थी। ब्राह्मण कभी भी अपने पूर्व फैसला पर टिके नहीं रहे। वे जब चाहें अपने अपने थूके को चाट लें। उन्होंने अपने फैसला शिवाजी क्षत्रिय हैं, का कितने दिन तक पालन किया?

शिवाजी ने अपने राज्याभिषेक के दिन अर्थात् 6 जून 1674 से 'राज्यभिषेक संवत्' प्रारंभ किया। जब तक शिवाजी और उनके उत्तराधिकारी सिंहासनरूढ़ रहे, संवत् का प्रचलन रोक दिया गया। उन्होंने मुगल सम्राटों की भाँति 'फसली सन्' का प्रयोग शुरू किया। इतना ही नहीं उन्होंने शिवाजी के उत्तराधिकारियों के क्षत्रियत्व को भी चुनौती दी। शिवाजी ने अपने पुत्रों सांभाजी और राजाराम का उपनयन अपने जीवन काल में ही वैदिक रीति से ब्राह्मणों से करा दिया था। अतः ब्राह्मण उनका कुछ नहीं बिगाड़ सके। वे शिवाजी के पौत्र शाहूजी का भी कुछ अहित नहीं कर पाए क्योंकि तब तक सत्ता ब्राह्मणों के हाथों में नहीं आ पायी थी। शाहजी द्वारा ब्राह्मण पेशवा को सत्ता सौंपने के साथ ही ब्राह्मणों के पंख खुल गए। इसका प्रमाण सुलभ नहीं है कि शाहूजी-द्वितीय के पुत्र रामजी राजे और साहू के अव्यस्क पुत्र जो पेशवा के संरक्षण में था उसका उपनयन पेशवा के निर्देश पर पौराणिक विधि से जरूर हुआ था या नहीं। परंतु इसके निश्चय प्रमाण हैं कि सन 1777 ई. में दत्तक पुत्र बने शाहू-द्वितीय का पेशवा के निर्देश पर यह पौराणिक रीति से उपनयन हुआ और वह शूद्र पेशवा बना। शाहू के पुत्र महाराजा प्रताप का जो 1808 ई. में शाहू द्वितीय का उत्तराधिकारी बना उनका उपनयन हुआ या नहीं, हुआ तो

किस रीति से हुआ इसका कोई पता नहीं चलता। हाँ एक बात निश्चित रूप से कही जा सकती है कि 1827 ई. में करवीर के शंकराचार्य ने सांगली के कायस्थों के विषय में अपना फैसला दिया—"कलियुग में कोई क्षत्रिय नहीं रहे।"

उनके कार्यालय के दस्तावेज के अनुसार शिवाजी, शंभाजी और शाहूजी क्षत्रिय नहीं थे। परंतु कहा जाता है कि यह बात मूल फैसला में न थी। सांगली के ब्राह्मण राजा ने इसे कालांतर में मुख्य फैसला में क्षेपित करा दिया। कुछ भी हो वह शिवाजी के वंशज राजा प्रताप सिंह को खुली चुनौती थी। प्रताप सिंह ने सन् 1830 ई. में ब्राह्मणों का एक सम्मेलन आयोजित किया और विषय विचारार्थ प्रस्तुत किया। सम्मेलन ने प्रताप सिंह के पक्ष में फैसला देकर उनको शूद्रत्व से बचा लिया।

शिवाजी की एक वंश शाखा से पराजित ब्राह्मणों ने कोल्हापुर की दूसरी शाखा पर आक्षेप शुरू कर दिए। कोल्हापुर के एक शासक बाबा साहेब महाराज के राज पुरोहित रघुनाथ शास्त्री ने सभी राजकीय संस्कार पौराणिक विधि से संपन्न कराना प्रारंभ कर दिया। उसे ऐसा करने से रोक दिया गया। बाबा साहेब की मृत्यु 1886 में हो गई थी। वर्ष 1886 से 1894 तक के सभी राजा अवयस्क थे तथा प्रशासन अंग्रेजो के हाथों में आ गया था। अतः ऐसा कोई प्रत्यक्ष साक्ष्य नहीं मिल पाता जिससे यह पता चल सके कि राज पुरोहित ने उनके संस्कार किस विधि से किए कराए। सन् 1902 में शाहू महाराज ने महल के राज पुरोहित को निर्देश दिया कि वह सभी संस्कार वैदिक रीति से संपन्न करें। किंतु पुरोहित अड़ गए कि कोल्हापुर के शासक क्षत्रिय न होकर शूद्र हैं और सभी संस्कार पौराणिक विधि से कराने पर बल दिया। इस संबंध में करवीर के शंकराचार्य की भूमिका विशेष रूप से उल्लेखनीय है। विवाद के समय शंकराचार्य ने अपने शिष्य ब्राह्मणाल्कर को मठ के सभी अधिकार सौंप दिए। प्रारंभ में तो गुरू शिष्य दोनों की महल के राज- पुरोहित से मिली भगत रही और वे महाराजा के विरोधी रहे। लेकिन काठ समय उपरांत ही शिष्य ने महाराजा का पक्ष लिया और महाराजा को क्षत्रिय स्वीकार किया। इससे खिन्न होकर गुरू ने शिष्य का सामाजिक बहिष्कार कर दिया। महाराजा ने अपना ही शंकराचार्य नियुक्त किया। परंतु वह भी उनका विरोधी हो गया।

शिवाजी को क्षत्रिय माना गया था। अस्तु यह सम्मान व्यक्तिगत न होकर उनकी भावी पीढ़ियों को भी मिल गया था। किसी को इसमें परिवर्तन का अधिकार नहीं था। शिवाजी के उत्तराधिकारी द्वारा कोई दुष्कर्म भी नहीं किया गया था, फिर भी ब्राह्मण उन्हें हीन शूद्र मानते थे। यह सब इस कारण हुआ कि ब्राह्मणों को छूट थी कि वे किसी भी हिंदू का वर्ण उलट-पुलट कर दें। उनके पास कारीगरी थी कि वे शूद्र को क्षत्रिय और क्षत्रिय को शूद्र बना डालें। शिवाजी के मामले में यह सिद्ध होता है कि वर्ण निर्धारण में ब्राह्मणों को अनियंत्रित अधिकार प्राप्त हैं।

यह कथा केवल बम्बई प्रेसीडेंसी से उद्धृत की गई है। परंतु निम्न सिद्धांत सभी देश में प्रचलित हैं। यथा—

1. उपनयन की ठेकेदारी केवल ब्राह्मणों की है। शिवाजी, प्रतापसिंह या कायस्थ, पांचाल या पालशे, कोई भी गैर-ब्राह्मण से उपनयन कराने का साहस न रखते थे। केवल एक बार कायस्थों ने संस्कार कराने का प्रस्ताव पारित किया था किंतु वह मात्र प्रस्ताव ही रह गया।

2. ब्राह्मण को यह अधिकार है कि वह किसी का उपनयन करें या न करें। या दूसरे शब्दों में एकमात्र ब्राह्मण ही इसका निर्णायक है कि अमुक जाति उपनयन की पात्र है या नहीं।

3. उपनयन के संबंध में ब्राह्मण की सहमति के लिए ईमानदारी जरूरी नहीं। वह मुट्ठी गर्म करके भी कराया जा सकता है। शिवाजी ने गाघभट्ट की झोली में भारी धन देकर अपना उपनयन कराया था।

4. ब्राह्मण द्वारा उपनयन से इंकार का आधार वैधानिक या धार्मिक होना जरूरी नहीं। वह राजनीतिक विद्वेष या कारण भी हो सकता है। ब्राह्मणों ने कायस्थों का उपनयन राजनैतिक प्रतिद्वंद्विता के कारण बंद कर दिया था।

5. एक ब्राह्मण द्वारा उपनयन करने पर केवल विद्वत परिषद में ही अपील की जा सकती है और विद्वत परिषद नाटक मंडली के सभी पात्र ब्राह्मण ही हो सकते हैं।

उपरोक्त तथ्यों से यह पूर्णतः स्पष्ट हो जाता है कि उपनयन के संबंध में ब्राह्मणों को वर्चस्व प्राप्त था। वे किसी को भी उपनयन से वंचित करने में सर्वथा सक्षम थे। अतः इसमें कोई आश्चर्य की बात नहीं कि उन्होंने शूद्रों को कुचलने के लिए इस हथियार का बेरोकटोक इस्तेमाल किया।

11. संधि की कथा

अब तक मैंने निम्न तथ्यों को सिद्ध करने का प्रयास किया है—

1. ब्राह्मणों ने शूद्र को आर्यों के दूसरे वर्ण क्षत्रियों के एक वर्ग से नीचे गिरा कर समाज के चौथे वर्ण में धकेल दिया।

2. शूद्रों के दमन के लिए ब्राह्मणों द्वारा अपनाई गई फितरत थी उनका उपनयन बंद कर देना।

3. ब्राह्मणों की यह प्रतिक्रिया शूद्र राजाओं के द्वारा उनके साथ किए गए अत्याचार, उत्पीड़न, अपमान, दमन आदि के कारण थी जिसका आशय था प्रतिशोध की भावना।

यह सब बिलकुल है तथापि निम्नांकित प्रश्न उठते हैं—

1. ब्राह्मणों का विद्वेष केवल कुछ राजाओं से ही था, फिर क्या कारण है कि वे सभी शूद्र जाति के ही शत्रु बन गए?

2. क्या द्वेष इतना जहरीला था कि ब्राह्मणों ने घृणावश होकर उनसे बदला लेने पर उतर आए?

3. क्या दोनों पक्षों में सुलह नहीं हुई? यदि सुलह हुई थी तो ब्राह्मणों के पास शूद्रों के पतन के लिए कोई स्पष्ट कारण नहीं था।

4. शूद्रों ने इस अधोपतन को कैसे सहन किया?

मैं मानता हूँ ये गूढ़ प्रश्न हैं तथा इन पर ठंडे दिल से विचार करने की जरूरत है। प्रश्न प्रासंगिक है इसलिए इनका उत्तर दिया जाना चाहिए।

I

यह प्रश्न कि कुछ राजाओं के साथ क्लेश होने के कारण ब्राह्मणों को शूद्रों के संपूर्ण समुदाय से बदला लेने की क्यों ठानी? यह प्रश्न न केवल सामयिक ही है बल्कि बहुत विशिष्ट भी है। यदि दो बातों को ध्यान में रखकर देखा जाए तो उत्तर मिल जाएगा।

पहले तो अध्याय 9 में वर्णित ब्राह्मणों और शूद्र राजाओं के बीच कलह व्यक्तिगत कलह नहीं थी। हालाँकि ऐसा लगता है। दूसरी ओर ब्राह्मण एकजुट हो गए थे। वाम प्रकरण के अलावा सभी झगड़े ब्राह्मण मात्र से थे। ठीक इसी प्रकार जिन राजा से ब्राह्मणों का संघर्ष हुआ, वे सभी शूद्र वंश के थे और सुदास से संबद्ध थे।

जहाँ तक सुदास का प्रश्न है यह संघर्ष ब्राह्मणों और क्षत्रियों के एक अंग शूद्रों के बीच था। इसमें संदेह नहीं कि इस बात के हमारे पास प्रत्यक्ष प्रमाण नहीं है कि क्रोधभाजन राजा भी क्षत्रियों के एक अंग शूद्रों से ही संबद्ध थे। किंतु हमारे पास अन्य प्रमाण हैं जिनसे निष्कर्ष निकलता है कि वे सुदास के वंशज थे। महाभारत के आदि पर्व से उद्धृत वंशावली देखने योग्य है। ब्राह्मणों के साथ संघर्ष में वर्णित राजाओं के अंतर संबंधों पर यह रोचक प्रकाश डालती है। पुरुरवा वैवस्वत मनु का पौत्र और इला का पुत्र था। नहुष पुरुरवा का पौत्र था। निमि इश्वाकु का पुत्र था जो खुद मनु वैवस्त का पुत्र था। इक्षवाकु की 28वीं पीढ़ी में त्रिशंकु हुआ। इश्वाकु की 50वीं पीढ़ी में सुदास था। बेन मनु वैवस्वत का पुत्र था। ये सभी मनु के वंशज होने के कारण सभी सुदास से संबंधित होने चाहिए। सुदास के शूद्र होने के प्रमाण हैं। इससे यह निष्कर्ष निकलता है कि वे सभी शूद्र थे।

हमारे पास प्रत्यक्ष प्रमाण नहीं है किंतु यह सोचना असंगत न होगा कि संघर्ष पूरे शूद्र समुदाय के साथ था, अकेले सुदास के साथ नहीं। स्मरणीय है कि ये संघर्ष अति प्राचीन काल में हुए जब लोगों में मनसावाचाकर्मणा बीच कबीलाई भावनाएँ भरी होंगी।

वंशावली

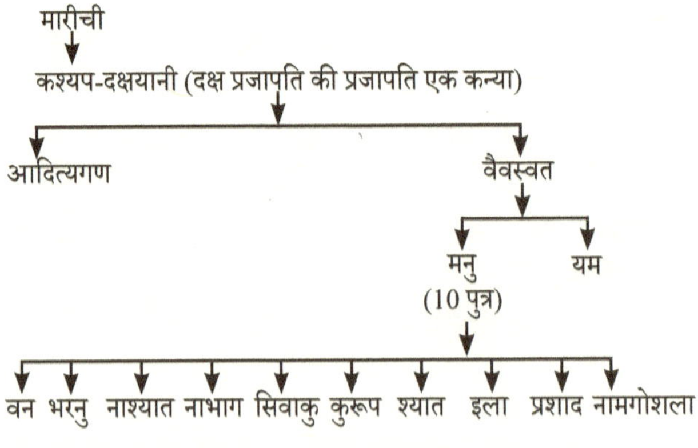

यद्यपि कोई प्रत्यक्ष साक्ष्य नहीं है तथापि यह स्वाभाविक है कि ब्राह्मणों के साथ संघर्ष में यह वंश सभी शूद्र वंश एक पक्ष था। प्राचीन काल में जब संघर्ष हुआ सभ्यता और वहार प्रारंभिक अवस्था में थे तथा एक व्यक्ति द्वारा किया गया अपराध व्यक्तिगत नहीं माना जाता था। इसका परिणाम सभी जाति या वंश को भोगना पड़ता था। अतः यह पूर्णतः स्वाभाविक है कि ब्राह्मणों ने अपनी शत्रुता उत्पीड़क राजाओं तक ही सीमित न रखकर संपूर्ण शूद्र जाति का उपनयन बंद कर दिया।

क्या उत्तेजना इतनी प्रबल हो चुकी थी, यह निर्विवाद है। दोनों ओर पारा चढ़ा था। दो पक्षों में द्वेष भाव चरम सीमा पर था। स्थिति विस्फोटक थी।

दूसरी ओर ब्राह्मणों द्वारा समाज में श्रेष्ठता तथा विशेष अधिकार प्राप्त करने का दावा भी असह्य हो गया था।

ब्राह्मणों के दावों की लंबी सूची का अवलोकन करें। इसके अनुसार ब्राह्मणों के दावे इस प्रकार हैं—

1. ब्राह्मण को जन्म के आधार पर सभी वर्णों का गुरू माना जाए।

2. अन्य वर्णों के कर्तव्य, आचरण तथा जीविका के स्रोत निर्धारण करने का अधिकार केवल ब्राह्मण को है। सभी वर्ण आँख मूँद कर इसका पालन करें। राजा ब्राह्मण के निर्देश से शासन् चलाए।

3. ब्राह्मण राजा के अधीन नहीं है। ब्राह्मण के अलावा राजा सभी वर्णों का शासक होगा।

4. ब्राह्मण इन दंडों से मुक्त है—(1) चाबुक, (2) हथकड़ी-बेड़ी (3) आर्थिक दंड, (4) देश निकाला, (5) भर्ना, (6) सामाजिक बहिष्कार।

5. श्रोत्रिय ब्राह्मण (वेद-विद ब्राह्मण) कर मुक्त है।

6. यदि गड़ा हुआ धन ब्राह्मण को मिले तो वह उसका संपूर्ण अधिकारी है। यदि राजा को मिले तो वह आधा भाग ब्राह्मण को दे।

7. निस्संतान मरने वाले ब्राह्मण की संपत्ति राजकोष में न जमा कर श्रोत्रियों और ब्राह्मणों में वितरित कर दी जाए।

8. यदि राजा को श्रोत्रिय या ब्राह्मण रास्ते में मिले तो राजा उनके लिए मार्ग छोड़ दे।

9. सबसे पहले ब्राह्मण का अभिवादन किया जाए।

10. ब्राह्मण पवित्र है। उसे हत्या के अपराध में भी प्राण दंड नहीं दिया जाए।

11. ब्राह्मण को धमकाना, पीटना, धक्का देना या उसके शरीर से रक्त निकालना अपराध है।

12. कुछ अपराधों में ब्राह्मण को अन्य वर्णों की अपेक्षा कम दंड दिया जाए।

13. वादी यदि ब्राह्मण नहीं है तो राजा ब्राह्मण को साक्ष्य के लिए न बुलाए।

14. यदि किसी स्त्री के दस गैर-ब्राह्मण पति हों और एक ब्राह्मण उससे विवाह कर ले तो वह ब्राह्माण की भार्या होगी न कि एक राजन्य या किसी वैश्य की जिससे उसने विवाह किया हुआ है। ब्राह्मणों के इन विशेषाधिकार दावों पर विचार करते हुए श्री काणे कहते हैं—

"ब्राह्मणों को अन्य विशेषाधिकार भी प्राप्त थे। यथा भिक्षाटन के लिए अन्य लोगों के घर में बिना रोक-टोक प्रवेश करना, कहीं से भी ईंधन, फूल, पानी आदि का संकलन चोरी नहीं है। पराई स्त्री से निर्द्वंद्वं बातचीत करना, बिना कर दिए सबसे पहले नदी पार करना, व्यवसाय के लिए प्रयुक्त नावों पर चुंगी न देना तथा यात्रा के थके भूखे होने पर किसी भी खेत में से दो गन्ने या कंदमूल ले लेना।"

निःसंदेह कालांतर में इन अधिकारों में और भी वृद्धि हुई। यह कहना कठिन है कि संघर्ष के समय तक ब्राह्मणों को क्या क्या सुविधाएँ मिल चुकी थीं। किंतु यह निश्चित है कि उपरोक्त सूची में क्रम संख्या 1.2.3.8 और 14 पर अधिकार किसी भले और स्वाभिमानी व्यक्ति समुदाय को क्षुब्ध करने के लिए बहुत काफी थे।

जहाँ तक क्षत्रिय राजाओं की बात है वे इन शर्तों को कैसे मान लेते। यहाँ हम यह न भूले कि जिन राजाओं का ब्राह्मणों से टकराव हुआ उनमें से अधिकांश सूर्यवंशी थे।

विद्याध्ययन गौरव और वैवाहिक प्रकृति में चंद्रवंशी क्षत्रियों से शक्ति और आत्म-गौरव में अलग थे। चंद्रवंशी ब्राह्मणों के प्रभुत्व को स्वीकार कर उनके दास बन गए। सूर्यवंशी क्षत्रिय विद्या और ज्ञान में ब्राह्मणों से उत्तम थे, अनेक तो वैदिक मंत्रों के स्त्रष्टा राजर्षि थे। उन्होंने ब्राह्मणों की चुनौती दी।

ऋग्वेद की अनुक्रमणिका के अनुसार निम्नांकित स्त्रोत मंत्रों के स्त्रष्टा अधोलिखित सूर्यवंशी राजागण थे।

"ऋग्वेद 6.15—वातहव्य (या भारद्वाज); 10.9—सिंधुदीप पुत्र अम्बरीष (या त्वस्त्री के पत्र त्रिशिरस); 10.75—प्रियमेध के पुत्र सिंधुक्षित; 10.133—पैजवन के पुत्र सुदास; 10.134—युवनाश्व का पुत्र मान्धात्री; 10.179—उशीनार के पुत्र शिवि; काशिराज दिवोदास के पुत्र प्रतार्दन तथा रोहिदाश्व का पुत्र वसुमानस; तथा 10.148—पृथु बेन"

मत्स्य पुराण के अनुसार ऋग्वेद के मंत्रों के रचनाकारों के नामों की सूची निम्नांकित है—भृगु, काश्य प्राचेतस, दधीचि, आत्मवत, और्ब, जमदग्नि, कृप, शारद्वत्त अरष्टि सेन, युद्धजित, वातहव्य, सुवर्चस, बेन, पृथु, दिवोदास, ब्राह्मणस्व, गृत्स, सौनक, ये 19 भृगु हैं, जिन्होंने मंत्र रचे। अंगीरस, बेधस, भारद्वाज, भालनन्दन, रितसब्ध, गर्ग, सिसि, संकृति, गरुधीर, मांधात्री, अम्बरीष, यवनाश्व, परुकत्स, प्रद्यम्न, श्रावनाश्व, अजामेघ हर्यश्व, तक्षप, कवि, प्रिशदश्व, वामदेव, अजीत, वहदक्या, दीर्घातमस, काक्षीव, (ये 33 प्रमख अंगिरस हैं। ये सभी मंत्र रचनाकार थे। अब काश्यपों को लें, गाधि पुत्र विश्वामित्र, देवराज, बल मधछंद ऋषभ, अध्नमाशर्नि, लोहित, आष्टक, भतकिल, वेदश्रवा, देवव्रत, पर्णश्च, धनंजय, गौरवशाली मिथिला शालकायन ये सब 13 प्रमुख कौशिक हैं। क्षत्रियों में तीन प्रमख मंत्र सष्ठा हैं—मन वैवस्वत, इड़ा और पुरुरवा, वैश्यों में भालन्द वंद्य और सांस्कीर्ति प्रमख तीन मंत्र सष्टा हुए हैं। इस प्रकार ब्राह्मणों व क्षत्रियों और वैश्यों के 91 व्यक्तियों ने वैदिक मंत्रों की रचना की है।

यह सूची केवल क्षत्रियों के बहुत से नामों की ही नहीं है, बल्कि अनेक ऐसे क्षत्रियों के नाम भी हैं जिनका ब्राह्मणों से संघर्ष हुआ। वेद मंत्रों की रचनाओं में क्षत्रियों की प्रमुख थी। अत्यंत विख्यात गायत्री मंत्र की रचना विश्वामित्र ने की जो एक क्षत्रिय थे। यदि उनमें यह क्षमता न होती तो क्षत्रियों को ब्राह्मणों की चुनौती का सामना करना असंभव होता।

ब्राह्मणों के प्रपंचों से क्षत्रियों के विद्याध्ययन और शूरता के आधार पर प्राप्त गौरव को आघात पहुँचता था। अतः उन्होंने ब्राह्मणों की चुनौती बहुत शूर-वीरता से स्वीकार की और इस चुनौती का उत्तर दमन से दिया। उन्होंने ब्राह्मणों की बुरी गति बनाई। बेन ने देवताओं के स्थान पर अपनी पूजा कराने के लिए ब्राह्मणों को बाध्य किया। पुरुरवा ने उनकी धन संपत्ति लूट ली। नहुष ने ब्राह्मणों को रथ में जोत कर नगर में घुमाया। निमि ने अपने पुरोहित को अपने कुल परंपरागत संस्कार कराने से रोक दिया। सुदास ने इस सबसे आगे जाकर अपने पहले के कुल पुरोहित वशिष्ठ के पुत्र शक्ति को जीवित जला डाला। इस प्रकार शूद्रों से बदला लेने के लिए ब्राह्मणों के मन मानस में निश्चित रूप से इससे बढ़ कर और कोई कारण हो ही नहीं सकता था।

II

ब्राह्मणों और शूद्रों के बीच सुलह के कुछ साक्ष्य मिलते हैं। इससे पहले कि मैं इन साक्ष्यों पर अपना विचार स्थापित करूँ मैं साक्ष्यों की जानकारी देना परम जरूरी समझता हूँ। संधि की कथाएँ महाभारत और पुराणों में बिखरी पड़ी हैं।

पहली कथा दो कबीलों, भरत जिसमें विश्वामित्र था तथा त्रित्सुओं जिसमें वशिष्ठ थे, के बीच सुलह की है। भरत त्रित्सुओं के शत्रु थे। यह ऋग्वेद (3.53, 24) से स्पष्ट है—"हे इन्द्र, भरत पुत्र वशिष्ठों को आने से रोको।"

महाभारत के आदि पर्व में सुलह की कथा इस प्रकार है—

"और उनके शत्रुओं ने भरतों को मारा। पांचाल ने चतुरंगिणी सेना द्वारा आक्रमण कर उन्हें पराजित किया। राजा संवरण अपनी पत्नियों, पुत्रों, मंत्रियों और मित्रों के साथ भाग खड़ा हुआ और सिंधु के जंगलों में जा छिपा। भरत वहाँ एक हजार साल तक रहे। वशिष्ठ ऋषि के आने पर भरतों ने उनका अभिवादन किया। महर्षि के आसन ग्रहण करने पर राजा ने सादर निवेदन किया—"आप हमारे पुरोहित बनें।" तदुपरांत हमें हमारे राज्य की पुनः प्राप्ति में सहायता दें। वशिष्ठ ने पुरु को सभी क्षत्रियों की प्रभुता सौंप दी। उसने भरतों के खोए हुए राज्य पर तो अधिकार किया। साथ ही अन्य सभी राजाओं को भी अपने अधीन किया।"

दूसरी कथा, भृगुओं और क्षत्रिय राजा कृतवीर्य के बीच विग्रह संधि की है। महाभारत के आदिपर्व की कथा के अनुसार—

"कृतवीर्य नाम का एक राजा था। भृगु ने उसका यज्ञ कराया और राजा से गौएँ और धन प्राप्त किया। राजा की मृत्यु के उपरांत उनके कुछ धनी उत्तराधिकारी भृगुओं ने ब्राह्मणों को धन दे

दिया और कुछ ने धन जमीन में गाढ़ दिया था। कुछ ने राजपुत्रों को वापस दे दिया। एक क्षत्रिय ने एक भृगु का घर खोद कर जमीन में दबा धन खोज निकाला। सारे क्षत्रियों ने इस खजाने को देखा और क्रोध में आकर सब भृगुओं का वध कर दिया। उन्होंने गर्भस्थ शिशुओं तक पर तरस नहीं खाया। विधवाएँ हिमालय की ओर भाग गई। उनमें से एक ने अपने गर्भ को बचा लिया। एक ब्राह्मण गुप्तचर से यह समाचार प्राप्त कर वे उसे मारने गए किंतु उस गर्भस्थ शिशु के तेज से जंगलों के अंधे होकर भटकने लगे। हार कर उन्होंने नेत्रों की ज्योति फिर से पाने के लिए शिशु की स्तुति की। शिशु की माँ के परामर्श पर क्षत्रियों ने नवजात शिशु और्ब की स्तुति की और फिर से नयनों की ज्योति पायी। और्ब वेद वेदाग में पारंगत बताया गया है। भृगुओं के वध का बदला लेने के लिए और्ब कठिन तप करने लगा। देवता, असुर और मानव चिंतित हो उठे। और्ब के पूर्वजों ने जाकर उसे समझाया। "वे क्षत्रियों से बदला लेना नहीं चाहते। वे खुद वृद्ध हो गए थे और मरना चाहते थे। आत्मघात से बचने के लिए उन्होंने जमीन में धन छिपा कर क्षत्रियों को भड़काया था। अस्तु हे, पुत्र! तुम अपने क्रोध से क्षत्रियों और सातों द्वीपों को नष्ट न करो। और्ब ने उत्तर दिया—यदि मेरा क्रोध दूसरों पर न उतरा तो खुद मुझे ही नष्ट कर देगा। "पितरों ने उसे अपना क्रोध समुद्र में बहाने का परामर्श दिया। समुद्र में जाते ही क्रोध दावानल बन गया, जो अग्नि उगलता है और जल को पीता है।"

तीसरी कथा हैहय नरेश कृतवीर्य के पुत्र सहस्रबाहु अर्जुन और ब्राह्मण परशुराम की है। यह महाभारत के वन पर्व में निम्न प्रकार है—

"बताया जाता है कि हैहय राजा कृतवीर्य के पुत्र अर्जुन के एक सहस्र हाथ थे। उसने दत्तात्रेय से वायु गति का एक स्वर्ण रथ प्राप्त कर लिया और देव, यक्ष, ऋषि आदि सब का दमन किया। देवता और ऋषि विष्णु के पास गए। वे सब और इन्द्र अर्जुन से अपमानित हो चुके थे। अतः उन्होंने उसके वध की योजना बनाई। कान्यकुब्ज के राजा गाधि की पुत्री सत्यावती का विवाह ऋषि रिचिक से हुआ और जमदग्नि का जन्म हुआ। ऋषि के पाँच पुत्र थे जिनमें परशुराम सबसे छोटे थे। परशुराम ने अपने पिता की आज्ञा से अपनी माँ का वध कर दिया और अपने पिता से दीर्घायु और अजेय होने का वर प्राप्त किया। बाद में परशुराम के आग्रह पर जमदग्नि ने रेणुका को जीवित कर दिया।

एक दिन सहस्रबाहु अर्जुन जमदग्नि के आश्रम में में आया। ऋषि पत्नी ने उसका स्वागत किया। वह लौटते वक्त आश्रम के फलदायी वृक्षों को गिरा गया और ऋषि की गाय और बछड़े को ले गया।

परशुराम को बहुत क्रोध आया। उन्होंने उसके सहस्र हाथ काट कर उसे मार डाला। अर्जुन के पुत्रों ने परशुराम की उपस्थिति में जमदग्नि को मार डाला। परशुराम का क्रोध भड़क उठा और उन्होंने पृथ्वी से क्षत्रियों का अस्तित्व समाप्त करने का प्रण लिया। वे अपने अस्त्र-शस्त्र लेकर निकल पड़े। उन्होंने अर्जुन के पुत्रों, पौत्रों सहित सैकड़ों हैहयों को मार दिया। पृथ्वी रक्त से लाल

हो उठी। क्रूरता के साथ किए गए क्षत्रियोंन्मूलन से उनका मन दुःख से व्याकुल हो गया। अतः ये मन को शांत करने के उद्देश्य से तपस्या करने के लिए वन में चले गए। कुछ सहस्त्र वर्ष बीत जाने पर विश्वामित्र के पौत्र और रेभ्य के पुत्र परावसु ने जनकपुर में एक भरी सभा में ताना देते हुए कहा—'क्या ययाति की इस समुद्र नगरी में एकत्र प्रतार्दन आदि पुन्यात्मा क्षत्रिय नहीं हैं।'

तात्रयाच्छेद के आपके प्रण का क्या हुआ जो इस सभा में डींग हाँक रहे हैं? क्या इस समय पृथ्वी सैकड़ों क्षत्रियों के वंशों से पादाक्रांत नहीं है। यह सुनते ही परशुराम ने शस्त्र निकाल लिया। तब सैंकड़ों क्षत्रियों का, जो परशुराम के क्रोध से बच गए थे और शक्तिशाली राजाओं के रूप में उभर आए थे, सब का संहार कर दिया। यहाँ तक कि बच्चों, गर्भिनी स्त्रियों के गर्भ में भ्रूण को भी क्षत्रियों का पृथ्वी से सम्पूर्ण समाप्त किए जाने के बाद राम ने अश्वमेघ यज्ञ के संपन्न होने पर कश्यप को यज्ञ की दक्षिणा दी। संघर्ष कथा के उपरांत महाभारत का रचनाकार संधि की कहानी इस प्रकार कहता है।

"जमदग्नि पुत्र परशुराम पृथ्वी पर इक्कीस बार क्षत्रियों का संहार करने के पश्चात् महेन्द्र पर्वत पर तप करने लगे। क्षत्रिय विधवाओं को संतति की कामना हुई। वे ब्राह्मणों के पास आई। निष्काम ब्राह्मणों ने उनके साथ संभोग किया। वे गर्भिनी हुई और कालांतर में उन्होंने वीर पुत्रों और पुत्रियों को जन्म दिया। इन्हीं से क्षत्रिय वंश चला। इस प्रकार ब्राह्मणों और क्षत्रियों के मिश्रण से क्षत्रिय वंश की वृद्धि हुई। तभी से ब्राह्मणेत्तर जातियों का उदय हुआ।

ब्राह्मण क्षत्रिय विग्रह और संधि की उपरोक्त कथाओं में उन क्षत्रिय राजाओं को जिन्होंने ब्राह्मणों के विशेषाधिकारों के विरुद्ध युद्ध की घोषणा की थी, का कोई उल्लेख नहीं है। आइए अब हम उनकी संधि कथाओं की ओर लौट चलें ताकि विषयांतर न हो सके। पहला वृतांत सुदास पुत्र कल्माषपाद का है। महाभारत के आदि पर्व में यह वृतांत कहानी के इस भाग में कल्माषपाद तथा वशिष्ठ के बीच की जिस शत्रुता का उल्लेख है, उसका वर्णन पहले ही हो चुका है। संधि कथा का यह भाग इस प्रकार है—

"शक्ति की विधवा पत्नी अदृश्यन्ति ने अनेक पर्वतों और देशों के भ्रमण में अपने ससुर वशिष्ठ का अनुगमन किया। वशिष्ठ को उनके गर्भ से वेदोच्चारण सुनाई दिया। अतः वंश वृद्धि की आज्ञा से प्राणांत का विचार किया। अदृश्यन्ति के गर्भ से पाराशर ने जन्म लिया। एक बार राजा कल्माषपाद ने जन में वशिष्ठ और अदृश्यन्ति को निगलने का असफल प्रयास किया जिसे वशिष्ठ ने भभक कर रोका। मंत्राहूत जल के छोटे मार कर राजा को बारह वर्ष के शाप से मुक्त कर दिया। शाप मुक्त राजा ने वरिष्ठ की अभ्यर्थना की—हे उत्तम ऋषि मैं वह सुदास हूँ जिसके आप पुरोहित हैं। मैं आपकी प्रसन्नता के निमित्त क्या कर सकता हूँ। सेवा बताएँ।"

वशिष्ठ ने कहा—जो कुछ हुआ है वह दैविक शक्ति से हुआ है। इसलिए हे राजन अब जाकर अपना राज संभालो। किंतु बाह्मण निंदा न करना। राजा ने वचन दिया—"मैं ब्राह्मणों को किसी भी तरह हीन न समझूँगा। मैं आपका आदेश शिरोधार्य कर उन्हें पूरी तरह आदर दूँगा। अब

आप मेरी संतति (पुत्र) लाभ प्राप्त करने की इच्छा पूर्ण करें, ताकि मैं इक्ष्वाकु वंश के ऋण से मुक्त हो सकें। "वशिष्ठ के अनुरोध मान लेने पर वह अयोध्या लौट आए। बारह वर्ष उपरांत वशिष्ठ के सहवास से साम्राज्ञी ने गर्भ धारण किया और बारह वर्ष के बाद एक पुत्र को जन्म दिया।

अब महाभारत के अनुशासन पर्व का दूसरा दृष्टांत देखें—

एक बार वाकपटु इक्ष्वाकुवंशीय राजा सुदास ने अपने कुल पुरोहित अविनाशी संत, उत्तम ऋषि संपूर्ण संसार को हिलाने में समर्थ और दैविक ज्ञान के भंडार वशिष्ठ को सादर अभिवादन कर पूछा—हे परम आदरणीय निर्दोष ऋषि, तीनों लोकों में वह विचित्रतम वस्तु क्या है, जिसके निरंतर पूजन से सर्वोत्तम गुणों की प्राप्ति होती है। वशिष्ठ ने उत्तर में गुणों और उनकी उपादेयता का विस्तार पूर्वक वर्णन कर गाय की महत्ता बताई। उस जितेन्द्रिय नरेश ने ऋषि के उपदेश से प्रभावित होकर गायों के रूप में ब्राह्मणों को यथेष्ठ धन दिया। इससे उसे संत के रूप में ख्याति प्राप्त हुई।

सुदास के वंशजों से संबंधित संधि की तीसरी कथा महाभारत के शांति पर्व में भी है—

कश्यप ने पृथ्वी को जीत कर ब्राह्मणों को बसाया और खुद वन में चले गए। शूद्र और वैश्य ब्राह्मण स्त्रियों को सताने लगे। बलवान निर्बल को सताने लगे। संपत्ति पर किसी का अधिपत्य नहीं रहा। क्षत्रियों से आरक्षित पृथ्वी रसातल की ओर जाने लगी। कश्यप ने उसे अपने उरु पर धारण किया। अतः पृथ्वी उर्वी कहलायी तब पृथ्वी ने अपनी रक्षा के लिए कश्यप से एक राजा की याचना की। पृथ्वी ने कहा—मैंने हैहय वंश की विधवाओं से उत्पन्न अनेक क्षत्रियों को बचा रखा है। उनमें रिक्षावत पर्वत पर रीछों द्वारा पाले-पोषे पुरुवंशी विद्वरथ का पुत्र भी है। मेरी इच्छा है कि वही मेरा रक्षक बने। इसी प्रकार गौरवशाली ऋषि पाराशर ने सुदास के वशंज सर्वकर्मण की रक्षा की है। अन्य राजाओं के वंशज धोकार तथा स्वर्णकारों के रूप में देश के विभिन्न भागों में सुरक्षित हैं। उनके पितामह तथा पिता मेरे निमित्त पराक्रमी परशुराम द्वारा मार डाले गए थे। अस्तु मैं उनके हितों की रक्षा करके बदला चुकाना चाहती हूँ। मैं अपनी रक्षा के लिए कोई असाधारण महापुरूष नहीं चाहती। मेरी तृष्टि तो एक साधरण शासक से भी हो जाए—अतः आप जल्दी इस अभाव की पूर्ति करें। "कश्यप ने पृथ्वी द्वारा बताए गए क्षत्रियों को बुला कर उन्हें राजाओं के रूप में प्रतिष्ठित कर दिया।"

इस साक्ष्य को क्या कोई विश्वसनीय मान सकता है? मेरे अपने विचारानुसार ऐसे सात को स्वीकारना तो दूर रहा, इससे सावधान रहने की भी जरूरत है क्योंकि पहले तो सारी संधि-कथाओं का अंत ऐसी शांति में होता है जिसमें क्षत्रियों का तिरस्कार दर्शाया गया है। हर कथा में क्षत्रियों का पराभव दर्शाया गया है। भरत वशिष्ठ के पुत्र हैं। उनके राज्य में दुर्भिक्ष पड़ता है। वे देश छोड़ते हैं। अतः उनका राज्य छिन जाता है। वे अपने पुरातन चिरशत्रु वशिष्ठ को अपना पुरोहित बनने तथा दुर्मिष की अपत्ति से बचने के लिए उनसे गिड़गिड़ाते हुए प्रार्थना करते हैं। भृगु, क्षत्रियों, सुदास और कल्माषपाद के वृतांत में बताया गया है कि क्षत्रियों ने विजेता ब्राह्मणों को

अपनी स्त्रियाँ देकर सुलह की। ये कहानियाँ ब्राह्मणों का यशोगान करने तथा क्षत्रियों को तिरस्कृत करने के लिए गढ़ी गई हैं। ऐसी दूषित, फूहड़ और निंदनीय कहानियों को ऐतिहासिक सत्य नहीं माना जा सकता। ब्राह्मणवाद के समर्थक ही सही मान सकते हैं।

फिर जहाँ तक ब्राह्मणों और सुदास के वंशज शूद्रों के बीच संघर्ष का संबंध है, इसके पर्याप्त साक्ष्य उपलब्ध हैं कि उनमें सुलह हुई ही नहीं। वशिष्ठ के पौत्र और शक्ति के पुत्र पाराशर को जब यह विदित हुआ कि सुदास ने उसके पिता को जीवित जला दिया था तो उसने शूद्रों के सामूहिक संहार का प्रण किया। ऐसी ही एक प्रक्रिया वशिष्ठ ने सुदास के वंश के प्रति की थी। महाभारत में निःसंदेह यह बताया गया है कि वशिष्ठ ने बदला लेने के लिए पाराशर को सहमत किया और इस संबंध में उन्होंने भृगुओं और क्षत्रियों के संघर्ष का संदर्भ देते हुए बताया कि भृगुओं ने हिंसा का मार्ग न अपना कर क्षत्रियों पर किस प्रकार विजय पायी। यह वृतांत सही न होकर गढ़ा हुआ है, क्योंकि इनमें ब्राह्मणों की श्रेष्ठता सिद्ध करने की कोशिश है।

ब्राह्मणों और शूद्रों में संधि न होने का सब से सबल प्रमाण ब्राह्मणों द्वारा शूद्रों के विरुद्ध बनाए गए विधान हैं। इनकी वृद्धि, उत्पत्ति और असाधारणता का वर्णन पहले ही किया जा चुका है। इन काले कानूनों की पृष्ठभूमि में समझौता या सुलह का प्रस्ताव स्वतः ही निरर्थक सिद्ध हो जाता है। ब्राह्मणों ने केवल शूद्रों से ही बदला नहीं लिया, उन्होंने बदले की भावना से शूद्रों की संतान को भी सदासर्वदा के लिए निर्दयतापूर्वक कठोरता से इन काले कानूनों के शिकंजे में कस दिया। अतः चाण्डालों और निषादों के विषय में जानकारी देना वांछनीय होगा।

चाण्डाल और निषाद मिश्रित (अंतर्जातीय विवाह से उत्पन्न) वर्णसंकर संतति है। निषाद अनुलोम हैं तथा चाण्डाल प्रतिलोम। अनुलोम उपनयन के अधिकारी हैं किंतु ब्राह्मण पिता और शूद्र माता की संतान निषाद अनुलोम होते हुए भी उपनयन के लिए कुपात्र ठहराया गया है ऐसा क्यों? इसका एक मात्र उत्तर यही है कि ब्राहाणों का अपने शत्रु (शूद्र स्त्री) के बच्चों के साथ बदले की भावना से की गई दुरभिसंधि है।

1. मनुस्मृति के अनुसार देखिए—

तालिका में छह अनुलोम संततियाँ हैं—

पिता	**माता**	**संतान का नाम**
ब्राह्मण	क्षत्रिय	मुर्धाविसिक्त
ब्राह्मण	वैश्य	अम्बष्ट
ब्राह्मण	शूद्र	निषाद
क्षत्रिय	वैश्य	माहिष्य
क्षत्रिय	शूद्र	उर्ग
वैश्य	शूद्र	करण

अब प्रतिलोम पर विचार करते हैं। हालाँकि मनु ने इन्हें नीच बताया है तथापित सभी प्रतिलोम घृणित नहीं हैं। आयोगव और क्षत्तार के अधिकारों और सुविधाओं के संबंध में विशेष छूट दी गई है। किंतु चाण्डाल के लिए कठोर दंड का प्रावधान किया गया है। इस संबंध में मनुस्मृति के उद्धरण प्रस्तुत हैं—

मनुस्मृति (10.48)—आयोगव का व्यवसाय बढ़ईगिरी होगा।

मनुस्मृति (10.49)—क्षत्तार की जीविका बिलों में रहने वाले जानवरों को पकड़ना और मारना होगा। उनके लिए केवल नीच उद्यम करने को बताया गया है। आइए, अब चाण्डाल के विषय में मनुस्मृति से तुलना करें।

चाण्डाल, सुअर, मुर्गा, कुत्ता, रजस्वला स्त्री, और नपुंसक भोजन करते हुए ब्राह्मण को न देखें। (मनुस्मृति-3.239)

कोई व्यक्ति जाति से पतित, चाण्डाल, पुलकस, मूढ़, घमंडी, नीच और अन्तवसायिओं के साथ न रहे। (4.79)

चाण्डाल, राजस्वला स्त्री, पतित, शव या इनको छूने वाले व्यक्ति से छू जाने पर स्नान करने से शुद्धि हो जाती है। (5.85)

मनु ने आदेश दिया है कि कुत्ते द्वारा मारे गए जंगली पशु तथा चाण्डाल आदि दस्युओं तथा किसी मासांहारी पशु के आखेट का मांस पवित्र होता है। (5.131)

एक वर्ष की अवधि में दुबारा अपराध करने का दंड दुगना होगा। व्रात्य या चाण्डाल स्त्री से संभोग करने का यही दंड है। (8.373)

यदि कोई व्यक्ति मूर्खता से अन्य जाति की वृद्ध स्त्री से संपर्क रखता है तो उससे चाण्डाल की तरह घृणा करनी चाहिए। (9.87)

चाण्डाल और श्वपच गाँव के बाहर रहें हों अपपात्र। कुत्ते और गधे ही उनकी संपत्ति मात्र हैं। (10.51)

अच्छे और बुरे का ज्ञान होने पर भी भूख से व्याकुल विश्वामित्र ने चाण्डाल द्वारा दिया गया कुत्ते का मांस खाया। (10.108)

ब्राह्मण को यज्ञ के लिए कभी भी शूद्र से धन नहीं माँगना चाहिए, क्योंकि ऐसे ब्राह्मण मृत्योपरांत चाण्डाल के घर ही जन्म लेते हैं। (11.24)

यदि कोई ब्राह्मण अनजाने में चाण्डाल या नीच जाति की स्त्री से संभोग कर ले या उसका भोजन ग्रहण कर ले या उसकी दक्षिणा स्वीकार कर ले तो वह पतित हो जाता है। जान कर ऐसा करने पर वह उसी की जाति का हो जाता है। (11.175)

ब्राह्मण का वध करने वाला कुत्ता, सुअर, गधा, ऊँट, गाय, बकरी, भेड़, मृग, पक्षी, चाण्डाल और पुलकस की योनि में जन्म लेता है। (12.55)

आयोगव, चाण्डाल और क्षत्तार सभी प्रतिलोम है। फिर अकेले चाण्डाल को ही अप्रतिष्ठित या कलंकित क्यों ठहराया गया है। मात्र इसलिए कि वह ब्राह्मणों द्वारा शूद्र स्त्री की संतति है। यह बदले की ही भावना है।

इससे निःसंदेह यह सिद्ध हो जाता है कि ब्राह्मणों और शूद्रों में कभी सुलह हुई ही नहीं।

IV

अंतिम प्रश्न यह है कि शूद्रों ने अधोपतन कैसे सहन कर लिया? इस प्रश्न के मूल में संभवतः यह विचार है कि प्राचीन आर्यों में शूद्रों की संख्या विशाल थी। अस्तु विशाल जनसंख्या पाने वाले अल्प संख्यक ब्राह्मणों द्वारा उपनयन बंद कर देना सहन कर बैठे यह कुछ आश्चर्यजनक भले ही न हो, विचित्र जरूर है। यह विचार संभवतः हिंदुओं में शूद्रों की संख्या को दृष्टिगत रखते हुए निर्धारित किया गया लगता है। यह निराधार है। हिंदू समाज के शूद्र प्राचीन आर्यों के शूद्रों के वंशज नहीं हैं।

भारतीय आर्यों के शूद्र, और आधुनिक हिंदू समाज के शूद्र का अर्थ भेद न कर पाने के कारण ही यह भ्रम उत्पन्न हुआ है। आर्यों में यह एक जाति (वंश या कुल) विशेष का नाम था। किंतु हिंदू समाज में 'शूद्र' शब्द कोई स्वाभाविक नाम नहीं है। यह तथाकथित नीच या असभ्य मानव वर्ग के लिए प्रयुक्त गुणवाचक संज्ञा है। यह मानव वर्ग सामान्यतः अनेक जातियों, कुलों, वंशों तथा कबीलों का समूह मात्र है जिनके रहन-सहन, खान-पान, रस्म-रिवाज आदि में भिन्नता तथा विविधता है। बस एक साम्य है, और वह यह है कि वे सब हिंदू हैं और हिंदू संस्कृति के धरातल पर वे सबसे नीच हैं। उनको शूद्र कहना अनुचित है। उनका ब्राह्मणों को पीड़ित करने वाले आर्यों के शूद्रों से कोई संबंध नहीं हैं। यह दुःखद बात है कि आधुनिक काल के निर्दोष और सामाजिक स्तर पर पिछड़े लोगों को मूल आर्यों से संबद्ध कर ही उन्हें दंडनीय बनाकर बेबस कर दिया गया है।

भारतीय आर्य समुदाय के शूद्रों और आधुनिक शूद्रों में अंतर है। धर्म-सूत्रकार दोनों प्रकार के शूद्रों का अंतर भली-भाँति जानते थे। अन्यथा वे सच्छूद्र का अर्थ सभ्य शूद्र और असच्छूद्र का अर्थ असभ्य शूद्र नहीं करते। निर्वासित शूद्र का अर्थ है गाँव में रहने वाले शूद्र। अनिर्वासित शूद्र का अर्थ है गाँव से बाहर रहने वाले शूद्र। वास्तविकता यह है कि सच्छुद्र और निर्वासित शूद्र आर्य शूद्र हैं जब कि असच्छूद्र और निर्वासित शूद्र हिंदू शूद्र हैं। हमारे विचार का विषय आर्यों के शूद्र हैं जिनका हिंदू समाज के शूद्रों से कोई संबंध नहीं है। इसलिए यह नहीं माना जा सकता कि यदि हिंदुओं में शूद्रों की संख्या अधिक है तो आर्यों में भी शूद्रों की जनसंख्या बड़ी थी, यह तर्क तथ्यजनित न होने के कारण हमारे विचार का आधार नहीं बन सकता। हम यह ठीक तरह नहीं जानते कि आर्यों के शूद्र जाति, कुल या परिवार समूह थे। यदि हम भी उनकी संख्या कुछ

सहस्त्र से अधिक नहीं रही होगी। (ऋग्वेद-7.33.6) में भरतों की संख्या स्पष्ट रूप से अल्प बताई गई है। शतपथ ब्राह्मण के अनुसार पांचाल राजा सोन सत्रसाह के अश्वमेघ यज्ञ का वर्णन करते हुए बताया गया है—जब सत्रसाहा ने अश्वमेघ यज्ञ किया—छह हजार छह सौ तीस कवचधारी तुर्वस विरोध में उठ खड़े हुए।

शूद्रों ने अपने दुःख निवारण के लिए क्या किया? कुछ ब्राह्मणों ने, जिन्हें उन्होंने पीड़ा पहुँचाई थी, उन्होंने इनका उपनयन करने से इंकार कर दिया, वे दूसरे ब्राह्मणों से, जिनसे उन्होंने कोई क्लेश तक न किया था, सहयोग नहीं ले सकते थे। यह संभावना परिस्थितियों पर निर्भर करती है। सर्वप्रथम उन्हें यह मालूम नहीं था कि ब्राह्मण गोलबंद हो गए हैं।। वे इस षड्यंत्र से बेखबर रहे। अन्यथा इस गोलबंदी को तोड़ जा सकता था। लेकिन स्पष्ट है कि ऋग्वैदिक काल में ही ब्राह्मण एक वर्ग या जाति बन गए थे तथा उनमें जाति वाद भी भावना पैठ कर चुकी थी। ऐसी दशा में ब्राह्मणों की दुरभि संधि को कुचलना शूद्रों के लिए दुष्कर क्यों था? द्वितीय उपनयन करना कुल पुरोहित का अधिकार बन चुका था। यह राजा निमि की कथा से स्पष्ट हो चुका है।

यदि इन सब के सूत्र जोड़े जाएँ तो प्रत्यक्षतः ब्राह्मणों द्वारा अपने विरुद्ध गठित संयुक्त मोर्चे का विरोध करने में शूद्र असमर्थ थे।

दूसरी संभावना यह हो सकती थी कि सभी क्षत्रिय मिल कर एक गुट बना लेते जिससे ब्राह्मणों का विरोध निष्प्रभाव हो जाता। यह संभावना तो केवल अनुमान मात्र है क्योंकि पहले तो शूद्र यह समझ ही नहीं पाए कि उपनयन बंद हो जाने के क्या फलितार्थ होंगे। दूसरी बात यह कि क्षत्रिय संगठित न थे और यह बात ऋग्वेद में वर्णित दासराज्ञ युद्ध से प्रगट होती है कि शूद्र क्षत्रियों और अशूद्र क्षत्रियों के बीच प्रेम या सौजन्य नाम की कोई चीज बाकी नहीं बची थी।

इसलिए कोई असमंजस नहीं कि शूद्रों ने उक्त परिस्थितियों के संदर्भ में ब्राह्मणों की इस बात को मान लिया हो कि वे उपनयन के अधिकारी नहीं है।

12. सिद्धांत की परख

I

इस शोध का उद्देश्य शूद्रों की उत्पत्ति का स्रोत ढूँढना तथा उनके पतन के कारणों को खोजना है। ऐतिहासक घटनाओं तथा प्राचीन एवं अर्वाचीन शोध-कर्ताओं के सिद्धांतों के निष्कर्षों के उपरांत मैंने एक नया विचार प्रतिपादित किया है। यह विचार पिछले अध्यायों में अलग-अलग अध्यायों के साथ प्रकट किया गया है। आइए अब इस विश्रंलित सामग्री को एकत्र करें और शोध के संबंध पूर्ण एवं परिपक्व जानकारी प्राप्त करें। यह संक्षेप में इस प्रकार है—

1. शूद्र सूर्यवंशी आर्यजातियों के एक कुल या वंश थे।

2. भारतीय आर्य समुदाय में शूद्र का स्तर क्षत्रिय वर्ण का था।

3. एक समय आर्यों में केवल तीन वर्ण ब्राह्मण, क्षत्रिय और वैश्य ही थे। शूद्र अलग वर्ण नहीं था बल्कि क्षत्रिय वर्ण का ही एक भाग था।

4. शूद्र राजाओं और ब्राह्मणों में निरंतर संघर्ष चलता रहा, जिससे ब्राह्मणों को अत्याचार, उत्पीड़न और अपमान सहना पड़ा। शूद्रों के अत्याचार व उत्पीड़न से त्रस्त ब्राह्मणों ने प्रतिशोध के कारण उनका उपनयन बंद कर दिया। उपनयन (यज्ञोपवीत) पर प्रतिबंध से शूद्रों का सामाजिक पतन हुआ और वे वैश्यों से निचली सीढ़ी पर आ गए। उनका स्तर वैश्यों से भी निम्न हो गया।

परिणाम-स्वरूप वे समाज का चौथा वर्ण बना दिए गए। अब सिद्धांत की यथार्थता का मूल्यांकन बाकी रह गया है। मैं इसे विद्वान् शोध-कर्ताओं तथा दूसरे विद्वानों या पाठकों के विवेक पर छोड़ देता हूँ। मैं इस से हट कर खुद अपने सिद्धांत का परीक्षण करना श्रेयस्कर समझता हूँ क्योंकि इससे मुझे अपने सिद्धांत को मान्यता दिलाने का पूर्ण अवसर प्राप्त होगा।

II

मै यह जानता हूँ कि मेरे आलोचक मित्र यह कह सकते हैं कि मेरा कथन महाभारत के उस एकमात्र प्रसंग पर आधारित है जिसमें पैजवन को शूद्र कहा गया है। पैजवन और सुदास का संबंध भी संदिग्ध है। पैजवन का शूद्र के रूप में वर्णन महाभारत के एकमात्र स्थल के अलावा अन्यत्र कहीं भी नहीं मिलता। ऐसे लचर तर्क पर स्थापित सिद्धांत कैसे स्वीकार किया जा सकता है? वे इसे श्रृंखला की कमजोर कड़ी कह सकते हैं। लेकिन मुझे विश्वास है कि इतनी आसानी से मेरे कार्य का तिरस्कार नहीं किया जा सकता।

प्रथम तो मैं इस विचार से सहमत नहीं हूँ कि एकमात्र साक्ष्य के अधार पर कोई विचार स्थापित नहीं किया जा सकता। कानून का अटल सिद्धांत है कि साक्ष्यों का महत्त्व देखना चाहिए न कि संख्या। फिर महाभारत के रचनाकार के पास कोई ऐसा स्पष्ट कारण न था, जिससे वह असत्य वर्णन करता। कृति की रचना से लेकर आज तक रचियता पर पक्षपात आदि का लांछन भी नहीं लगा है।

अतः 'पैजवन शूद्र था' इस कथन में संदेह का कोई कारण नहीं है। यह निर्विवाद निष्कर्ष है कि रचनाकार ने परंपरागत सही प्रतिपादित किया है।

यह कहना कि ऋग्वेद में पैजवन को शूद्र नहीं बताया गया, महाभारत के कथन के विरोध में नहीं है। ऋग्वेद में पैजवन के वर्णन विवरण में शूद्र शब्द की ओर ध्यान न जाने के अनेक दृष्टांत दिए जा सकते हैं। पहला तो यह ही कि ऋग्वेद एक धार्मिक ग्रंथ है। इसलिए उसमें शूद्र के वर्णन की अपेक्षा नहीं की जा सकती। ऐसा उल्लेख अप्रासंगिक होगा। महाभारत एक ऐतिहासिक कृति है। उसमें यह स्पष्ट करना जरूरी था कि पैजवन किस वर्ण या कुल का था।

जहाँ तक सुदास के लिए शूद्र शब्द का यदा-कदा प्रयोग होने का तर्क है मैं इसे अनावश्यक समझता हूँ। कुल गोत्र जाति इत्यादि का वर्णन तो वास्तव में व्यक्तित्व को निश्चित करने के ध्येय से किया जाता है। प्रसिद्ध पुरुषों के लिए तो यह जरूरी है होता है। इसमें कोई संदेह नहीं कि सुदास अपने समय का एक प्रख्यात व्यक्ति था। अतः व्यक्तित्व निर्धारण के उद्देश्य से उसे शूद्र कहना जरूरी न था। यह मात्र कल्पना नहीं है। इस संबंध में अनेक साहित्यिक उदाहरण दिए जा सकते हैं। देखें बुद्ध के समय में बिंबसार और प्रसेनजित दो राजा थे। उनके समकालीन अन्य सभी राजाओं का तत्कालीन साहित्य में सगोत्र वर्ण किया गया है किंतु बिंबसार और प्रसेनजित का उल्लेख अनेक व्यक्तिगत नामों से ही किया गया है। प्रो. ओल्डनबर्ग ने इसका

कारण यह बताया है कि दोनों राजा ख्याति प्राप्त थे। अतः उनके सगोत्र विवरण की जरूरत ही नहीं थी।

III

यह मान लेना अन्यायपूर्ण होगा कि मेरा सिद्धांत महाभारत के एकमात्र पैराग्राफ में वर्णित पैजवन और सुदास एक ही व्यक्ति थे—के प्रसंग पर ही टिका है। वास्तव में ऐसा नहीं है। ऋग्वेद में सुदास का प्रसंग और पैजवन को शूद्र बताया जाना मात्र इस श्रृंखला की कड़ी नहीं है। पैजवन और सुदास एक ही व्यक्ति के दो नाम थे। मेरे विचार का केवल एक ही आधार नहीं है। अन्य भी प्रमाण हैं। प्रथम तो यह कि शतपथ ब्राह्मण और तैत्तिरीय ब्राह्मण ग्रंथों में यह स्पष्ट वर्णन है कि वर्ण केवल तीन ही थे तथा शूद्रों का अलग वर्ण नहीं था। दूसरा यह कि शूद्र राजा और मंत्री होते थे और तीसरा यह कि प्राचीन काल में शूद्रों को उपनयन का अधिकार प्राप्त था। क्या ये सब ठोस उदाहरण नहीं?

जहाँ तक साक्ष्य का संबंध है, मैं अपने विचार के समर्थन में ठोस दावा तो नहीं करता लेकिन प्रत्यक्ष और परिस्थितिजन्य प्रमाण इसके पक्ष में है।

IV

किसी भी सिद्धांत की विश्वसनीयता सिद्ध करने के लिए यह जरूरी है कि यह केवल विषय के निरूपण की ओर ही संकेत न करें। प्रत्युत समस्या समाधान हेतु सभी प्रच्छन्न रहस्यों का प्रामाणिक एवं तथ्यात्मक समाधान भी प्रस्तुत करें।

मैं शूद्रों के बारे में गूढ़ प्रश्नों को संकलित करके बताना चाहता हूँ।

कुछ महत्त्वपूर्ण तथ्य इस प्रकार है—

1. यह कहा जाता है कि शूद्र अनार्य थे और आर्यों के विरोधी थे। आर्यों ने उन्हें पराजित किया और अपना दास (गुलाम) बना लिया था। यदि यह सही है तो क्या कारण था कि यजुर्वेद और अथर्ववेद के सृष्टा ऋषियों ने शूद्रों का यशोगान किया? वे शूद्रों के कृपा पात्र क्यों बनना चाहते थे?
2. यह भी कहा जाता है कि शूद्रों को विद्याध्ययन तथा वेदाध्ययन का अधिकार नहीं था। उस स्थिति में शूद्र सुदास ने ऋग्वेद के मंत्रों की रचना कैसे की?
3. बताया जाता है कि शूद्र यज्ञ नहीं कर सकते थे, क्योंकि वह इसके पात्र नहीं थे। तब सुदास ने अश्वमेघ यज्ञ कैसे किया? यदि ऐसा था भी तो शतपथ ब्राह्मण में यज्ञ करने वाले शूद्र को संबोधित करने की विधि का वर्णन क्यों है? यह कहा जाता है कि शूद्रों को उपनयन का अधिकार नहीं था। यदि शूद्रों को आदिकाल से ही यह अधिकार नहीं

था तो विवाद क्यों? बदरी और संस्कार गणपति में यह उल्लेख किस कारण है कि वे उपनयन के पात्र थे?

5. यह भी कहा जाता है शूद्र संपत्ति संचय के अधिकारी नहीं थे। यदि इसे सच मान भी लिया जाए तब और कथक संहिताओं में शूद्रों को धनिक और वैभवशाली कैसे बताया गया है?
6. शूद्रों को राज्याधिकारी बनने के अयोग्य बताया गया है। फिर महाभारत में शूद्र मंत्रियों का उल्लेख क्यों है?
7. शूद्रों का धर्म तीनों वर्णों ब्राह्मण, क्षत्रिय और वैश्य की सेवा करना कहा गया है। इस दशा में शूद्र राजा कैसे हुए? सायणाचार्य ने सुदास तथा अन्य अनेक शूद्र राजाओं का उल्लेख क्यों किया है?
8. यदि शूद्रों को वेदाध्ययन, उपनयन और यज्ञ का अधिकार नहीं था तो उसे ये अधिकार क्यों नहीं दिए गए?
9. उपनयन कराने, वेद पढ़ाने और यज्ञ कराने का अधिकार केवल ब्राह्मण को था। शूद्रों का उपनयन, वेदाध्ययन और यज्ञ कराना निश्चित रूप से ब्राह्मणों के लिए आय के साधन थे। यदि वे सदाशयता से काम लेते और शूद्रों को यह अधिकार और अवसर देते तो उन्हें समुचित दक्षिणा मिलती। ऐसा करने से उन्हें कोई हानि न होती। साथ ही उनकी आय में वृद्धि भी हो जाती। ऐसा होने पर भी ब्राह्मणों ने शूद्रों को क्षमा न करने का संकल्प क्यों लिया?
10. फिर यदि शूद्रों को उपनयन, वेदाध्ययन और यज्ञ का अधिकार नहीं तथा, तब ब्राह्मण अपने विशेषाधिकारों के बलबूते पर उन्हें यह अधिकार देना अंगीकार कर सकते थे। अतः यह विकल्प ब्राह्मणों की व्यक्तिगत इच्छा पर क्यों नहीं छोड़ा गया इन निषेध (ब्राह्मणों द्वारा घोषित) कार्यों को कराने वाले ब्राह्मण के लिए दंड की व्यवस्था क्यों की गई?

इन पहेलियों/विसंगतियों का वास्तविक उत्तर क्या है? न तो पुरातन पंथी हिंदुओं ने ही इनका उत्तर देने की कोशिश की है और न आधुनिक शोध-कर्ताओं, विद्वानों का ध्यान इस ओर गया है। वास्तविकता तो यह है कि उन्हें इन गोरख धंधों के अस्तित्व का आभास तक नहीं था। पुरातन पंथी हिंदू तो 'पुरूष-सुक्त' के इस 'ब्रह्म-वाक्य' से ही संतुष्ट हैं कि शूद्र की उत्पत्ति पुरूष (ईश्वर) के पैरों से हुई है। अतः वह इस ओर सोचता तक नहीं। दूसरी ओर आधुनिक अनुसंधान-कर्ताओं ने यह मान कर संतोष कर लिया कि शूद्र अनार्य थे, जिनके लिए अलग विधि-विधान की रचना की गई। यह खेद का विषय है कि इन शोध-कर्ताओं के किसी भी वर्ग ने न तो शूद्रों की समस्या से संबंधित इन पहेलियों को हल करने के लिए जरूरी शोध-कार्य किया है और न ही कोई ऐसा सिद्धांत प्रतिपादित किया है, जिससे शूद्रों की उत्पत्ति और उनके पतन के प्रश्न का समाधान हो सके।

मेरा सिद्धांतमत इन सब सवालों का जवाब है। उपरोक्त तथ्यों में से तथ्य संख्या 1 से 4 में बताया गया है कि शूद्र राजा और मंत्री हो सकते थे। यही कारण है कि ऋषियों ने उनका यशोगान किया और उनका कृपा भाजन बनना पसंद किया। तथ्य संख्या 5 और 6 में स्पष्ट किया गया है कि विधान रच कर शूद्रों को उपनयन के अधिकार से वंचित कर दिया गया। इस प्रकार कोई संदेह बाकी नहीं रह जाता जिसका समाधान मेरे इस शोध-प्रबंध में न मिलता हो। अतः मुझे यह कहने का पूरा अधिकार है कि शूद्रों की उत्पत्ति और पतन के संबंध में मेरा विचार शुद्ध और त्रुटिहीन तथा युक्तिसंगत है। मेरा कथन है कि इस विषय पर कोई और रचना इससे बेहतर नहीं हो सकती।

www.ingramcontent.com/pod-product-compliance
Lightning Source LLC
LaVergne TN
LVHW090401051026
849518LV00006B/2196
9789367934319